Köhler · *Amalie von Gallitzin*

Mathilde Köhler

Amalie von Gallitzin

Ein Leben
zwischen Skandal und Legende

Ferdinand Schöningh

Paderborn · München · Wien · Zürich

Umschlagabbildungen:

Amalie Fürstin Gallitzin. Zeichnung von Frans Hemsterhuis

Fürstin Gallitzin. Stich mit gezeichneter Umrahmung. Aus dem Stammbuch der Prinzessin Marianne Gallitzin

Die Deutsche Bibliothek – CIP – Einheitsaufnahme

Köhler, Mathilde:
Amalie von Gallitzin: ein Leben zwischen Skandal und Legende / Mathilde Köhler. – Paderborn; München; Wien; Zürich. Schöningh, 1993
ISBN 3-506-74759-2

Gedruckt auf umweltfreundlichem, chlorfrei gebleichtem Papier

(Verlag Ferdinand Schöningh GmbH, Jühenplatz 1, D-33098 Paderborn)

Printed in Germany. Herstellung: Ferdinand Schöningh, Paderborn

ISBN 3-506-74759-2

Im Gedenken an

Wolfgang

unseren Kindern und Enkelkindern gewidmet

Inhaltsverzeichnis

Vorwort:

Zwischen Skandal und Legende

Sie war ein Skandal zu ihren Lebzeiten und wurde eine Legende, kaum daß sie ihre letzte Ruhestätte auf dem Dorffriedhof von Angelmodde gefunden hatte – die sehr schöne Fürstin Amalie von Gallitzin, geborene Gräfin Schmettau aus Berlin.

Zu ihren Lebzeiten war sie in aller Munde – wenn man mit „allen“ jene dünne Oberschicht aus Geburts- und Geistesadel im Kleinstaaten-Deutschland des 18. Jahrhunderts meint.

„Die Großen der Erde, deren ich gegen meinen Wunsch genoß, kamen herbei, mich anzusehen wie ein seltsames Tier“, schrieb sie 1787 aus Mannheim an ihren Philosophie-Lehrer Hemsterhuis in Den Haag.

Skandalös war eine Aristokratin, die ihre Kinder selbst erzog und sogar Sohn wie Tochter in den gleichen Fächern unterrichtete, mit ihnen Sport trieb und sie das Schwimmen in freien Gewässern lehrte – wie Rousseau es empfohlen hatte.

Skandalös war es für eine Aristokratin, so wissenswütig und gescheit zu sein, daß Politiker, Philosophen und Forscher sie zur Gesprächspartnerin erwählten. Der Fürstin Salon in Münsters Grüner Gasse – eine Generation vor den allseits gerühmten Salons der Romantikerinnen in Berlin, Jena und Wien – glich eher einer Akademie.

Amalie von Gallitzin verwirklichte das Aufklärer-Wort von Selbstbestimmung und Gewissensfreiheit und brach so die Konventionen zwischen Holland und Holstein und im Hochstift Münster, wo sie ihre zweite Lebenshälfte verbrachte. Der Klatsch hinter vorgehaltener Hand beirrte sie nicht.

Ihr war Macht gegeben über die Menschen, doch Freundschaft bedeutete ihr „Leben in einem andern wie in mir selbst". Mit Willen und Verstand bahnte sie sich den Weg zurück zum Christentum und lebte es in Wort und Tat mit einer Ausschließlichkeit, die der Umwelt als sakral erschien. Sie widmete sich den Dorfarmen und den Emigranten der Französischen Revolution über alle Grenzen hinweg.

Jahrzehnte nach ihrem Tod verwischte Bewunderung für eine hoheitsvolle Frau die Konturen ihrer Persönlichkeit, ehe Historiker ihre Spuren suchten.

Zur Legende verklärte sie das Gemälde, das der rheinisch-westfälische Adel in Auftrag gab: „Die Fürstin Gallitzin im Kreis ihrer Freunde" (1864). In den aufgewühlten Zeiten zwischen Kölner Wirren und Bismarcks Kulturkampf beschwor das Gemälde Leben und Persönlichkeit der Fürstin als Inbegriff eines Goldenen Zeitalters. In Tausenden von Nachstichen wurde es in Salons und Bürgerstuben hoch geehrt.

„Sie hat eine kostbare Seele. Es wundert mich nicht, daß sie die Menschen so anzieht", hatte ja Goethe schon gesagt.

Die Hochzeit

Das war eine Sensation für die Berliner Hofgesellschaft, die im Sommer 1768 in den mondänen Bädern von Aachen zusammengekommen war! Der russische Fürst Dimitri A. Gallitzin (1734-1803) hatte um die Hand der Komteß Amalie von Schmettau angehalten. Die zwanzigjährige Hofdame der Prinzessin Ferdinand von Preußen wurde plötzlich zum Mittelpunkt aller Aufmerksamkeit. Wie hatte sie nur den weltgewandten Diplomaten an sich gefesselt, der so viele Feste in den letzten drei Wochen gegeben hatte? Warum gerade hatte diese Hofdame, die das Gespräch mit älteren Männern dem mit den jungen vorzog, wie hatte sie diesen berühmten Mann erobert?

Fürst Gallitzin hatte bei der Prinzessin Ferdinand um die Hand ihrer Hofdame angehalten. Doch die Prinzessin bestand darauf, ebenso wie Carl von Schmettau, ihr Geliebter und Amaliens Bruder, daß die Heiratserlaubnis für die erst zwanzigjährige Hofdame bei der Mutter in Berlin einzuholen sei. Ein Kurier wurde entsandt zur Marschallin, wie die Witwe des berühmten Feldmarschalls Samuel von Schmettau allgemein genannt wurde. Der hatte als Militär im höchsten Ansehen beim König gestanden, als Kartograph des aufstrebenden Preußen, als Kurator der Akademie der Wissenschaften. Friedrich II. vergalt der Witwe mit einer ansehnlichen Jahrespension von 2000 Reichstalern die Verdienste ihres Mannes. Sie konnte ein großes Haus, das sie mit Hilfe des Königs gebaut hatte, in der Schützenstraße führen. Es wurde zum Treffpunkt der Müßigen und Einflußreichen, der durchreisenden Berühmtheiten aus aller Welt. Sie war mit dreiunddreißig Witwe geworden. Sie war lebenslustig und vergnügungssüchtig und gern gesehener Gast im Palais des Prinzen Ferdinand, des jüngsten Bruders des Königs. Er und seine Gemahlin liebten das aufwendige Leben, und ihre Haushaltung wurde die „Ferdinanderei“ genannt. Die Marschallin, geborene Anna von Rüffer, aus böhmischem Adel, war die zweite Frau des Feldmarschalls gewesen, und aus dieser Ehe hatten von sechs Kindern drei überlebt. Ihre zwei Söhne (protestantisch) schickte sie auf die Ritter-Akademie Brandenburg, um sie auf eine militärische Karriere vorzubereiten, Tochter Amalie (katholisch) kam zu den Ursulinen nach Breslau. Mit Zofe und Kammerdiener. Dort verbrachte sie acht Jahre und kam als ein scheues, verschlossenes Kind zurück. Die Mutter hatte nie ein gutes Verhältnis zu ihrer Tochter gehabt. Und jetzt war dieses herbe Mädchen so weltfremd, daß es die antiken Götterstatuen in den Parks für Heilige gehalten und vor ihnen die Knie gebeugt und sich bekreuzigt hatte. Amalie wurde belacht. So hatte die Marschallin ihre Tochter noch einmal zur Ausbildung zu dem französischen Lehrer Prémontval, einem Aufklärer und Schüler von Julien de La Mettrie, gegeben. Dort sollte Amalie vor allem griechische Mythologie studieren, Tanzen und elegante französische Konversation lernen. Die Mutter hatte versucht, die Vierzehnjährige mit einem wohlhabenden Herrn von Gersdorff zu Rettkau zu verloben, dessen aufwendiges Leben in Berlin bewundert wurde. Doch als sie erfuhr, daß dieses Leben nur auf Schulden beruhte, ließ sie die Verlobung rückgängig machen. Die Tochter hatte ihr stets viele Rätsel aufgegeben, und jetzt, da die Marschallin kränkelte, konnte sie nur mit Schrecken und Sorge in die Zukunft blicken.

Doch da war nun der Kurier aus Aachen gekommen und befreite sie von all den dunklen Zukunftssorgen. Die Mutter war entzückt über die gesellschaftlichen Möglichkeiten, die sich ihrer Tochter auftaten. Hatte sie doch stets gefürchtet, daß Amalie in Berlin wegen ihrer katholischen Erziehung kaum zu verheiraten gewesen wäre. Aber nun war sie dieser Sorge enthoben. Außerdem würde die Heirat mit einem russischen Fürsten auch beim König Anklang finden, dem im letzten Krieg, dem Siebenjährigen, Rußlands Neutralität sehr zustatten gekommen war. Die Marschallin übergab dem Kurier gern die erwünschte Heiratserlaubnis, auch unter dem Siegel der Verschwiegenheit, wie es gewünscht worden war.

Amalie von Schmettau, die junge Frau, war selbst von dem Heiratsantrag überrascht worden, der in einem Augenblick tiefster Verzweiflung gekommen war, als sie von der Prinzessin Ferdinand erniedrigt und beschimpft worden war. Seit drei Wochen waren sie erst in Aachen, es war die erste große Reise ihres Lebens, und sie war nur mitgenommen worden, weil sie nicht zu ihrer Mutter zurückgeschickt werden sollte. Es hatte nämlich einen Skandal gegeben. Hofleute hatten Amalie darüber aufgeklärt, welche Rolle sie in der Liebesbeziehung ihres Bruders zur Prinzessin Ferdinand spielte. Amalie hatte keine Ahnung gehabt und wollte nun nicht mehr im Vorzimmer der Prinzessin Dienst tun, und wollte auch nicht mehr Briefe hin- und hertragen. Darüber hatte sich die Prinzessin erbost. Eigentlich war ihr Ärger auch noch nicht abgeklungen. Nur daß Fürst Gallitzin jetzt Feste und Bälle und Diners gab, besserte die Stimmung ein wenig, denn Prinzessin Ferdinand sah darin Huldigungen ihrer Person.

Aber dann kamen englische Herrschaften und machten der Prinzessin ein unglaubliches Kompliment. Ihr Hof in Berlin, so sagten sie, stehe ja in keinem guten Rufe. Aber da eine so engelhafte Hofdame wie Amalie von Schmettau zu ihrem Gefolge gehöre, müsse man doch diesen Gerüchten keinen Glauben mehr schenken. Darüber wurde die Prinzessin Ferdinand, die ohne ihren Gatten in das Bad gefahren war und sich nur von ihrem Geliebten, Carl von Schmettau, begleiten ließ, unvorstellbar wütend. Amalie wurde heftig gescholten und gedemütigt, flüchtete sich aus Angst vor Schlägen in ihr Zimmer.

Zwanzig Jahre später hat Amalie in einem umfangreichen Manuskript ihre Gefühle und die Ereignisse in Aachen beschrieben [Es befindet sich im Staatsarchiv Münster: BuN, Nr. 1161]. Sie war selbst von diesem Heiratsantrag überrascht worden. Eines Abends, als sie in der dunkelsten Ecke des Ballsaals saß, fern von den Tanzenden und denen, die Karten spielten, hatte Fürst Gallitzin sich zu ihr gesetzt. Sie hatten schon manches Gespräch geführt, hauptsächlich über Musik. Dabei hatte Fürst Gallitzin viel von einer Madame Gallitzin gesprochen, einer großen Musikkennerin, die in den sechziger Jahren das Wunderkind Mozart und seine Schwester in Paris gefördert hatte. So hielt Amalie den Fürsten für vermählt. Und nun machte er ihr einen Antrag! Wollte er ein Liebesverhältnis mit ihr eingehen, oder wollte er sie auf die Probe stellen? Sie war empört und weinte bitterlich. Aber der Prinz erklärte ihr, daß diese Madame Gallitzin die Frau eines Verwandten sei, der an der Botschaft in Paris akkreditiert gewesen war. Eigentlich, so dachte Amalie weiter, kannten sie und der Fürst sich erst seit drei Wochen. Eigentlich kannte er nur ihre Figur und ihre Stimme, denn sie pflegte ja nachts zu singen, wenn sie ihrer Niedergeschlagenheit, ihrer Traurigkeit Ausdruck verleihen wollte, oder vielleicht auch, weil sie auf diese Weise ein unbekanntes hohes Wesen suchte, das sie mit keinem Namen benennen konnte. Sie dachte auch an ihre Mutter, für die sie immer eine Last gewesen war. Keine Tochter in ganz Berlin, so meinte Amalie, war ihrer Mutter so fremd geblieben wie sie der ihren. Sie war immer nur ein Gegenstand der Ablehnung gewesen. Die Mutter hatte sich weder um ihre Lektüre, die ihr so wichtig war, gekümmert, nicht um die Musik, die ihr am Herzen lag, die Trösterin in ihrem Unverstandensein. Die Mutter hatte seit ihrer Krankheit – sie litt seit drei Jahren an Wassersucht – angefangen zu sparen und verlangte, daß die Tochter sich einschränken sollte. Sie waren so ganz verschieden im Denken und Fühlen. Und außerdem mußte sie sich doch auch an den Gedanken gewöhnen, daß sie ihre Mutter bald verlieren würde. Die Mutter in Berlin und der Hof – am liebsten würde sie nie wieder dahin zurückkehren. Wenn der Fürst sie heiraten würde, wäre der Berliner Hof, wo sie sich so fremd fühlte, eine Sache der Vergangenheit. Amalie hat in ihren Betrachtungen, die sie zwanzig Jahre später niederschrieb, ein sehr bewegendes Vokabular benützt, um ihre Leiden zu beschreiben. Sie erinnerte sich jetzt in Aachen an die Anschuldigungen, die Verdächtigungen, deren Urheber ihr Bruder, der Generalmajor Carl von Schmettau, gewesen war. Sie dachte auch an die eineinhalb Jahre Halbpension in Berlin bei dem Aufklärer Prémontval und dann an die zwei Jahre im Hause ihrer Mutter, wo sie sich nur durch Kartenspielen Geld verschaffen konnte, um Bücher zu kaufen. „Es gab keinen Roman in Berlin, den ich nicht gelesen hätte in dieser Zeit"

[BuN, S. 9]. Aus diesen Romanen hatte sie sich eine merkwürdige Vorstellung von Liebe entwickelt: Männer und Frauen, wohlgestalt an Körper und Geist, bewegten sich in einer erhabenen Welt, waren prächtig gekleidet, großzügig und edel, und *alle* unter vierzig! Von körperlicher Liebe wurde in diesen Romanen nie gesprochen, ja, es gab nicht einmal eine Andeutung, daß so etwas in der Welt existiere.

Dann entdeckte Amalie ein Buch, das anders war als alle diese Romane. Das war von dem Aufklärer Helvetius geschrieben: „De l'Esprit". Es riß ihr die „Kruste von den Augen" [BuN, S. 16]. Begriffe, die sie bis dahin nicht gekannt hatte – Ursache und Wirkung, Geist und Seele – beschäftigten sie fortan. Und sie mußte darüber sprechen, um sich klarzuwerden. Aber die Prinzessin verwies es ihr als dummes Zeug. Ihr Bruder Carl fand, daß solche Gespräche unschicklich seien für ein junges Mädchen (wohl heiratshinderlich?), und die gleichaltrigen jungen Männer lachten ihr einfach ins Gesicht. Aber hier in Aachen brachte gerade diese Lektüre, dieses Wissen, sie dem Fürsten Gallitzin näher. Nicht daß sie eine besondere Zuneigung zu ihm empfunden hätte – aber auch keine Abneigung. Er zeigte ihr eine Fülle von Briefen, sogar von der Zarin Katharina der Großen, einer Frau, von der im Westen nur mit Ehrfurcht gesprochen wurde. Er hatte Briefe von Voltaire, einem „Koloß der Philosophie", wie er in Berlin immer genannt wurde, und Briefe von Diderot, der sein engster Freund war, ebenfalls ein „Koloß der Philosophie". Mit ihnen allen stand der Fürst seit Jahren in Verbindung, und alle diese Männer rühmten ihn als einen Mäzen. Sie dachte daran, daß ein Leben an der Seite eines solchen Mannes ihre Sehnsucht nach Wissen und Vervollkommnung erfüllen könnte.

Schon war ja die Atmosphäre des Hofes anders geworden. Mit einem Mal war sie der Mittelpunkt. Man schmeichelte ihr, man umwarb sie, und man sprach viel über den Fürsten, tuschelte von riesigen Liegenschaften zwischen Kaluga und Moskau, die er besitze, und sprach von tausenden von Leibeigenen. Man wußte, daß die Männer aus dem Geschlecht der Gallitzin seit der Zeit Peters des Großen dem Zarenthron als Militärs, Gouverneure und Diplomaten sehr nahestanden. In dieser zweiten Hälfte des 18. Jahrhunderts gab es kaum eine Hauptstadt in Europa, in der nicht ein Gallitzin als Diplomat tätig gewesen wäre: in London, in Wien, in Paris, in Venedig.

Dimitri Alexejewitsch Gallitzin war sehr eilig. Er war auf der Reise nach Sankt Petersburg, denn die Zarin Katharina II. hatte ihn von der russischen Botschaft in Paris abberufen. Sie hatte ihn als sehr jungen Mann schon nach Paris entsandt. Jeden Dienstag ritt er nach Versailles, um mit dem schwierigen Wirtschaftsminister Choiseul Verhandlungen zu führen. Dimitri A. Gallitzin befreundete sich mit den Enzyklopädisten, kaufte ihr berühmtes Sammelwerk, in dem die Ergebnisse von Naturwissenschaft und Philosophie niedergelegt waren, auf Wunsch der Zarin für die Akademie der Wissenschaften in Sankt Petersburg, wo es noch heute im Repin-Lesesaal steht. Er kaufte ebenfalls auf Wunsch der Zarin die Bibliothek von Diderot mit ihren 2900 Bänden unter der Bedingung, daß Diderot eines Tages nach Sankt Petersburg komme, um der Zarin persönlich die Ideen der Zeit zu erklären. Diderot durfte bis zu seinem Lebensende die Bücher behalten, durfte sozusagen sein eigener Bibliothekar sein. Die Zarin wollte, wie Peter der Große vor ihr, alles, was westliche Kultur hieß, in ihr riesiges, wildes Reich bringen. Gallitzin hatte für sie auch den Bildhauer Falconet engagiert, der auf Katharinas Wunsch Peter dem Großen ein Denkmal setzen sollte, ihrem Vorgänger und Vorbild. Dimitris Bruder stand im Leibregiment der Zarin, jenem Regiment, das ihr beim Sturz ihres unzulänglichen Ehegatten behilflich gewesen war. Gallitzin hatte Kunstsammlungen für Zarskoje Selo gekauft in einem Umfang, daß französische Diplomaten in Sankt Petersburg fürchteten, es sei nichts mehr in ihrer Heimat geblieben. Leidenschaftlich war er in das Geistesleben der größten, der berühmtesten europäischen Metropole jener Zeit eingetaucht. Als Freund der „Lumières“ hatte er sich in persönlichen Briefen an die Zarin über Leibeigenschaft und Bauernbefreiung geäußert und von ihr die Antwort erhalten, daß wohl die kleineren Besitzer fähig sein möchten, ihr System zu ändern, aber daß von den Großgrundbesitzern kaum eine so patriotische Tat erwartet werden könne.

Nun sollte also Fürst Dimitri zurückkommen, um seine Talente, die ihm der Himmel verliehen habe, seinem Vaterlande zu widmen, hatte die Zarin geschrieben. Aber ein Ministeramt in Sankt Petersburg, was bedeutete das? So fragte sich Gallitzin. Würde er Frankreich nie wiedersehen? Dieses Land war ihm ans Herz gewachsen. Er versuchte, seine Ungewißheit und seine Zweifel zu übertönen, indem er in Aachen Feste, Bälle und Konzerte gab. Er wollte die westliche Welt mit ihrem Glanze nicht verlassen, und schon gar nicht allein. Er wollte diese schöne, ernste junge Frau, deren tiefblaue Augen manchmal von schwerer Melancholie durchdunkelt wurden, mitnehmen. Wollte sie heiraten. In Paris hatte er sich vergeblich um die Hand einer Dame bemüht, sie hatte sich geweigert, mit ihm zu gehen. „La belle dame et le triste prince" war zum sanften Spott im Freundeskreis geworden. Diderot vor allem hatte ihn damit geneckt, obwohl gerade Diderot ihm das schönste Zeugnis eines Philosophen der Aufklärung ausgestellt hatte: „Sein höchster Titel ist, Mensch zu sein" [LV, S. 159].

Amalie nahm manchmal Anstoß an dem spöttischen Ton, den Gallitzin in Damengesellschaft anschlug, und stellte ihn zur Rede. Fürst Gallitzin zerstreute ihre Zweifel an seiner Aufrichtigkeit: er habe nie heiraten wollen, nur ihre Unschuld, ihr Freimut hätten ihn überzeugt, daß sie für ihn die Lebensgefährtin sein könne, die er sich immer erhofft hätte.

Der Kurier kehrte aus Berlin zurück, und die Hochzeit wurde für den 16. August 1768 anberaumt. Nun durfte der Fürst auch ihr Zimmer betreten. Sein Ton wurde lockerer, wenn auch keineswegs angenehmer für Amalie. Ängste und Zweifel bewegten sie. Zum Glück ließen die Vorbereitungen und Einkäufe für die Hochzeit dem Paar wenig Zeit, allein zu sein. In der letzten Nacht vor der Hochzeit war Amalie so verwirrt, daß sie unausgekleidet auf ihrem Bett einschlief. Alle Romane, die sie in der Berliner Zeit gelesen hatte, gingen ihr durch den Kopf. Von körperlicher Liebe war darin niemals die Rede gewesen, nicht einmal andeutungsweise. Sie sah in der Ehe das Vervollkommnungsstreben zweier Menschen, die sich gegenseitig beflügeln. „Was die Welt Liebe nennt, brauchte ich nicht“, schreibt sie. Sie ersehnte eine Freundesseele, mit der zusammen sie zur Vollkommenheit streben konnte. So sah sie der „Stunde ihrer Hingabe mit großer Erwartung entgegen als der Erfüllung eines hohen Schicksals“ [BuN, S. 39].

Am Tag der Hochzeit überschüttete Prinzessin Ferdinand ihre Hofdame mit Gold und Juwelen. Ihr Schmuck und die Pracht sollten dem preußischen Hof in Berlin zur Ehre gereichen. Unter Tränen schritt Amalie zum Altar, und alle hielten ihre Tränen für Tränen des Glücks, der liebenden Erwartung. Sie war zu erregt, um sprechen zu können. Die Trauung in der Kirche, die Theateraufführung nachher und das Diner – sie nahm das alles nur schemenhaft wahr. Beim Diner saß sie zwischen der Prinzessin Ferdinand und ihrem fürstlichen Gemahl, der mit großer Gier aß und Bonmots aussprach, die sie nicht verstehen wollte oder konnte. Mit Trompeten und Fanfaren wurde sie in das Haus des Fürsten geleitet, und Trompeten und Fanfaren konnte sie in Zukunft nie mehr hören, ohne daß eine Gänsehaut sie überlief. Sie war ja nicht wirklich vorbereitet auf die Ehe und nicht aufgeklärt. Sie hatte sich wohl auch davor verschlossen.

Gegen vier Uhr morgens in der Hochzeitsnacht, als sie den Ehegemahl eingeschlafen wähnt, schleicht sich Amalie wie ein Dieb aus dem Haus, sie flieht aus dem Brautgemach, eilt in das Haus, das sie nie wieder betreten wollte: Sie flieht zur Prinzessin Ferdinand und tobt und weint und klagt, daß die Männer animalisch seien, brutale Raubtiere, und daß sie nie wieder zurückkehren werde zu diesem Mann. Sie hoffte Mitleid zu finden und Trost. Aber die Prinzessin schüttelte nur den Kopf über sie, beruhigte die empörte junge Frau, tröstete und scherzte und sprach von ehelicher Pflicht. Amalie war empört. Sie fühlte sich mißverstanden. Später kam auch ihr Bruder Carl von Schmettau und sprach ebenfalls von ehelicher Pflicht! Wie auch die Hofdame von K. Sie alle begleiteten sie in das Haus des Fürsten gegen Mittag zurück. Amalie hatte keinen Trost empfangen, wie sie gehofft hatte, sie wurde auf ihre Pflicht verwiesen. Sie wollte sich weigern, das Schlafgemach mit dem Angetrauten zu teilen. Aber alles, was man ihr bewilligte, war ein eigenes Bett in eben diesem Raum. Amalie ist erschüttert. Sie empfindet Abscheu und Widerwillen. Die ersten Anzeichen von Verachtung für ihren Mann mischen sich hinein.

Das war also die Hochzeit, die so glanzvoll hätte sein sollen! Amalie gehört zu den wenigen Frauen, die die Schrecken dieser Erfahrung schriftlich niedergelegt haben. Denn trotz der großen Überschrift „Aufklärung“, die über diesem Zeitalter steht, gingen auch damals die Mädchen unvorbereitet in die Ehe, und nur wenige waren fähig, sich über den Schock der Hochzeitsnacht zu äußern.

Amalie beschreibt in ihrem Bericht noch, wie sie versucht hat, nach der Hochzeit so wenig wie möglich mit ihrem Mann allein zu sein. Sie sucht Gesellschaft. Und als der Hof nach Spa aufbricht, fordert sie einen dicken englischen Lord auf, in der schmalen, zweisitzigen Kutsche mit ihnen zu fahren. Sie lernen in Spa den Marquis de Sérent kennen, Prinzenerzieher am Pariser Hof, Erzieher für die Neffen Ludwigs XVI., der Söhne des Grafen Artois. Eine Freundschaft, die ein Leben dauert, wird geschlossen.

In Brüssel warten sie dann auf die Heiratserlaubnis der Zarin und die Zustimmung der Familie. Fürst Gallitzin ist gelassen. Er weiß, daß man zunächst schmollen wird und sich dann einverstanden erklärt. Er schreibt an die Pariser Freunde und schildert ihnen begeistert Amaliens Schönheit und Talente. In Paris ist man erstaunt, von diesem so zurückhaltenden, schweigsamen Mann, dem Fürsten Gallitzin, so begeisterte Briefe zu bekommen. Auch weiß man, daß er vergebens versucht hat, eine sehr schöne Dame der Pariser Gesellschaft zu heiraten, um nicht allein nach Sankt Petersburg zurückzukehren. Von Diderot haben wir auch die beste Beschreibung des damals dreißigjährigen Gallitzin. Er schrieb an seine Freundin Volland: „Der Prinz ist die Einfachheit in Person. Niemand bildet sich weniger auf Herkunft und Geburt ein als er. Er glaubt an die Gleichheit aller Menschen. Er hat immer nur den einen Titel gekannt, seinen ersten und einzigen: ein Mensch zu sein“ [LV, S. 159].

Die Hochzeitsreise hat Amalie nicht mehr beschrieben. Sie dauert zwei Jahre, geht über Wien, Prag und Dresden nach

Berlin. Der Chronist des preußischen Hofes, Ernst Ahasverus Lehndorff bewundert die Fähigkeiten des Fürsten Gallitzin, der in Galerien sich als so kunstverständig erweist und so informiert, als läse er seine Bemerkungen aus einem Buche vor. Der Chronist des preußischen Hofes wundert sich, daß ein so solider Mann so leichtfertig heiraten konnte. Über Königsberg, wo Amalie die Gräfin Keyserling, eine ihrer Taufpatinnen, wiedersieht, geht die Reise nach Sankt Petersburg. Dort wird die junge Frau der Zarin vorgestellt, und Katharina die Große, die geborene Prinzessin aus dem kleinen Anhalt-Zerbst, wird vielleicht Betrachtungen über ihre eigene große Lebensreise angestellt haben.

Sie ernennt Fürst Gallitzin zum Gesandten in Den Haag, und die Rückreise nach dort wird schon bald angetreten. Als erster erfährt Diderot in Paris, daß sein Freund Gallitzin in Den Haag tätig sein wird: „Voilà! À jamais riche et paresseux". – Ideal dieser Zeit, wohlhabend zu sein und genügend Zeit zu finden für Literatur, Philosophie und die Künste.

Auf der Rückreise verweilen die Gallitzins mehrere Wochen in Berlin. Dort wird ihnen am 7.12.1769 die Tochter Marianne, später immer Mimi genannt, geboren. Feste werden gegeben, Lehndorff findet, daß die junge Frau sehr hübsch aus dem Wochenbett hervorgegangen ist. Fürst Gallitzin überbringt aus Sankt Petersburg von der Zarin eine Einladung für Prinz Heinrich, den brillanten Bruder des Königs. Eine Einladung, an der Friedrich II. sehr gelegen war und die die Zarin auch schon früher ausgesprochen hatte. Der Besuch in Berlin hinterläßt also seine Spuren. Und der Chronist des preußischen Hofes, Graf Ernst Ahasverus von Lehndorff schreibt nachdenklich in sein Tagebuch: „Diese junge Frau hat ein sehr sonderbares Schicksal" [Lehndorff, S. 141].

Die Trennung

Das Dorf der Paläste, so nennt man im 18. Jahrhundert das anmutige Den Haag. Hier residiert der Erbstatthalter – und nicht in der sechsmal größeren Haupt- und Hafenstadt Amsterdam. In Den Haag, an den von Linden bestandenen Alleen befinden sich die Botschaften der auswärtigen Mächte. Hier überreicht Fürst Dimitri Alexejewitsch Gallitzin am 27. März 1770 sein Beglaubigungsschreiben dem Erbstatthalter Wilhelm V. von Oranien. Dessen Gattin, Wilhelmine von Preußen, ist die Lieblingsnichte Friedrichs des Großen. „Ich liebe sie wie meine eigene Tochter", hat er einmal geschrieben. Mit der Erbstatthalterin verbinden Amalie von Gallitzin Erinnerungen aus Berliner Kinder- und Jugendtagen. Die Freundschaft zwischen diesen beiden Frauen wird von keinen Wechselfällen des politischen Lebens erschüttert werden. Am 22. Dezember 1770 wird den Gallitzins ein Sohn geboren, Dimitri. Kraft seiner Geburt ist der kleine Prinz Fähnrich im Leibregiment der Zarin. Wird der so zärtlich „Mitri" genannte einmal diesen ernsten militärischen Pflichten nachkommen? Jene Zeit ist noch so fern und Sankt Petersburg auch.

Die Gallitzins haben ein vornehmes Renaissance-Palais in der Kneuterdijk bezogen. Amalie ist vom faden Hofdamen-Dasein befreit, von der Langeweile, vom Spieltisch und seichtem Geplauder. In dieser Republik gelten andere Grundsätze: Die aristokratischen Regenten der sieben Provinzen und die wohlhabenden Kaufleute dieser Handelsnation geben den Ton an. Die Freiheit der Druckerpresse macht Holland in dieser zweiten Hälfte des 18. Jahrhunderts zu einer zweiten Heimat für die französischen Schriftsteller. Als erstes bereitet Fürst Gallitzin auf Veranlassung der Zarin die Drucklegung eines Werkes vor, das in Frankreich verbrannt wurde, aber Amaliens Lieblingslektüre war – in einer Zeit, da sie sich eigentlich mit französischen Trivialromanen die Langeweile vertreiben sollte: „De l'Esprit" von Helvetius. Hier in Den Haag werden die Theorien des Helvetius offen diskutiert. Damals in Berlin konnte Amalie nur mit älteren Herren darüber reden.

Die Drucklegung war sozusagen auch eine Morgengabe für die junge Frau, der Gallitzin hier in einem kosmopolitischen Milieu eine Heimat bieten wollte. Amalie hatte in Berlin noch den Besuch von Helvetius erlebt, der von Friedrich dem Großen eingeladen und von Gottsched ins Deutsche übersetzt worden war (1759).

Was stand eigentlich in diesem so heiß umstrittenen Buch, das vom Pariser Parlement, der obersten Justiz- und Zensurbehörde, für staats- und religionsfeindlich erklärt wurde? Helvetius lehrte, daß Erziehung und Gesetzgebung die Höherentwicklung des Menschen garantieren. Als Aufklärer plädierte er aber auch für das Recht des Menschen auf Genuß im weitesten Sinne. Wenn Amalie später einmal schreibt: „Das erste eingeborene Gesetz, welches ich im Menschen erkannte, ist die natürliche Anlage, das Übel oder das Unglück zu fliehen und das Glück zu suchen" [Schl. II, S. 75], dann hat sie diesen Grundsatz sicher schon sehr früh bei Helvetius kennengelernt. Erziehung wird ja dann auch das Hauptthema ihres Lebens bleiben, in diesem pädagogischen Jahrhundert von Pestalozzi, Campe, Lavater und Basedow.

Fürst Gallitzin, der sich schon in seinen Pariser Jahren als Mäzen für Künstler, Schriftsteller, Philosophen und Naturforscher erwiesen hatte, bleibt mit den französischen Enzyklopädisten in Verbindung. Man befreundet sich mit dem weit über Holland hinaus bekannten Arzt und Anatomen Petrus Camper, der sein ererbtes Millionenvermögen für medizinische Forschungen verwendete. Er als einer der ersten hat jene Gesundheitsvorsorge erprobt, die eine Impfung gegen Blattern wagt. In jener Zeit ein kühner Schritt! Aber Erbstatthalterin Wilhelmine ist mutig genug, ihre Kinder impfen zu lassen.

Aus Paris kommt Baron Friedrich Melchior von Grimm, der die „Correspondance Littéraire, Philosophique et Critique" herausgibt, die an allen Fürstenhöfen damals eifrig gelesen wird. Die Enzyklopädisten versorgen ihn mit wissenschaftlichen Artikeln; die besten Theater- und Literaturkritiker liefern Beiträge. Aber auch der ganz persönliche Klatsch aus Kabinetten, Boudoirs und den aristokratischen Zirkeln wird vermeldet. Baron Grimm, der aus Regensburg stammende Pastorensohn, von Kaiser Joseph II. geadelt, war schon lange Briefpartner von Katharina der Großen, für die er Erzieher aus der Schweiz, Schwiegertöchter aus Württemberg, Brüsseler Spitze, Gobelins und Bücher aus Paris besorgte.

Aus Sankt Petersburg sind auch die Brüder Sergius und Nikolaus Roumiantzow oft zu Gast, Vettern des Fürsten Gallitzin, auf dessen Anregung sie an der alten, berühmten Universität Leiden studieren. Das, was wir heute Studentenaustausch nennen, war ein besonderes Anliegen des Fürsten. Zu den Freunden gehört auch der Staatsrat Frans Hemsterhuis aus dem Außenministerium, der sich längst als Philosoph einen Namen gemacht hat.

Im Sommer 1773 kann Botschafter Gallitzin sich über ein ganz großes Ereignis freuen: Denis Diderot, sein bester Freund aus den Jahren in Paris und Versailles, kommt zu Besuch. Endlich folgte er der Einladung Katharinas. Diderot, Herausgeber der französischen Enzyklopädie, der Verfasser von über tausend Artikeln in diesem gelehrten Sammelwerk des 18. Jahrhunderts, hatte sich lange bitten lassen. Selbst Voltaire drängte ihn zur Rußlandreise, obwohl er neidisch war. Aber nun endlich, 1773, hatte Diderot sich losgerissen, von Frau und Tochter, von Paris und seiner Freundin Sophie Volland. Und die erste Station seiner weiten Reise ist Den Haag. In der Residenz des russischen Botschafters, Kneuterdijk 22, wird er herzlich empfangen. Ein eigenes Appartement mit eigenem Diener ist für ihn bereit. Aber leider, leider befindet sich Amalie auf Verwandtenbesuch in Berlin. Gallitzin ist untröstlich, beschwört den Freund, nicht eher abzureisen, als Amalie zurückgekehrt ist. Er würde es als einen Freundschaftsbruch betrachten, wenn der Freund weiterreisen würde, ohne seine bezaubernde Gemahlin kennengelernt zu haben. Diderot war ja auch der Adressat seiner stürmisch-freudigen Briefe aus Aachen gewesen, kurz nachdem Gallitzin

Amalie kennengelernt hatte. Auch Diderot ist gespannt darauf, die in so vielen überschwenglichen Briefen gepriesene Gattin kennenzulernen. Man wartet auf sie und besucht Akademien, Universitäten, Galerien und Ateliers – wie einst in Paris. Und man empfängt Gelehrte und Politiker zu Gespräch und Information. Manche Anekdoten aus den Tischgesprächen finden in Diderots „Voyage en Hollande“ später ihren Niederschlag. Und endlich kommt dann Amalie. Diderot ist entzückt. Seiner Freundin Sophie Volland in Paris beschreibt er sie so:

„Sie ist lebhaft, fröhlich, geistreich und hat ein hübsches Gesicht. Sie ist belesen und spricht mehrere Sprachen, wie es bei Deutschen üblich ist. Sie spielt das Cembalo und singt wie ein Engel. Sie ist feinfühliger, als es ihr guttut. Sie ist belesen und diskutiert wie eine Löwin ...“ Drei Monate bleibt Diderot bei den Gallitzins, dann holt Narischkin, ein Abgesandter der Zarin, ihn ab. Für die Rückreise ist ein Bruder des Fürsten vorgesehen, der mit seiner Frau Frankreich besuchen will. Dazu kommt es aber nicht. Damit Diderot in Sankt Petersburg nicht heimwehkrank wird, bietet Fürst Gallitzin ihm an, die Briefe, die aus Paris kommen, weiterzubefördern. Das ist eine angenehme Porto-Ersparnis.

Über ein halbes Jahr bleibt Diderot in Sankt Petersburg. Jeden Nachmittag wird er zu einer dreistündigen Unterhaltung in den Palast der Zarin gebeten. Zarin Katharina, von Voltaire als die „Semiramis des Nordens“ bezeichnet, ist dem Philosophen Diderot eine ebenbürtige Gesprächspartnerin. Allerdings: Während sie im Salon über Freiheit und Gleichheit all dessen, was Menschenantlitz trägt, diskutieren, wagen die Kosaken einen Aufstand, den die Zarin blutig niederschlagen läßt. War die Zeit noch nicht reif für solche Gleichheit? So ähnlich hatte die Zarin ja auch Fürst Gallitzin geantwortet, als der ihr einige Jahre zuvor schon die Abschaffung der Leibeigenschaft in seinen Briefen vorschlug. Damals hatte sie gemeint, kleine Grundbesitzer würden sich zu solchen Opfern hergeben, aber niemals die großen. Katharina, die Komödien und Essays mit leichter Hand geschrieben hatte, war immer begierig, den Kontakt zum Westen zu pflegen, und nur ungern willigte sie im Frühjahr 1774 in Diderots Abreise ein. Aber er wurde dennoch in höchster Gnade entlassen, mit kostbaren Geschenken überhäuft, wovon Diderot vor allem einen Ring mit ihrem Bildnis schätzte.

Es wurde eine beschwerliche Reise im März 1774, bei Schnee und Eis. Auf der zugefrorenen Düna wäre der Reisewagen beinahe umgekippt. Nur mit knapper Not konnten die Insassen ihr Leben retten. Am 5. April 1774 kommt Diderot wieder in Den Haag an, und er bleibt bis zum 15. Oktober bei seinen Freunden. Er führt als erstes den Auftrag der Zarin aus, eine Liste aller wissenschaftlichen Institute, die Katharina in Rußland gegründet hat, aufzustellen. Sie weiß sehr wohl, daß man sich im westlichen Europa gern den Kopf zerbricht über die Anzahl ihrer Liebhaber. (Ein Thema, das ihren Biographen bis auf den heutigen Tag teuer ist: Waren es neunzehn alles in allem, oder vielleicht doch mehr?) Aber die Herrscherin aller Reußen aus dem kleinen Anhalt-Zerbst möchte im Stil des 18. Jahrhunderts vor allem als Liebhaberin der Wissenschaften gerühmt sein. Die Frauen dieses Jahrhunderts, die von Universität und Forschung ausgeschlossen sind, finden in Herrscherinnen wie Katharina ihr Vorbild, interessieren sich für pädagogische Fragen, Themen der Naturwissenschaft und Medizin. In den Pariser Salons war es längst Mode geworden, den Namen Voltaires und Zitate seiner Bücher im Munde zu führen.

Diderot hatte den Mathematiker Euler in Sankt Petersburg kennengelernt. Dessen Bücher waren dort gerade vergriffen. Doch Amalie hat sie sich bereits durch Prinz Heinrich in Rheinsberg besorgen lassen. Sie ist daran gewöhnt, sich selbständig mit Lektüre zu versehen. Auf Amaliens Bitte hin studiert Diderot ein Manuskript des Philosophen Frans Hemsterhuis. Geduldig und als höflicher Gast, obwohl er, der Aufklärer, mit diesen neuplatonischen Gedankengängen wenig anzufangen weiß. Das Manuskript mit den Randbemerkungen ist vor einigen Jahren erst wieder aufgetaucht und wird heute in der Yale-Universität bewahrt.

Über diese Zeit schreibt Diderot an seine Freundin Sophie Volland: „Wir leben sehr friedlich miteinander. Wie Bruder und Schwester. Es gibt keine störenden Morgenbesuche, und man geht spät zu Bett. Ißt spät, um drei oder vier, zu Mittag, so daß die Arbeitszeit gut genützt werden kann." (Amalie wird das später in Angelmodde auch so halten.) Doch etwas bekümmert den weitgereisten Gast, und er muß es seiner verständnisvollen Freundin anvertrauen: „Die Fürstin führt ein Leben, das zu ihrer Jugend, ihrem lebendigen Geist und dem frivolen Geschmack ihres jugendlichen Alters nicht paßt. Sie geht nur selten aus und empfängt fast keine Besuche. Sie hat Lehrer für Mathematik, Geschichte und Sprachen. Sie verläßt ein Staatsbankett bei Hofe vorzeitig, um pünktlich zu ihrem Unterricht zu erscheinen. Sie bemüht sich, ihrem Mann zu gefallen, und überwacht die Erziehung ihrer Kinder persönlich. Sie hat die grande parure abgelegt, steht früh auf und geht früh zu Bett. Wir diskutieren auf Teufel komm raus. Wir sind nicht immer einer Meinung, obwohl ich zugeben muß, daß uns die Antiquomanie erfaßt hat ..." [LV, S. 258].

Was war, was ist geschehen? Woher kommt dieser Sinneswandel? Wo ist die Lebensfreude, die Freude an Musik und Theateraufführungen geblieben? Hatten sich die Gatten entfremdet? Im schreibfreudigen Bekanntenkreis wird über die Sinneswandlung von Amalie gerätselt. Man kann ja hier in Den Haag nicht wissen, welch ein Drama sich in der Hochzeitsnacht abspielte, welchen Schock Amalie erlitten hatte! Sie hatte sich in diesen sieben Jahren angestrengt, das alles mit einer besonderen Lebhaftigkeit, mit ihrem Talent zur Musik, mit ihrer Redefreudigkeit bei Diners und Gala-Empfängen zu überspielen. Die Freunde konnten von diesem Schock, der sehr viel tiefer saß, als Amalie es wahrhaben wollte, nichts wissen. Baron Grimm, der sich in einem Brief an Amalie mokant über eheliche Treue ausläßt, erwähnt die Verschwendungssucht des Gatten, der überhaupt nicht den Wert einer solchen Frau – seiner Frau! – erkannt habe. Der Philosoph Hemsterhuis meint „Son total est extrêmement faible", was immer das heißen mag. Wenn sie auf die Entfremdung im siebten Jahr ihrer Ehe zu sprechen kommt, hat sie eine ganz andere Erklärung: Sie gibt dem Hofleben die Schuld, den diplomatischen Verpflichtungen: „Ich brachte aus diesem ewigen Kreis von

Spielen und Besuchen und Schauspielen und Tänzen und Nichtigkeiten des Abends nur ein vermehrtes vergebliches Streben nach etwas Besserem, das ich dennoch nicht kannte und das ich keinem anvertrauen durfte, nach Hause. Ich schlief selten ohne Tränen ein. Mir war wie jenen Schauspielern, die auf der Bühne andere belustigen, indes sie selber bittere Tränen vergießen." Dies ist nicht die Klage einer „schönen Seele". Schöne Seele, sanft und verzeihend, so wie sie Goethe im „Wilhelm Meister" geschildert hat nach dem Vorbild der frommen Pietistin Klettenberg, die zum Idealbild dieser Jahrzehnte wurde. Schöne Seelen – in diesem Zeitalter der Empfindsamkeit hoffen Frauen vergebens. Sie finden keine Partner für ihre großen Gefühle. Insbesondere die Ehe hat keinen Platz für all jene tiefen Seelenleidenschaften, die sie sich ersehnen. So empfand es die Günderode, die sich das Leben nahm, und Cornelia Goethe, die nach kaltem Gefühlsleben in der Ehe im Kindbett starb, und so war es bei Dorothea Schlözer, die sich zwischen Gatten, Freund und Kindern aufrieb. Amalie, die Wissenswütige und Lebenshungrige, wählt einen anderen Weg: Sie verurteilt ihre Umgebung; sie stellt sich als die zu Unrecht Leidende hin. Noch ist es die Umwelt als solche. Später wird sie die Partner, deren sie müde wird, direkt beschuldigen. Und doch: Amalie ist zu aufrichtig, als daß sie es bei der Verurteilung ihrer Umwelt beließe. Einige Jahre später, als eine große Liebe sie überwältigt hat, als sie dafür demütig dankbar ist, seziert sie ihre Ehe so: „In den ersten zwei Jahren unserer Ehe wollte ich, koste es was es wolle, in seiner Seele das gleiche Feuer entdecken, wie es in mir brannte. Aber da ich dort vergleichsweise nichts als Eis sah, konnte ich nur glühende Eifersucht empfinden, die dann in noch Schlimmeres überging: in Gleichgültigkeit. In diesem Gemütszustand konnte ich dann ihm gegenüber weder negative noch positive Talente entwikeln. Doch wenn ich mich daraus emporwand, sehnte ich mich nach Ruhe und häuslichem Frieden und Freundschaft. Dann änderte ich mein Verhalten. Ich nahm mir vor, alle die Fehler zu vermeiden, die den Fürsten schmerzen konnten, denn ich wollte ihn ja glücklich machen ... Ich zähmte dann meine Lebhaftigkeit, meine Wut, meinen Widerspruchsgeist, unterließ alle die Sticheleien, die ihn so unaufhörlich verwundeten. Wenn ich auch dadurch seine Achtung gewann, so sah ich doch – oder glaubte zu sehen – daß er der Freundschaft, die ich nun erwartete, nicht fähig war, aber die mir zuzuwenden doch seine Pflicht gewesen wäre ...“ [KvM, Nr. 564]

Trotz dieser bemühten Selbstkritik klagt Amalie Ansprüche ein. Gefühle, auf die sie ein Recht zu haben glaubt. Amalie sucht die Menschen, doch kaum einer kann ihr genügen. Sie erwartet über alle eheliche Liebe hinweg auch ein allumfassendes väterliches Verstehen. Das väterliche Verhältnis sei das wahre Bedürfnis ihrer Seele, schreibt sie später einmal. Wann immer sie unglücklich ist, gibt sie sich wie ein verwöhntes Kind, dem Unrecht geschieht; gibt sich als das Kind, das sie nie sein durfte.

Amalie war drei Jahre alt, als ihr siebenundsechzigjähriger Vater, Feldmarschall Samuel von Schmettau, starb. Sie war das jüngste von den sechs Kindern aus seiner zweiten Ehe mit Anna von Rüffer. Nur drei überlebten die frühe Kindheit. Ihre beiden Brüder, Friedrich Heinrich Ferdinand und Friedrich Wilhelm Carl, kamen schon früh in die Akademie Brandenburg, um auf ihre militärische Karriere vorbereitet zu werden. Amalie suchte ihren Weg durch einsame acht Internatsjahre. Unausgefüllt blieb sie am Hof des Prinzen Ferdinand, und auch jetzt als Mittelpunkt eines anregenden Freundeskreises wird sie der Menschen müde, vor allem ihres Gatten, den sie absolut nicht lieben kann. Sie hatte in ihm den überlegenen, kosmopolitischen Diplomaten, den Mäzen der Wissenschaft und Literatur gesehen, auch den welterfahrenen Mann. Ehemann und Ehe haben nicht ihren hohen weltfremden Idealen entsprochen. Jetzt möchte sie fliehen, allein sein. Hindernisse auf dem Weg zu dieser Einsamkeit duldet sie nicht. Sie schreibt später einmal: „Mit denen meine ich es nicht völlig gut, die mir im Wege stehen.“

Wer Herz und Sinn der ungeduldigen jungen Frau durchschaut, ist Diderot. Der sechzigjährige Dichter, der so viele süffisante Romane der Liebe geschrieben hat, der sich in den Salons von Paris auskennt, seiner Familie zärtlich ergeben ist und dabei doch die Freundschaft zu Sophie Volland jahrelang hindurch pflegt, er findet die richtigen Worte, um seinen Freund Gallitzin zu bitten, der ungestümen jungen Frau eine Zeit der Einsamkeit und Besinnung zu schenken. Eine vorübergehende Trennung würde Amalie sicher guttun. Sie wolle ja allein sein, um ihre Weiterbildung und die Erziehung ihrer Kinder in die Hand zu nehmen.

Dimitri A. Gallitzin willigt ein. Und das nächste Kapitel im Leben der siebenundzwanzigjährigen Amalie heißt:

„*Niethuis*".

Niethuis – Nicht zu Hause – Die Flucht

Amalie hat mit Diderots Hilfe erreicht, was sie mit allen Fasern ihres Herzens und allen Kräften ihres Willens sich gewünscht hatte: Einsamkeit! Unabhängigkeit! An der schnurgeraden Allee, die von Den Haag zum Meer führt, ins unendliche Meer, hat sie in einer bescheidenen Meierei einige Zimmer gemietet. Sie sucht die ländliche Idylle, um mit sich und ihren Kindern allein zu sein. Sie will lernen und lehren. Die ländliche Idylle wird in dieser Zeit ja von vielen Frauen gesucht, aufwendig und luxuriös. Niemand hat das aufregender dargetan als die französische Königin Marie Antoinette in ihrem Petit Trianon im Park von Versailles, wo sie mit den Hofdamen idyllische Schäferspiele ausdachte und sich von den Kavalieren ihres königlichen Gemahls, Ludwig XVI., unterhalten ließ. Aber Amalie geht es nicht um Spiele. Diese wissenswütige junge Frau mit dem unersättlichen Lesehunger will ein anderes Leben führen. Sie will lernen, um zu lehren, um zu unterrichten. Mit großen Buchstaben hat sie an die Tür geschrieben: „Niethuis“ – nicht zu Hause. Dieses Wort klingt befremdlich aus dem Mund einer siebenundzwanzigjährigen bildschönen Fürstin. Aber sie sagt: „Ein paar Stunden Einsamkeit an jedem Tage sind mir nötig für mein Glück, um mich zu regeln.“

– „Niethuis“ – das Wort klingt verletzend. Amalie fühlt sich seit frühester Kindheit verletzt und will vielleicht verletzen. Außerdem erhebt sie den Anspruch auf Bildung. Kaum eine Frau in dieser Zeit hat diesen Anspruch mit solcher Radikalität gestellt wie Amalie von Gallitzin. In London gab es die „Blue Stockings“, die ob ihres Lesehungers verlacht wurden; in Paris hatten die Frauen der Aufklärer ihre Salons. Amalie ist noch fern von dieser Welt, will sich aber diese Welt erobern.

Die Tage von Niethuis sind so einsam nicht. Da ist Frans Hemsterhuis, der ihr Lehrer wird. Er ist Sekretär im Staatsrat des Äußeren, weltgewandt, Freund des Arztes Petrus Camper. Der Politik verbunden durch sein Amt, der Wissenschaft durch seine vielen Interessen, der Kunst durch sein Herkommen, sein Elternhaus. Sein Vater ist der berühmte Altphilologe Tiberius Hemsterhuis, der in Holland die Schule der Hellenisten begründete und diese zum Ausgangspunkt von Philosophie und Lehre machte.

Frans Hemsterhuis, der Plato und Sokrates auf seine Weise wiederentdeckte, der seine bedeutendsten Schriften zu dieser Zeit schon verfaßt oder entworfen hat, er ist der schwärmerisch verehrte Lehrer, doppelt so alt wie seine begierige Schülerin. Sie sehen sich fast täglich, und trotzdem schreiben sie sich Briefe. Diese Briefe sind für Amalie schon bald „Amulette, die ein heiteres Herz in einer faden, falschen Welt" schenken [Schl. II, S. 5]. „Mein Freund, ich liebe Sie. Sie machen einen wesentlichen Teil meines Glücks aus" [Schl. II, S. 10]. Amalie nennt ihren Freund Sokrates. So hieß der Lehrer des Plato. Sie versetzt ihn damit zurück in jene ferne Welt der Antike, die Hemsterhuis ihr nahebringt. Hemsterhuis verleiht ihr den Namen Diotima – das ist die Frau, die Sokrates die Liebe gelehrt hat: Lieben sei Zeugen im Schönen. Sie lesen Plato miteinander, begeistern sich für das „Gastmahl", und Hemsterhuis übersetzt es für sie ins Französische. Hemsterhuis diskutiert seine eigenen Schriften mit ihr. Es sind nicht viele und keine umfangreichen. Sie erscheinen nur in kleinen Auflagen, und doch werden sie von unseren Klassikern in Weimar, von Herder und Goethe, von Lessing, und dann auch den Romantikern, übersetzt und studiert. Novalis hat diese frühe Zusammenarbeit von Diotima und Sokrates „Gemeinschaftsphilosophieren" genannt. In Dialogen klären sie ihre Gedanken. Gedanken, die das Unendliche mit dem praktischen Leben und der Psychologie als Unterpfand der Glückseligkeit verbinden. Von Plato übernehmen sie den Dialog, der maßgebend bleibt für Amalie in allen ihren Freundschaften, in ihren Briefen. Zu Diotima und Sokrates gesellt sich bald Lysis, ein junger schweizer Theologe und Naturwissenschaftler, dessen Arbeiten selbst vor den Aufklärern in Berlin Gnade gefunden hatten. Hemsterhuis hatte ihn als Erzieher zu seinem Freund François Fagel, dem höchsten Staatsbeamten in Holland, empfohlen. Aber Fagel starb, und der junge Erzieher wurde von der Fürstin übernommen. Pierre Gédéon Dentan heißt er und wird Lysis genannt – nach dem Jüngling aus Platos „Gastmahl". Dort ist Lysis der Knabenführer, der Plato zum Lehrer Sokrates bringt. „Lysis" heißt aber auch Platos dritter Dialog über den Eros.

Lysis ist fast gleichaltrig mit Amalie und ist natürlich im Alter den Kindern viel näher als der doch schon sehr berühmte Sokrates Hemsterhuis. Das tägliche Zusammensein mit den Kindern war Amalie wichtig, lebten doch zu dieser Zeit Kinder und Erwachsene streng getrennt in den Palais der Aristokratie. Amalie wollte auch ihre Kinder unterrichten, so wie Rousseau es in seinem Roman „Emile" empfohlen hatte.

Im Archiv in Münster befindet sich ein kaum handgroßes Notizbuch aus dieser Zeit. Es besteht aus losen Blättern, die die Fürstin in Niethuis beschrieben hat. Dicht gedrängt die Zeilen, dicht bedeckt die Seiten. Es sind Gedanken, die das siebenjährige Töchterchen Mimi meditieren soll, beim Aufstehen, vor Tisch, vor dem Schlafengehen. Die Kleine soll ihre Seele zu Gott erheben; sie soll dankbar sein, daß sie leben darf, soll stets an den Tod denken. Sie soll sich beim Essen zurückhalten und bedenken, daß Essen etwas ist, was wir mit den Tieren gemeinsam haben, also etwas Niederes, und daß man sich deshalb zurückhalten muß. Sie soll abends ihr Gewissen erforschen und alle um Verzeihung bitten, die sie tagsüber gekränkt haben könnte. Das sind Gedanken für ein siebenjähriges Mädchen! Erschreckend ist der strenge Ernst dieser Ermahnungen an ein Kind. Sie sind so gar nicht nach dem Sinne Rousseaus. Aber Amalie will „eine junge Seele vor der gefährlichen Ansteckung der Gesellschaft retten". Amalie schreibt gerne, möchte auch dafür bewundert sein. So übergibt sie Lysis dieses Büchlein, damit er wiederum es Hemsterhuis zeigen möge. Schreiben ist die Lieblingsbeschäftigung dieses Jahrhunderts, in dem unsere klassische Literatur geboren wurde. Briefe werden geschrieben und abgeschrieben und weitergeschickt; Tagebücher werden sorgfältig abgefaßt.

Die Mutter stellt auch große Anforderungen an Mitri, ihren Sohn. Er gibt zu Klagen Anlaß. Und die erste dieser nie mehr verstummenden Klagen über ihren Sohn Mitri vertraut sie ihrem Mentor Hemsterhuis an. Amalie ist „ermüdet von der großen Mühe, die ich mir seit einer Stunde gebe, dem Kopfe meines guten Mitri unter irgendeiner günstigen Form die Überzeugung einleuchtend zu machen, daß zwei Dinge, die einem dritten gleich sind, es unter sich auch sind. Oh, ich habe bereits an die zwanzig Wendungen und Bilder umsonst erschöpft, die ich durchaus seiner Fassungskraft angemessen hielt. Aber ich erkenne jeden Tag mehr bei meinen zwei Kindern die Falschheit der Behauptung, wozu Helvetius sich verstiegen hat, daß alle Menschen mit gleichen Fähigkeiten geboren werden und daß die Umstände und die größere oder geringere Sorgfalt, die auf ihre Erziehung verwendet ward, den einzigen Unterschied ihrer Reife bedingen" [Schl. II, S. 21]. Amalie, die Autodidaktin, ist verzweifelt, daß ihr siebenjähriger Sohn den pythagoräischen Lehrsatz nicht versteht. Sie kann auch nicht einsehen, daß sie ihren Sohn überfordert, denn Mathematik ist ihre besondere Begabung, und sie will, daß ihre Kinder alles Wissen von ihr überliefert bekommen.

Allerdings: Die mit Mitri gleichaltrige Dorothea Schlözer, das Göttinger Professoren-Töchterchen, hat diese Lektionen längst gelernt. Ob sich das schon bis Den Haag herumgesprochen hatte und Amalie doppelt ungeduldig machte?

Mathematik und Psychologie, das sind ihrer Auffassung nach die Fächer, die den Menschen auf geradem Wege zur Glückseligkeit führen. Deshalb entsagt sie in Niethuis der Musik. Sie findet, daß die Musik die Seele in ungewisse Stimmungen versetzt, die einem klaren Unterricht in den naturwissenschaftlichen Fächern nicht guttut. Vielleicht aber auch hat sie der Musik entsagt, weil ihr Gatte, Fürst Dimitri, es so sehr schätzte, wenn sie die Abendgesellschaften durch ihre musikalischen Talente verschönte. Für Fürst Dimitri sang seine Frau wie ein Engel. Ob Amalie für ihn je die kostbare Nadermann-Harfe geschlagen hat, die heute mit ihrem Namen versehen, im Landesmuseum Münster verwahrt wird? Die Vergangenheit will Amalie weit von sich schieben. Fürst Dimitri kommt trotzdem nach Niethuis. Er kommt, um sich mit Lysis über Fragen der Elektrizität, die in dieser Zeit die Gelehrten zu interessieren beginnt, zu unterhalten. Eng verbunden bleibt Amalie mit Prinzessin Wilhelmine, der Erbstatthalterin. In einem Brief an Hemsterhuis schreibt sie: „Ich hatte gehofft, Sie heute nachmittag wiederzusehen. Aber seit mehr als acht Tagen verfolgt mich das Mißgeschick von allen Seiten. Denn die Impfung des jungen Prinzen hat Madame la Mère von ihren Freundinnen getrennt – Mütter die um ihre Kinder fürchten. Nun hat sie mich um meine Gesellschaft gebeten, und das ist eine Pflicht, von der ich mich weder dispensieren kann noch will" [GN, Bd. 1, 1. Brief, o.O.o.D.].

Und sie schreibt später noch einmal aus einem Kinderzimmer, das sich offensichtlich im Palais der Erbstatthalterin befindet: „Entschuldigen Sie das Durcheinander dieses Briefes. Ich schreibe Ihnen aus einem Zimmer, wo vier Kinder, eine geschwätzige Demoiselle, ein Arzt, eine Sängerin, ein Musiker, zwei Geheimräte und ein Dichter sich befinden. Alle sprechen, jeder auf seine Weise. Urteilen Sie selbst, welche Wirkung das auf einen schwachen Kopf hat wie den meinen." [GN, Bd. 1, 4. Brief, o.O.o.D.]

Der Erbstatthalter Wilhelm V. beschäftigt sich angelegentlich mit der Errichtung eines Naturalienkabinetts, wie es zu dieser Zeit an den Höfen Mode ist. Dieses Kabinett wurde deshalb so berühmt, weil es allen Forschern, welcher Nation auch immer, offenstand. Zu dieser Zeit hat der Erbstatthalter von einem wohlhabenden Kaufmann einen Orang-Utan geschenkt bekommen. Die Wissenschaftler hatten sich längst für die Frage interessiert, ob der Orang-Utan ein Vorläufer des Menschen in Urgestalt gewesen sei. Das Tier wurde im Park der Erbstatthalter mit herzlicher Sorgfalt gepflegt. Es wurde sogar porträtiert, und das Bild ist im Mauritius-Haus noch heute zu sehen. Eigenhändig schrieb Prinz Wilhelm V. einen Bericht über dieses „sanfte Weibchen, das gekochtes und gebratenes Fleisch essen kann, das Wasser aus einem Glas trinkt aber Wein und Likör bevorzugt" [de Gou, S. 66 ff.].

Auch Amalie beobachtete das Tier sehr gern und bat eines Tages den Erbstatthalter, daß er im Falle des Todes den Kadaver des Orang-Utan ihr übergebe, damit sie ihn zur Sektion dem Arzt und Anatomen, ihrem Freund Petrus Camper, übersenden könne. Der Erbstatthalter gewährte ihr die Bitte. Und wie es der Zufall oder das Unglück wollte: Am darauffolgenden Tag verendete das Tier. Die Überreste wurden dem Direktor des Naturalienkabinetts übergeben. Der ließ das Fell abziehen und präparierte die Überreste des Orang-Utans für den Spiritus. Als Amalie von Gallitzin das hörte, schrieb sie einen wütenden Brief an den Erbstatthalter, dem es die Sprache verschlug. Er hatte mit so viel Leidenschaftlichkeit nicht gerechnet. Umgehend ließ er bei dem Direktor des Naturalienkabinetts, Gernout Vosmaer, anfragen, wo sich die Überreste befänden. Amalie setzte alle Hebel in Bewegung, schickte ihren Freund und Mentor Hemsterhuis zu Vosmaer, der aber nicht anwesend war. Dann mußte Hemsterhuis Briefe schreiben, damit die Überreste des Orang Utans ihr übergeben würden. Der Erbstatthalter tat alles, um die Wünsche der Fürstin Gallitzin in Niethuis zu erfüllen. Er sandte seinen Oberstallmeister, dann den Unterstallmeister und dann noch eine vielköpfige Kommission zu seinem Direktor, um die Überreste des Orang-Utans in Augenschein zu nehmen. Selbst der Leibarzt und der Hofchirurg waren anwesend. Der Glasbehälter mit den Überresten des Orang-Utans wurde geöffnet. Der Hofchirurg gab Anweisung, daß noch zwei Einschnitte in die Bauchdecke zu machen seien, damit der Spiritus den Kadaver besser durchtränken könne. Und dann wurde der Sicherheit halber angeordnet, daß der Kadaver nicht in dem Glasbehälter, sondern in einer Bleikiste zu dem Arzt Petrus Camper transportiert werden sollte. Das geschah am 31. Januar 1776, morgens um neun Uhr. Fürst Gallitzin, der noch immer darauf bedacht war, seine leicht erregbare Gattin zu besänftigen, konnte es nicht fassen, daß Vosmaer nicht bestraft wurde. Camper hingegen schrieb Briefe, dankbare, bewundernde Briefe an Amalie von Gallitzin.

Ihr ist Macht gegeben über die Menschen, und sie weiß diese Macht zu nutzen. Zwar schreibt sie ihrem verehrten Lehrer und Mentor: „Mein Freund, ich liebe Sie. Sie machen einen wesentlichen Teil meines Glückes aus“ [Schl. II, S. 10]. Aber sie wehrt sich gegen alle Fesseln. Im Januar 1777 hat sie schon Geldschulden bei Hemsterhuis, die sie gerne zurückzahlen möchte, weil die Schulden sie drücken. Wenig später aber stellt sie ihm vor, daß es doch eine Ehre sei, ein Zeichen ihres großen Vertrauens in ihn, daß sie sich bei ihm Geld geliehen hat: „Heißt es nicht, Ihnen alles anvertrauen bis auf meine Schwächen hin, Freimut gebrauchen in allen Stücken, Ihre Gaben annehmen, Sie um Geld bitten ... Undankbarer! ... Aber wissen Sie, daß diese meine Seele ebenso stolz wie zärtlich von nun an Ihre Dienste verschmähen wird, wenn Sie ihr noch einmal beleidigende Zweifel an den Tage legen. Jedesmal, wenn ich Ähnliches lese, sei es in Ihren Briefen oder Ihren Reden, fühle ich die ungeheure Last des Depositums Ihrer geschnittenen Steine und aller Geschenke, die ich jemals von Ihnen empfing“ [Schl. II, S. 16]. Diese Gemmen werden in Amaliens Leben noch einmal eine große Rolle spielen. Sie werden das Unterpfand ihrer Freundschaft mit Johann Wolfgang von Goethe sein.

Über Amaliens romantische Einsamkeitssuche mit ihren Kindern Mimi und Mitri denken die Prinzen Roumiantzow, Vettern ihres Mannes, nach. Sie haben ihr Studium in Leiden beendet und befinden sich mit Baron Grimm auf der Reise nach Sankt Petersburg. Sie fragen brieflich, ob diese Absonderung von der Welt die richtige Vorbereitung auf das Leben sei. Nikolaus schreibt: „Ich hege von beiden die größte Meinung, daß sie in der Menschheit zwei sehr interessante Wesen sein werden. Aber werden sie es auch für unser Zarenreich sein? Ich fürchte, daß sie sich ihrem eigenen Vaterland entfremden, wenn sie nur in Holland erzogen werden ... Ich möchte Mimi an der Spitze eines Hauswesens sehen, Kinder erziehen mit der Weisheit ihrer Mutter, und Mitri an der Spitze eines Regiments“ [Schl. I, S. 206]. Die Brüder Roumiantzow schreiben wohlwollend und ermutigen Amalie, sich doch nicht für unnütz in dieser Welt zu halten, weil ein unglückliches Wochenbett ihr die Aussicht zerstört zu haben scheine, ihre Familie vermehrt zu sehen.

Hatte Amalie eine Totgeburt? Hatte sie eine gefährliche Fehlgeburt? Zartfühlend fragen die Brüder Roumiantzow bei Amalie an, ob die Totgeburt, die sie gehabt habe, sie an ihrem Wert als Frau zweifeln lasse, ob sie sich deswegen etwa schuldig fühle. Sie trösten Amalie und meinen, daß sie doch noch so viel im Leben zu vollbringen habe.

Seltsam, Tausende von Briefen hat Amalie in ihrem siebenundfünfzigjährigen Leben geschrieben und Bände von Tagebüchern gefüllt, aber eine Totgeburt hat sie selbst nie erwähnt. Hatte es Auseinandersetzungen mit ihrem Gatten darüber gegeben? War Amalie verzweifelt? Sergius Roumiantzow schreibt: „Ich kann es Ihnen nicht verzeihen, wenn Sie glauben, unnütz in der Welt zu sein, indem Sie fernerhin nicht mehr zu erziehen hätten" [Schl. I, S. 188].

Die Brüder Roumiantzow schreiben zärtliche Briefe, teilen ihr auch mit, daß Fürst Dimitri bald Mitglied der Akademie in Sankt Petersburg werde, und schmeicheln ihr, die den „Kopf einer Venus unter dem Helm der Minerva" trage. Huldigung, Verehrung, Anbetung geradezu, ist in dieser überschwenglichen Zeit Amalie von Gallitzin in reichstem Maße zuteil geworden. War sie glücklich? Haben diese Huldigungen ihr ein Selbstwertgefühl geben können, das sie unabhängig und glücklich machte? Es ist erstaunlich, daß sie bei all ihrer Sicherheit nach außen in den Tagebüchern ein so strenges, unnachsichtiges Gericht über sich selber hält, was an einen Selbsthaß grenzt, der uns befremdet und erschüttert. Die Roumiantzows bitten sich einen Winkel in ihrem Niethuis-Garten aus, wo sie später mit ihren Kindern gärtnern und die Nähe von Amalie genießen wollen. Nikolaus versteigt sich sogar dazu, jetzt schon um die Hand von Mimi anzuhalten. Mimi ist zu dieser Zeit noch keine zehn Jahre alt.

Mit ihrem Lehrer und Mentor Hemsterhuis wird es bald schwere Auseinandersetzungen geben, und das Wort „Mein Freund, ich liebe Sie, alles Glück ..." scheint vergessen.

Freundschaft, Liebe, Ehe. Welches Jahrhundert hätte diese Begriffe nicht diskutiert und immer wieder neu definiert?! Jedes Jahrhundert hat ihnen andere Inhalte unterlegt. Hemsterhuis, Sokrates, hat seine Beziehung zu Diotima, der jungen

Fürstin Gallitzin, als einen Höhepunkt seines Lebens betrachtet. Er hat ihre Freundschaft eine „liaison“ genannt, eine „mariage par Dieu sanctifié“, das heißt, eine Verbindung, die von Gott gesegnet ist. Für ihn ist es eine „mariage“ im Diesseits und im Jenseits. Ja, er erfindet sogar ein Wort, das es nirgendwo sonst gibt: er nennt Diotima seine „épouse en amitié“, was man vielleicht mit „Freundschafts-Gattin“ übersetzen könnte. Amalie nimmt das alles sehr ernst, und sie diskutieren sehr viel darüber. Auch alle ihre Briefe sind in dem überschwenglichen, ekstatischen Ton dieser Zeit geschrieben, und dennoch beantworten sie nicht die törichte und höchst banale Frage, haben sie sich geliebt oder nicht? *Der hohe Ton dieser Briefe läßt alles vermuten und beweist gar nichts.* Amalie fügt zu dieser Kette Freundschaft – Liebe – Ehe noch ein anderes Wort hinzu, und das ist: „Kinder“. Und so diskutieren sie lange über den Wert dieser Begriffe.

Amalie sagt: „Wenn ich keine Kinder hätte, dann wäre selbstverständlich der Freund das Höchste, dem ich alles opfern würde. Eine Frau muß sich unterordnen, und der Freund ist ein hoher Wert“ [Schl. II, S. 19 ff.]. Sie findet es selbstverständlich, daß der Junggeselle Frans Hemsterhuis, der Philosoph, der so viel über den Menschen und seine Beziehungen (L’homme et ses rapports) nachgedacht und geschrieben hat, daß dieser freiseiende, freischwebende Junggeselle sich natürlich ihr verbinden könne. Es müsse sein höchstes Ideal sein.

Sie hingegen, die ja Kinder habe, müsse daran denken, daß die Harmonie zwischen den Eltern das wichtigste Gut auf dieser Erde für die Kinder sei. Nur die Harmonie zwischen den Eltern könne das Glück der Kinder begründen.

Ein sehr moderner Gedanke. Aber wenn man bedenkt, daß Amalie ihren Gatten verlassen hat, um mit ihren Kindern allein zu sein, um durchzusetzen, daß sie ihrer Selbstbestimmung, ihrer Selbstverwirklichung näherkommen kann, so ist das ein kühner Sprung von ihrer These zur Wirklichkeit. Amalie glaubt sich nicht gebunden durch ihre noch immer bestehende Ehe. Nicht an einen Gatten fühle sie sich gebunden. Dieser Name gehöre einer gesellschaftlichen Einrichtung an. Freundschaft aber sei ein heiliges Band, nur von Gott und der

Natur allein geknüpft. Sie fühle sich nur an den Vater ihrer Kinder gebunden. Weil das Herz ihr sage, daß diese Wesen des Glücks, womit die Natur sie sozusagen belastet habe, ihre erste Pflicht seien. Das Glück der Kinder hänge von der Einsicht, dem Frieden, der wechselseitigen Neigung, kurz, von der Eintracht der beiden Eltern ab. „Aber wenn ich keine Kinder hätte", so schreibt sie, „würde ich kühn sagen, ich würde eher ein Verbrechen begehen, als mich freiwillig von einem Freunde trennen. Ich kenne nichts auf Erden, was diesem geheiligten Bande der Freundschaft nicht unterworfen ist" (27.4.1777) [Schl. II, S. 20]. Amalie beteuert, daß sie sich niemals von ihrem Ehemann trennen würde, der Kinder wegen. Und doch bewegt sie gleichzeitig in ihrem Herzen, an der Seite ihres Sokrates die Glückseligkeiten (das höchste Ziel der Aufklärerphilosophie ist Glückseligkeit) einer behüteten Freundin zu erleben. Amalie nimmt diese Vorteile einer zärtlichen Freundschaft als Entschädigung für ihre vernachlässigte Jugend an. Wenn sie von ihrer vernachlässigten Jugend spricht, dann meint sie nicht so sehr die Hungerjahre, die sie im Internat in Breslau, während des Siebenjährigen Krieges, erlebt hat, meint auch nicht die Kälte ihrer Mutter in den Jahren, als sie in Berlin lebte und von der Hofgesellschaft als weltfremdes Mädchen verlacht wurde. Sie meint damit vor allem, daß sich niemand um ihren „engen Kopf" gekümmert habe. Hemsterhuis ist der erste, der ihr dieses Gefühl gibt, ein ganzer Mensch zu sein. Die zwei ersten Jahre in Niethuis hat Amalie später immer als die glücklichsten ihres Lebens bezeichnet.

1777 fährt sie ins Bad nach Spa mit ihren Kindern und mit Hemsterhuis, natürlich. Dort begegnet sie Marquis und Marquise de Sérent wieder, die sie schon auf ihrer Hochzeitsreise in Brüssel getroffen hatte. Merkwürdigerweise beginnen nach dieser Zeit die Streitereien zwischen Diotima und Sokrates. Es geht um Freundschaft, Liebe und Ehe, um Kinder und ihre Erziehung.

Der Schweizer Dentan, Lysis, bringt einen neuen Plan auf. Er meint, es sei das beste, Kinder in der gewaltigen Bergwelt der Schweiz zu erziehen, dort, in der heroischen Landschaft würden die Kinder herrliche Fortschritte im Fühlen und Denken und auch im Sport machen. Es scheint, daß Fürst Dimitri Gallitzin diesem Gedanken nicht abhold war. Man könnte in der Schweiz ein Haus, ein Schlößchen für die Familie kaufen. Frau Van der Borch, eine im Münsterland begüterte Dame, deren Mann in niederländischen Diensten entweder militärische oder diplomatische Posten bekleidete, hatte sich schon mit ihren Kindern dorthin begeben. In das Land, wo Voltaire und Pestalozzi wohnten, wo Rousseau geboren war.

Lysis, dem das holländische Klima nicht bekommt, erhält vom Fürsten 1778 die Vollmacht, in der Schweiz ein Domizil zu suchen und zu kaufen. Jetzt rückt die Möglichkeit näher, den Triangel von Niethuis in eine ideale Landschaft zu versetzen – fern von Den Haag. Im Januar und Oktober 1776 hatte Sokrates seiner Diotima ewige Treue in dieser und der anderen Welt gelobt, ewige Dauer der liaison sanctifiée par Dieu. Aber Hemsterhuis, der sehr empfindsame Junggeselle, nimmt jetzt Abstand von den kühnen Plänen, die Amalie schon als „Kontrakt“ angesehen hat. Er sagt, man müsse vorsichtig sein in seinen letzten Lebensjahren – er ist ja nun schon achtundfünfzig. Es gebe manches zu bedenken, man müsse alles in Erwägung ziehen. Amalie schweigt lange. Dann bricht all die Enttäuschung, die Verletztheit und die Wut aus ihr hervor, die oft bezwungene Ungeduld. Sie kann sich nicht fassen! Es muß eine Kaskade von Worten aus ihr hervorgebrochen sein, so daß Hemsterhuis sich hilfesuchend an Lysis wendet. Der ist schon in der Schweiz, und er schreibt einen höchst verwirrten, ungeordneten Brief, um Hemsterhuis zur Rede zu stellen. Er, Sokrates, habe doch das Wort „mariage“ gebraucht. Er habe der Fürstin Hoffnung auf ein Zusammenleben gemacht, und sie, die so lange, lange Zeit alle Enttäuschung in ihrem Herzen bewahrt habe, sei nun außer sich geraten. Er, Hemsterhuis, müsse diesen Ausbruch von Wut doch verstehen! Er am ersten. Er, Hemsterhuis der Philosoph, der immer behauptet habe, daß er diese reizvolle und aufreizende Fürstin kenne. Er, Sokrates, habe seiner Diotima unrecht getan. In diesem Brief benutzt Dentan zum erstenmal die Abkürzung „C“. Das bedeutet „corps“, Körper. „Corps“, das ist Fürst Dimitri. Das „C“ steht für die physische Abneigung, die Amalie gegen ihren

Gatten empfindet und der sie nicht Herr werden kann. Diese Abneigung hatte sie nach Niethuis getrieben. Die Abkürzung „C“ oder „corps“, wird in der maßgeblichen Hemsterhuis-Biographie von Brummel als ein Zeichen für den groben Materialismus interpretiert, dem Fürst Dimitri Gallitzin angehangen habe. Das Wort „corps“ oder das „C“ wird in späteren Briefen von Amalie und Hemsterhuis und anderen wenigen, ganz nahen Freunden benutzt.

Dentan, Lysis, schreibt noch einen weiteren Brief und meint, er, Hemsterhuis, könne sich ebensowenig von Diotima und Lysis trennen, wie er sich von Hemsterhuis und Diotima trennen könne. Dentan, Lysis, sammelt schon schöne Dinge, die das Heim am Genfer See schmücken sollen, und denkt an die baldige „réunion der drei Herzen, die sich lieben“ [BuN, Nr. 1156]. Doch während diese Auseinandersetzungen noch weitergehen, ereignet sich etwas Entscheidendes. Und die nächste Station im Leben der rastlosen Fürstin Amalie von Gallitzin heißt: Münster.

Die Begegnung

Fürstin Gallitzin kommt am 24. Mai 1779 in Münster an. Hemsterhuis begleitet sie. Bevor die Fürstin und ihr Lehrer-Philosoph in die Schweiz aufbrechen, wollen sie die Schulen kennenlernen, die der Domherr und Minister Franz Friedrich Wilhelm von Fürstenberg im Hochstift Münster begründet hat. Amalie hat nämlich seine Schulordnung von 1776 ins Französische übersetzt – sehr zum Entzücken des Ministers, der dazu ein Vorwort schrieb und die Fürstin und den Staatsrat Hemsterhuis zum Besuch in Münster willkommen hieß.

Es geschieht etwas Unvorhergesehenes: Nicht von Schulen, nicht von Genf ist die Rede. Fürstenberg schlägt Amalie von Gallitzin in seinen Bann. Oder hat die starke, lebhafte Fürstin in der Blüte ihrer dreißig Jahre den fünfzigjährigen Minister in ihren Bann geschlagen? Die selbstbewußte, bildschöne Frau in der ungewöhnlichen Kleidung ist eine Aristokratin, die alle Zeichen ihres Ranges von sich geworfen hat und dennoch wie eine Fürstin einhergeht. Vielleicht spielte das Sonnenlicht in den langen, braunen Locken ihrer runden Perücke, die ihre hohe Stirn über allzu kühner Nase umschmeichelten. Die strahlend blauen Augen, die alle Zeitgenossen rühmen, verraten Fürstenberg: *Dieser Frau ist Macht gegeben über die Menschen*. Er fühlt es mit Schrecken, denn er ist als Domherr und Generalvikar an das Zölibat gebunden.

Der Minister Fürstenberg ist zu dieser Zeit auf dem Höhepunkt seiner Macht. In siebzehn äußerst erfolgreichen Regierungsjahren hat er im Hochstift Münster, dem größten geistlichen Hochstift in Deutschland, bedeutende Reformen durchgeführt. Da Fürstbischof und Kurfürst Max Friedrich von Königsegg-Rothenfels in Bonn residierte und nur selten nach Münster kam, hatte der tatkräftige Minister freie Hand und nutzte seine Chancen.

Wie mag Fürstenberg ausgesehen haben? Sein Denkmal steht auf einem Sockel im Rasenstück neben der Universität Münster, dort wo Fürstenberg bis 1782 wohnte. (Danach auf der gegenüberliegenden Seite, dort wo heute das Landesmuseum ist.) Er ist mittelgroß, fast zierlich. Das ausdrucksvolle Antlitz vibriert von Leben. Der Blick aus den tiefliegenden Augen ist auf ein festes Ziel gerichtet. Scharfe Furchen ziehen sich von der wohlgeformten Nase zum schmallippigen Mund, der wie zum Reden geöffnet erscheint. Gewelltes Haar fällt noch über den Kragen des langen Überrocks, der Jabot und Weste freigibt. Er trägt Kniehose, Strümpfe und Schnallenschuhe wie ein Kavalier – Domherren waren damals nicht verpflichtet, geistliche Tracht zu tragen. Seine Rechte ist leicht erhoben, wie zum Argumentieren; in der Linken hält er eine Schriftrolle. Symbolisiert sie die zündenden Reden, die Fürstenberg vor den Landständen hält? Oder ist es die Schulordnung?

Amalie und Hemsterhuis bleiben nur zwei Wochen, bis zum 8. Juni. Doch Amalie wird wiederkommen, so ist es beschlossen. Sie hat sich schon nach Häusern umgesehen, hat Fürstenberg gebeten, das auch zu tun in ihrer Abwesenheit. Er zögert. Vielleicht hofft er, daß die Bitte nicht ganz so ernst gemeint sei. Ihren mahnenden Brief vom 17. Juni jedenfalls beantwortet er erst am 24. Juni aus Paderborn. Ende Juli ist Amalie mit ihren Kindern und Hemsterhuis wieder in Münster, – und sie wird bleiben! Bleiben bis an ihr Lebensende: siebenundzwanzig Jahre lang, stürmische und bedrückte, glückliche und tätige Jahre. Eintausendachthundertfünfundachtzig Briefe hat Minister Fürstenberg in diesen siebenundzwanzig Jahren an die Fürstin geschrieben. In Französisch zunächst, der Sprache ihrer Zeit und ihres Standes, aber kein halbes Jahr später auch in Deutsch, denn schließlich hat er in seiner Schulordnung die deutsche Sprache als Hauptsprache vor der lateinischen und griechischen gefordert. Und er will ein Beispiel geben. Amalie folgt bedingungslos.

Seine Anrede „Madame“ in den ersten Briefen weicht bald zärtlichen Namen: Die Diotima des holländischen Sokrates ist für ihn Sulmalla, die keltische Königstochter aus den mythischen Gesängen des Ossian, die damals in aller Munde waren. Fürstenberg sieht in ihr auch Urania, die Göttin der geistigen Liebe und der Wissenschaft. Und er erfindet viele Formen von Adelheid – obwohl ihr in der Taufe nur der eine Name Amalie gegeben wurde: nach der Prinzessin Amalie von Preußen, Schwester des Königs und nun schon Äbtissin im Stift Quedlinburg. Amalie bildet neue Wörter in der ihr ungewohnten Sprache: Sie nennt ihn „Minnefol“ manchmal auch „Minneful“. Sie denkt dabei wohl an das mittelalterliche Wort Minne, verbindet das mit Fülle. Oder aber sie nennt ihn, französisch wiederum, Ingénu. So heißt der berühmte Roman von Voltaire, der Roman eines Indianerhäuptlings, des edlen Wilden (eine Traumgestalt dieser Zeit), der in die zivilisiert-dekadente Welt von Paris kommt, um seine edelsten Gefühle betrogen wird und dennoch die schale Welt überwindet und Sieger bleibt. Amalie ist dankbar für ihren Ingénu, und sie wird ihn schon bald den Heros nennen in den Briefen an ihre Freunde, den Heros oder den Großen Mann, „le grand homme“, stenographisch: „l.g.h.“. Das Stenographieren war eine von Fürstenbergs Liebhabereien. Und Amalie bewundert alles, was Fürstenberg tut und kann. Sie ist lernbegierig und wissenswütig. Amalie meint, sie habe erst seit dem Augenblick zu lieben begonnen, da Fürstenberg gesagt habe: „Ich liebe dich“. Und dann wieder fordert sie: „Gestehe, daß wir gestern, oder vielmehr heute nacht, glücklich waren“ [KvM, Nr. 63]. Und Fürstenberg: „Mir scheint, daß ich dich heute mehr liebe als gestern abend. Daß ich dich mehr liebe als am Abend zuvor, daß ich dich heute mehr als gestern und vorgestern liebe. Chère, divine, délicieuse Uranie!“ [KvM, Nr. 66] Er bittet seinen Freund, den General Lloyd, der beim Herzog von Braunschweig Dienst tut, ein Pferd für die genialste und charaktervollste Frau, die er je getroffen habe, zu besorgen. Amalie schenkt Fürstenberg ein Bild von Wouverman, nachdem sie weiß, wie sehr Fürstenberg die Landschaften dieses niederländischen Pferdemalers liebt.

„Tiefe concentrierte Schwermut" überfällt Fürstenberg schon bald bei dem Gedanken, er könne diese späte Liebe seines Lebens verlieren. Er fürchtet die Ungnade seiner Sulmalla, ihre Heftigkeit und ihr Aufbrausen. „Kannst Du meine Zweifel fahren lassen, so wäre ich ganz ruhig und zufrieden." Und Amalie beschwört ihn: „Töte mich in dem Augenblick, wo Du meinen solltest, Deine Uranie ist nicht mehr die glückliche Uranie von heute" [KvM, Nr. 65]. Fürstenberg erkennt in ihr: „So viel Empfindung für die ganze Natur und Gott, ein solcher Durst nach Vollkommenheit. So viel Liebe, so viel kindliche Einfalt!" Und Amalie antwortet: „Sind wir nicht für einander geboren? Ich fühle in mir etwas Großes, Erhabenes. Die Gottheit ist in mich herabgestiegen. Ich fühle mich erhoben über den Rest aller Sterblichen" [KvM, Nr. 562]. Oder sie schreibt – denn obwohl sie nahe beieinander wohnen, werden täglich Briefe und Briefchen gewechselt: „Meine Seele, die sich in ihrer Liebe nicht bändigen kann, meine Wut im Lieben – ich überlasse mich ihr ohne alle Rück-und Vorsicht. Bis zur Tyrannei beseelt mich der Wunsch, Dich glücklich zu machen." Die Glückseligkeit und die Vervollkommnung ihrer Seelen ist Ziel ihres Liebens und Lebens. Fürstenberg schreibt: „Steigen wir unbesorgt Hand in Hand den schroffen Pfad des Berges hinan." Das ist durch Angst und Zweifel, Niedergeschlagenheit und Furcht das Ziel, das sie sich gesetzt haben: Einander vollkommener zu machen. Es ist in dieser Zeit die Melodie aller Liebenden: Auch Goethe und Charlotte von Stein üben sie.

Sie heben ihre Briefe sorgfältig auf und schicken sie sich zum Wiederlesen zu. Es ist ein unendliches Sichbenennen und Einandererkennen. Schon in den ersten Wochen dieser neuen Liebe verlangt Sulmalla-Urania, daß Fürstenberg nicht versucht, sie zum Christentum zurückzuführen. Daß die Religion „dummes, wegzuwerfendes Zeug" sei, das habe sie schon beim Weggang aus dem Internat erkannt. Sie sehe bei den Christen nur Heuchelei. Sie wolle nicht handeln wie jene, die die Rituale der Religion befolgen, aber mit Voltaire darüber kichern. Wie die Aufklärer, so war auch sie der Auffassung, daß Religion nur etwas für den Pöbel sei.

Fürstenberg antwortet langmütig, er wolle sie nicht zwingen. Aber sollte sie eines Tages mit ihm in seiner Religion übereinstimmen, so wäre das sein größtes Glück. Es wäre die Krönung ihrer Liebe, wenn sie in religiösen Dingen so empfinden und denken würde wie er. In dieser Frage, die dem Generalvikar im katholischen Münster natürlich wichtig ist, bleibt Fürstenberg klug und geduldig. In einer anderen Frage setzt er sich durch, und das betrifft Hemsterhuis.

Zwar hat Hemsterhuis schon in Niethuis der Fürstin sein Zögern bekundet, gesagt, daß er nicht nach Genf gehen möchte, daß er sich das Weggehen von Den Haag noch überlegen möchte. Aber Amalie klammert sich nun einmal an diese Freundschaft, die auf „immer und ewig geschlossen" sei. Sie klammert sich an den Triangel. Und wenn sie schon nicht in Genf leben können, so doch in Münster. Diotima möchte den Freund Sokrates halten, obwohl sie sich einer neuen, sehr starken Liebe erfreut und über den neuen Schwüren die alten vergißt. Hat sie nicht eben in Den Haag noch beteuert: „Alles Glück, das ich habe, empfange ich aus der Hand dessen, den ich liebe"? Und Sokrates – Hemsterhuis gemeint?

Sie möchte auch in Münster Sokrates und Lysis um sich haben. Spöttisch schreibt sie an Hemsterhuis am 24. August 1779:

„Ich bitte um Verzeihung, wenn ich glaubte, daß Sie es als etwas mehr wie ein Glück der Umstände ansehen würden, mit mir, dem Heros (das ist Fürstenberg) und Lysis in Münster zu leben."

Sokrates ist schon wieder in Den Haag, der feinfühlige Philosoph ist abgereist. Fürstenberg will ihn nicht in Münster haben, er hat das sehr deutlich gesagt. Die Diskussion darüber hatte Amalie mit schöner Unverfrorenheit begonnen, sie hatte Fürstenberg erklärt: „Mit Hemsterhuis kann ich besser raisonieren. Unser Verstand (Fürstenbergs und ihrer) schicket sich nicht beisammen" [BuN, Nr. 1154]. Darauf kann Fürstenberg nur mit tief verletztem Schweigen reagieren. Ihr Ton überwältigt ihn. Fast sieht es so aus, als hätte Amalie schon jetzt die Oberhand. Sie wird Fürstenberg wie alle ihre Freunde früher oder später beherrschen und doch wissen, daß sie seiner bedarf.

Warum wollte sie Hemsterhuis überhaupt in ihrer Nähe behalten, da doch der „zivile Kontrakt" mit ihm aufgekündigt war? Fühlte sie sich zurückgesetzt als Frau? In vielen Briefen wird der Kampf ausgetragen. Fürstenberg meint: „Soll all das Verstehen ein Traum gewesen sein?" Immer wieder bangt er um ihre Liebe. Immer wieder fürchtet er, daß er Amalie verlieren könne. Denn: „Es hatte mich schon in meinen jungen Jahren geahndet, daß es eine Freundschaft geben müsse, wo man wechselseitig in des anderen Herzen die Glückseligkeit genösse, welche ein großer Grad menschlicher, eigener Vollkommenheit dem Menschen gewähren kann ... Ich hatte mir eine solche Liebe gewünscht, hatte sie gesucht. Aber ich war auf lauter Seelen gefallen, welche entweder von Tand oder gemachten Leidenschaften eingenommen, oder für mich zu kalt oder doch nicht eins in eins gestimmt waren. Unvermerkt hielt ich meinen Wunsch für eine Chimäre und von da an allen Genuß, den die Welt mir darbieten konnte, für ein Nichts. So war ich gestimmt, als ich Dich zum erstenmal sah, kannte aber Dein Herz und unsere Sympathie nicht. So, wie ich diese aber mit Gewißheit entdeckte, so warst Du die unsterbliche Seele, welche mir in den Träumen meiner Jugend erschienen war ..." [KvM, Nr. 105] Er schreibt: „Wenn wir uns lieben, so kann ich nicht raten noch gern haben, daß Hemsterhuis sich hier etabliert. Er ist, für sich absolut betrachtet, ein Gelehrter, oft unterhaltend, und dann auch wieder widersinnig. *Im ganzen bin ich so gierig nicht, weder auf Gelehrte noch auf Bücher ...*" [BuN, Nr. 1154] Er gibt zu, daß er langsamer spricht als sie, und bedauert, daß sie sein langsames Wesen für Lieblosigkeit hält. Er entschuldigt sich mit seinen vielen politischen Pflichten, die mit Arbeit verbunden seien und mit häufiger Abwesenheit. Aber schon habe er sich nach Platos Vorschrift vorgenommen, die Politik und Regierungs-Details den Jüngeren zu überlassen, und sich vor allem der Verbesserung der Menschen zu widmen. Er werde alles mit ihr durcharbeiten, mit ihr überlegen und forschen: „Wir arbeiten alle Tage mehr, verstehen uns besser und disputieren folglich weniger. Wir erkennen alle Tage, wie sehr wir eins sind" [BuN, Nr. 1154].

Amalie gibt nach. Sie schreibt ihrem einst so geliebten Sokrates, er solle die letzten drei Jahre als nicht gewesen betrachten. „Mit kaltem Blut", so sagt sie später, habe sie ihn weggeschickt. Und doch schildert sie ihm die abgrundtiefe Verlassenheit, die sie in dem Zimmer, wo sie ihre letzten gemeinsamen Stunden verbrachten, empfindet. Und aus Den Haag schreibt Sokrates, wie er einsam in Niethuis sitzt, im Sessel, und sich vorstellt, Diotima säße am Kamin, Lysis zu ihren Füßen. Wie ihm bewußt wird, daß die schöne Zeit des Triangels vorüber ist, und wie ihm die Tränen rinnen. Großer Abschied in Melancholie und Tränen also. Doch die Bande der Freundschaft in Den Haag werden nicht zerschnitten. Aus der Entfernung erwächst bald ein Briefwechsel, der zum Kostbarsten gehört, was das brieffreudige 18. Jahrhundert uns hinterlassen hat. Jeden Sonntag und Donnerstag kommt ein Hemsterhuis-Brief in Münster an. Jeden Dienstag und Freitag antwortet Amalie, wenn auch nicht immer so pünktlich.

Hemsterhuis ist im Frühjahr 1780 noch einmal in Münster. Er lernt das Haus in der Grünen Gasse kennen, das Amalie mit ihren Kindern nun bezogen hat. Bescheiden, ja sehr bescheiden im Vergleich mit den noblen Stadthäusern, die sich jetzt die Adelsfamilien, Besitzer der ländlichen Wasserburgen, in Münster bauen ließen. Nach dem Besuch von Hemsterhuis jubelt Amalie im Brief an Fürstenberg, sie sei nicht mehr die Schuldnerin von Hemsterhuis, sie habe sich von der Bürde befreit: „Zwischen Gott und dem ganzen übrigen Weltumfang ist Dein Platz allein in Adelaidens Herz" [KvM, Nr. 82]. Sie hat immer davon geträumt, daß sie ein Zimmer einrichten will, das nur für ihn, nur für ihren „Ingénu" eingerichtet sein soll, „wozu nur ich und er die Schlüssel haben, meine Laren" [KvM, Nr. 83]. Das tut sie jetzt und meldet es dem „großen Mann".

Die Wahl

Und wer ist nun dieser Franz Friedrich Wilhelm von Fürstenberg, Minister und Domherr, und was hat ihn so berühmt gemacht, daß Amalie von Gallitzin ihn zu bewundern fand? Franz Friedrich Wilhelm von Fürstenberg wurde am 7. August 1729 in ein Geschlecht hineingeboren, das seit Generationen durch Heirat, politische Verpflichtung und mit achtunddreißig Rittergütern im Herzogtum Westfalen und den stiftischen Ländern verwurzelt war. Sein Vater war viermal verheiratet und hatte aus drei Ehen dreizehn Kinder. So gehörte Franz zu jenen nachgeborenen Söhnen des katholischen Adels, die ein Anrecht hatten auf die Domherrenstellen in Münster und Paderborn vor allem. Das war für sie nicht nur hinreichende materielle Versorgung, sondern war bei erfolgreichem Aufstieg zu höheren Kapitelämtern Garantie für einen recht beachtlichen Wohlstand. Es bedeutete soziales Prestige und politischen Einfluß. Die Vorbedingungen waren: Vierzehn Jahre alt mußten diese Söhne sein und katholisch, ehe sie vorgeschlagen wurden. Sie mußten, bevor ihnen die Präbende zugesprochen wurde, sechzehn adlige Ahnen, acht von Vater- und acht von Mutterseite nachweisen, und außerdem ein theologisches Studium absolvieren, sechs Semester lang, wovon ein Jahr und sechs Monate vorzugsweise in Rom an der Universität abgeleistet werden mußten. Franz von Fürstenberg durchlief die Etappen dieser Vorbereitung mit Bravour. Hausunterricht genoß er auf Herdringen bei Arnsberg mit seinen Schwestern. Dann ging er auf das Jesuiten-Gymnasium in Köln. Auf der Benediktiner-Universität in Salzburg kam er mit den Naturwissenschaften und der Philosophie von Leibniz in Berührung, ehe er dann nach Rom ging. Erstaunlicherweise lernte er dort auch Englisch, kaufte sich die „Odyssee“ in englischer Ausgabe. Auf der Rückreise in Wien machte er am Kaiserhof alle die Besuche, die für seine spätere Tätigkeit von Bedeutung werden sollten. Mit vierundzwanzig Jahren trat er seine Präbende in Münster an, mit siebenundzwanzig die in Paderborn. In dieser Zeit schon begann er, Tagebuch zu schreiben. In französisch, in deutsch, in englisch manchmal, und sehr oft verschlüsselte er die Aussagen stenographisch. Das war eines seiner frühen Hobbies. In diesem Tagebuch lernen wir einen ungeduldigen, nachdenklichen, unzufriedenen und ehrgeizigen jungen Mann kennen, der es kaum abwarten kann, größere Aufgaben gestellt zu bekommen. Immer wieder klagt er sich an, zuviel gegessen, zuviel getrunken, zu lange geschlafen zu haben. Das Hofleben langweilt ihn. Er merkt schon sehr bald, daß er vom Fürstbischof ferngehalten wird. Er schreibt: „Die Asseburgs gestatten nicht, daß ich mit dem Fürsten diniere, geschweige denn soupiere“ [FT, S. 82]. Er muß unterdessen die Damen bei Stimmung halten und geistreich sein. Er macht sich viele Gedanken über Politik und Wirtschaft. „Ich bin mehr ein Mann der Projekte als der Affären“, das heißt, mehr ein Mann der Politik als der Wirtschaft. Er macht sich Gedanken über Pflicht und Neigung. „Not that is happiness what you feel or think“, schreibt er in englisch. Pflicht gilt mehr als Gefühl und Glück. Sein Leben steht unter diesem Grundsatz, den sein Vorfahre in ein Memorandum schrieb: „Wir seyndt auff die Welt kommen, nicht um zu hüpfen undt zu tanzen ...“ Der junge Präband versucht, zu sich selbst zu kommen, indem er langsam reitet und über die Psychologie der Individuen nachdenkt. Und schon bald wird ihm klar, daß Paderborn zu klein für ihn ist. Er fragt sich auch, warum er nicht die militärische Laufbahn eingeschlagen hat, wie er es zwischen seinem einundzwanzigsten und vierundzwanzigsten Jahr doch oft in Erwägung gezogen hat. Doch bald, mit Ausbruch des Siebenjährigen Krieges, den das aufsteigende junge Preußen gegen das mächtige Österreich führt, kommen die ersten Aufgaben auf ihn zu. Er wird in eine Verhandlungskommission gewählt, die sich zwischen den streitenden Parteien hin- und herbewegt. Er ist der jüngste von den Vieren. Zweimal kann er Münster vor der

Brandschatzung retten. Denn die Franzosen hatten es besetzt, die Preußen und Hannoveraner kamen, es zu beschießen, und dann eroberten es die Preußen.

Noch während des Siebenjährigen Krieges wird eine Bischofswahl fällig. Clemens August, der von Luxus und Macht berauschte Wittelsbacher, starb 1761. Er hatte fünf Bistümer unter seinem Kurhut vereinigt. Ihn nannte man den „Monsieur cinq églises". Nun wollten die Domkapitel nicht, daß wieder ein Prinz aus hohem Hause die Macht in Köln und Münster übernehme. Es wurde leidenschaftlich um den kurfürstlichen Hermelin gerungen, und niemand war wohl so aktiv wie Sophie Louise von Galen, geborene Merveldt. Sie setzte ihre verwandtschaftlichen Beziehungen ein und wußte ihre Freundschaften zu nutzen. Selbst ausländische Beobachter räumten später ein, daß Max Friedrich von Königsegg-Rothenfels, der als Sieger aus der Wahl hervorging, dieser Frau sein Amt verdanke. Sie blieb durch seine ganze Regierung hindurch mit ihm in allervertrautestem Verhältnis. Sie hatte ihren Verwandten und Protegé, Franz von Fürstenberg, in die Wahlvorgänge einbezogen. Als Dank für seinen Einsatz wurde er nunmehr Minister mit einem Gehalt von 4.000 Reichstalern. Um dem Kurfürsten die Domstadt angenehmer zu machen, dachte Fürstenberg schon bald daran, ein Schloß zu errichten und beauftragte den genialen Baumeister Johann C. Schlaun. Die Einwohner wurden besteuert, vor allem aber auch der Klerus Secundarius. Fürstenbergs Mitarbeiter, der Jurist Matthias Sprickmann, wurde zum Reichsgericht nach Wetzlar gesandt, um die Steuersätze festzulegen für die „Prälaten der Domkirche zu Münster, die Äbtissinnen in gräflichen Stiften, bis hin zu Schweinehirten und Dienstmädchen". Diese Kopfsteuer erregte sehr viel leisen und lauten Unwillen.

Schwieriger noch gestaltete sich die Gründung der Universität. Fürstenberg wollte das Überwasser-Stift auflösen, in dem nur noch acht Benediktinerinnen wohnten. Fürstenberg fand, daß „das Abbeten des lateinischen Breviers ohnehin über den Verstand geistlicher Standespersonen hinausgehe" – eine gewiß nicht sehr liebenswürdige Bemerkung! Dieses Stift stand in der Protektion des Vatikans in Rom und des Kaiserhofes in Wien. Drei Jahre dauerten die Verhandlungen.

Fürstenberg wollte auch Klopstock, den berühmtesten Dichter Deutschlands zu dieser Zeit, den Verfasser des „Messias“, als „writer in residence“ an die Universität holen. Er wollte ihm „eine beständige Pension ohne eigene Verbindlichkeit“ von den Landständen zusichern lassen. Klopstock, der in Kopenhagen gelebt und mit dem Sturz des Ministers Bernstorff seine Stelle verloren hatte, überlegte lange und lehnte dann ab: er fürchte sich vor dem Hochmut des westfälischen Adels. Vergebens sandte Fürstenberg noch den Domherrn von Galen zu ihm, um ihn umzustimmen. Einen Lehrstuhl für die sogenannten „schönen Wissenschaften“, wie Gottsched ihn in Leipzig geschaffen hatte, den wollte Fürstenberg nicht an der Universität. „Denn“, so sagte er, „dieser Lehrstuhl vermehrt die Zahl von Dichterlingen, Romanschreibern und dergleichen Belletristereien, womit der Welt nicht gedient ist. Mode-Philosophie und poetische Schwärmerei haben am Unheil unserer Zeit den größten Anteil.“

Trotzdem setzte Fürstenberg alles daran, ein Theater zu errichten, das dann auch 1775 mit Lessings „Die Juden“ eröffnet wurde. In dieser Zeit der Aufklärung wird das Mönchstum kritisch betrachtet. Die führenden Zeitschriften greifen das untätige Leben in den Männer-Orden an. Fürstenberg faßte seine Reformideen zusammen in der „Verordnung, was und wie die Mönche studieren sollen“. Zwei Prüfungen in Mathematik sollen sie ablegen und gutes Schreiben beherrschen. Vorbildlich wurde in dieser Zeit die Medizinalordnung, die Fürstenberg von dem angesehenen Arzt Dr. Hoffmann ausarbeiten ließ. Größtes Aufsehen aber erregte die 1776 erlassene Schulordnung. Der Aufklärer Nicolai in Berlin wunderte sich, daß aus einem katholischen Land eine so fortschrittliche Schulordnung komme und wünschte sich ein Bild des Ministers für seine ausführliche Besprechung in der „Allgemeinen Deutschen Bibliothek“.

Fürstenbergs Lieblingsthema war das Militär. Damals gehörte Militärwissenschaft überhaupt zur Bildung eines Gentleman. Er gründete eine Militärakademie, und er wollte sechstausend Mann unter Fuß haben, um nützlicher Bündnispartner für Holland oder andere Staaten zu sein. Ihm schwebte ein dritter Staat zwischen Preußen und Österreich vor. Deshalb handelte er mit Holland und später mit Hannover Subsidien-Verträge aus. Die Landstände waren gegen seine Militärpläne. Es gab erbitterte Auseinandersetzungen in den Landtagen. Auch Bauern und Handwerker waren gegen diesen Militärdienst, zu dem sie gelost wurden. Gerade in Fragen des Militärs hatte Fürstenberg sich von den Einwohnern des Hochstifts entfernt. Und ohne es zu merken. Eine Rede, die er vor den Landständen über das Thema militärische Aufrüstung hielt, brachte den Unmut, der im Volke herrschte, zum Überlaufen. Das zeigte sich dann in der Coadjutor-Wahl von 1780.

Dies ist der Zeitpunkt, da Amalie von Gallitzin nach Münster kommt. Sie hat den Abschied von Hemsterhuis kaum verwunden, und der Aufruhr ihrer Herzen hat sich noch nicht beschwichtigt, da verändert sich für den bewunderten Heros, für den Minister Franz Friedrich Wilhelm von Fürstenberg, die Welt von Grund auf. Ein Wahlkampf um Kurhut und Bischofsstab bricht aus, der in der Geschichte geistlicher Wahlkämpfe wohl einmalig ist.

Max Friedrich von Königsegg-Rothenfels, seit 1762 Kurfürst von Köln und Fürstbischof von Münster, ist zweiundsiebzig Jahre alt und kränkelt schon lange. Man will ihm deshalb einen Coadjutor zur Seite stellen, der ihm in seinen Regierungsgeschäften beisteht und im Todesfalle nachfolgt, also Kurfürst von Köln und Fürstbischof von Münster wird.

Am Kaiserhof in Wien hat man schon längst darüber nachgedacht, wie man die Kölnischen und Münsterischen Lande wieder enger an das Kaiserhaus binden könnte. Graf Metternich soll in Bonn und Münster Sympathien für Habsburg wecken. Kaiserin Maria Theresia hatte ihre sechzehn Kinder großartig auf den Fürstenthronen von Europa untergebracht. Aber der jüngste, Max Franz, ist „nur“ Hochmeister des Deutschritterordens in Mergentheim. Das, so finden ihr Kanzler Kaunitz und auch ihr mitregierender Sohn, Joseph II., sei nicht genug für einen Erzherzog aus dem Hause Habsburg. Doch Maria Theresia hat sich immer dagegen gewehrt, daß ein

Sohn von ihr geistlich werde: „Wann er aber Mönch werden will, so ist das was anderes, kein geistlich Fürst aber nicht.“ Das war allerdings Jahre zuvor. Inzwischen sieht man aber die Früchte des preußischen Sieges wachsen. Nach dem Siebenjährigen Krieg muß das alte Habsburg mit dem jungen Staat Preußen rechnen. Maria Theresia wird überzeugt, daß ein Erzherzog aus dem Hause Habsburg am Rhein die Rechte des Kaiserreiches wahrnehmen muß.

Für Franz von Fürstenberg gibt es nur einen Coadjutor, und das ist er. War er nicht erfolgreich in seinem Ministeramt? Niemand kennt doch so gut wie er die Probleme und Zustände des Hochstifts. Und seit siebzehn Jahren hat er das hohe Amt, den fürstbischöflichen Hermelin und den Kurhut im Auge gehabt. Dahin ist sein Streben gegangen. Er weiß sich der Gunst des Preußen-Königs, Friedrichs des Großen,sicher, der ihm für seine Verdienste im Siebenjährigen Krieg doch so herzlich gedankt hat. Obwohl Fürstenberg fürchtet, daß Preußen immer wieder darüber nachdenkt, wie man das Hochstift Münster, das von protestantisch-preußischen Staaten eingerahmt ist, sich einverleiben könne, hofft er auf preußische Unterstützung. Auch der Freundschaft mit Holland weiß Fürstenberg sich versichert. Es kann wirklich nur einen Kandidaten geben, und das ist er selbst.

Aber wie es vielen verdienstvollen und erfolgreichen Politikern ergeht: Die Stimmung ist umgeschlagen. Neid, Überdruß und auch echte Vorwürfe verschmelzen. In seinem Enthusiasmus für das Militärische hat Fürstenberg nicht bemerkt, daß die Bauern, die zum Heeresdienst gezogen werden, längst gegen diese Pflicht murren. Und auch, daß so viel von Mathematik, Erziehung und Schulen die Rede ist, erbittert sie. Daß zweiundzwanzig Feiertage, zu denen Handwerker berechtigt waren, abgeschafft wurden, sehen die nicht gern. Wie so mancher erfolgreiche Politiker hat auch Fürstenberg nicht bemerkt, wann eigentlich die Stimmung gegen ihn umschlug. Franz Wilhelm von Spiegel, Intimfeind Fürstenbergs seit langer Zeit, sein Onkel Goswin und sein Bruder, Ferdinand August von Spiegel, spalten das Domkapitel in zwei Parteien und stellen sich auf die Seite des österreichischen Kandidaten.

Amalie von Gallitzin beobachtet die Vorgänge genau, sie wird von Fürstenberg über jede Änderung der Situation informiert. Madame de Galen, die in all den Jahren das Vertrauen des Fürstbischofs Max Friedrich gepflegt und genossen hat und die Meinungen der Einwohner kennt, ist wiederum wie 1762 für Fürstenberg tätig. Inzwischen ist auch einer ihrer Söhne Domherr geworden, und ihr Mann hat das bedeutende Amt des Erbkämmerers inne. Sie selbst hat in den verflossenen Jahren mit Kurfürst Max Friedrich viele Stunden auf seinem Sommerschloß Clemenswerth verbracht. Selbstverständlich ist in ihren Augen Fürstenberg der geeignete Kandidat als Coadjutor und Nachfolger. Sie freundet sich mit Amalie von Gallitzin an. Die beiden Frauen werben vereint für Fürstenberg, so daß Franz Wilhelm von Spiegel sie schon bald alle beide als „herrschsüchtige Amazonen" betitelt.

Amalie bietet sich auch an, nach Den Haag zu reiten in achtundvierzig Stunden. Denn von dort kommen die versprochenen Gelder noch nicht. Zwar würden Kuriere schneller reiten als sie, aber sie könne in einem Tag mehr ausrichten als zwölf Briefe. Sie weiß, daß ihre Freundin, die Erbstatthalterin Wilhelmine, Nichte des preußischen Königs, nunmehr alle Korrespondenz mit dem Berliner Hof selbst beaufsichtigt. Gerührt lehnt Fürstenberg dieses Angebot ab.

Und damit kommt das Jahr 1780 herauf, das Wahljahr. Am 25. Mai begibt sich der österreichische Gesandte Metternich nach Münster und informiert Fürstenberg über die Verhältnisse in den Wahlgremien. Fürstenberg sucht zu beweisen, daß ein Prinz aus kaiserlichem Hause als Kurfürst am Rhein das Gleichgewicht der europäischen Mächte in Gefahr bringe. Noch immer ist Fürstenberg überzeugt, daß sein Freund, Friedrich der Große in Berlin, es sogar zum Krieg kommen lassen würde, wenn die Wahl nicht in seinem, Fürstenbergs Sinne, arrangiert würde. Aber Metternich setzt dagegen, daß die Machtverhältnisse sich schon verschoben haben. Es wird überliefert, daß Fürstenberg von dieser Mitteilung so betäubt war, daß er einen Tag lang regungslos unter einem Baum in seinem Garten lag, ohne zu essen und zu trinken. Fürstenberg hofft immer noch auf juristische Winkelzüge. Viel Geld wird eingesetzt. Friedrich der Große schickt zum Zweck des Stimmenkaufs 30.000 Taler. Der holländische Bevollmächtigte van Landsberge trifft am 25. Juni ein. Zu spät, meint Fürstenberg, aber immerhin bringt er 80.000 Gulden mit, von denen 40.000 gleich ausgehändigt werden. Um jeden einzelnen Domherrn wird geworben. Doch die preußischen Bevollmächtigten sehen Ende Juni die Lage Fürstenbergs als verloren an. Fürstenberg selbst bezeichnet sie als schwierig, aber nicht verzweifelt, und informiert auch Amalie von Gallitzin in diesem Sinne. Immer noch hofft er, die Mehrheit der Stimmen zu erlangen.

Am 7. August wird in Köln gewählt: Erzherzog Max Franz gewinnt. Einstimmig. Am Tag darauf wird diese Nachricht in Münster bekannt und von Jubelrufen der Menge begrüßt. Metternich begibt sich mit dem so verhaßten Bonner Minister Belderbusch nach Münster und versucht noch einmal, Fürstenberg für die österreichische Sache zu gewinnen. Erst am 15. August, einen Tag vor der Wahl, gibt Fürstenberg seinen Widerstand auf und tritt der österreichischen Partei bei. Der preußische Gesandte Emminghaus reist ab, Amalie empfängt ihn nicht zum Abschiedsbesuch. Am 16. August 1780 wird auch in Münster der Erzherzog Max Franz einstimmig gewählt. Böllerschüsse und Fanfaren verkünden das Ergebnis. Auf dem Domplatz und im Dom wartet eine tausendköpfige Menge. Im Dom wird das Ergebnis in lateinischer Sprache verkündet und zum Domplatz hin in deutscher Sprache. Das Vivat-Geschrei ist ungeheuer. Es vermischt sich mit dem Geläute der hohen Domglocken. Das Militär auf dem Domplatz schießt eine dreimalige Salve, und von den Wällen donnern hundert Kanonen den Sieg des Habsburger Erzherzogs Max Franz in die Welt. Auf dem Domplatz sind zwei Faß Wein für das Volk aufgestellt. Im Komödienhaus, das Fürstenberg erbaut hat, halten die Sieger Festtafel. Siebenhundert Flaschen Burgunderwein werden getrunken und Spottlieder gesungen auf Fürstenberg. Auf einem Transparent ist zu lesen: „X minus X ist im Domkapitel nix." Zeichen, daß man die wissenschaftliche Ausbildung der Mönche und die Neigungen Fürstenbergs nicht besonders schätzte. Die Bauern singen Spottlieder und sind froh, daß sie beim Pflug bleiben können und nicht sonntags das Gewehr präsentieren müssen. Man läßt Maria Theresia und ihren mitregierenden Sohn, Kaiser Joseph II., hochleben.

Maria Theresia stirbt im November dieses Jahres. Sie hat den Sieg ihres jüngsten Sohnes noch erlebt, aber nicht mehr die Abrechnung gesehen, die Kanzler Kaunitz später Kaiser Joseph II. vorlegt: Die Wahl in Köln kostete 966.231 Gulden, die Wahl in Münster 218.244 Gulden.

Franz Friedrich Wilhelm von Fürstenberg ist der Verlierer dieser Wahl. Amalie von Gallitzin wankt nicht in ihrer Treue und Bewunderung. Sie läßt dem großen Mann – nach antiker Manier – eine Säule auf dem Gut Althof (heute Berg Fidel) errichten. Die Münsteraner wanderten in großen Scharen hinaus, rätselten über die lateinische Inschrift: Uraniae Veneri Ac Sapientissimo Viro" (Der Venus Urania und dem weisen Mann.) Es verschlug ihnen die Sprache. Sie konnten nicht wissen, daß Fürstenberg Amalie Urania nannte.

Gentleman: Friedrich Heinrich Jacobi

Die Coadjutorwahl in Münster fiebert ihrem Entscheidungstag entgegen. Da kommt Besuch aus Düsseldorf: Friedrich Heinrich Jacobi. Kaufmann, Politiker, Goethes Seelenbruder und Freund seit dessen Rhein-Reise 1774 – und doch das alles nicht mehr. Der Kaufmannssohn Friedrich Heinrich Jacobi hatte in der väterlichen Zuckerfirma sehr bald die Arbeit aufgesagt, als er nach dreijähriger Lehr- und Studienzeit in Frankfurt und Genf nach Düsseldorf heimgekommen war. Er wurde in die Verwaltung des Herzogtums Jülich Berg berufen. Als Hof-Kammerrat für Bergwerks- und Zollfragen waren seine Leistungen dann so brillant, daß der bayerische Kurfürst Karl Theodor ihn nach München berief, um das dortige Zoll- und Handelswesen zu reformieren. Doch nach vier Monaten hatten die bayerischen Beamten den Außenseiter abgesägt, und Jacobi kehrte nach Düsseldorf zurück, ohne die 1000 Gulden Zusatzgehalt und ohne die versprochene Fourage für zwei Pferde. Letzteres ärgerte ihn ganz besonders.

Jacobi durchschaute in Münster Fürstenbergs mißliche Situation, denn seine eigene Enttäuschung in München war ja noch kein Jahr alt. Eine andere Enttäuschung peinigte Jacobi tiefer: Goethe hatte seinen Roman „Woldemar“ auf einer Lustpartie des Weimarer Hofes nach Ettersburg mit aufgerissenen Buchdeckeln an eine Buche genagelt und das Ganze satirisch-übermütig „Woldemars Kreuzerhöhung“ genannt – eine Bloßstellung, die sich in der literarischen Welt schnell wie ein Lauffeuer verbreitete. Goethe mochte „den Ruch dieses Buches“ nicht. Jacobi hatte darin das zeitgenössische Thema der Doppelliebe behandelt, und wahrscheinlich fühlte Goethe sich an seine Beziehung zur verheirateten Charlotte von Stein erinnert. In seinem früheren Roman „Aus Allwills Papieren“

hatte Jacobi den Genie-Kult verurteilt, dem in Weimar damals so wild gehuldigt wurde. Bedrückt ist Jacobi aber auch wegen seiner beiden Söhne, die seit über einem Jahr bei dem berühmten Wandsbeker Boten, Matthias Claudius, zur Erziehung weilen. Der zweite Sohn, Georg Arnold, tut nicht gut. Der älteste soll in der Tuchfabrik Clermont im holländischen Vaels auf sein Erbe vorbereitet werden, denn die Mutter Betty Jacobi, geborene Helene Elisabeth von Clermont, ist Mitbesitzerin dieser Fabrik, die sechs Millionen Gulden Umsatz im Jahr erwirtschaftet.

Friedrich Heinrich Jacobi hat Sorgen. Doch was Amalie in die Augen sticht, ist seine blendende Erscheinung. Sogar seine männlichen Freunde denken ja darüber nach, ob es der Sport, Reiten und Fechten, ist, den Jacobi in seinen Genfer Lehr- und Studienjahren so eifrig betrieben hat, was sein Auftreten so angenehm macht. Oder ist es eine tiefe Melancholie, die ihn in jungen Jahren auch zu den pietistisch gesinnten Kreisen der „Stillen im Lande“ führte? Sein Freund Wizenmann weiß: „Vom Husaren-Kleid an ringt er mit Zweifeln. Oft war er in Versuchung, sich zu ermorden, weil er zu keiner Überzeugung kommen konnte. Als Jüngling von fünfzehn Jahren fuhr er einmal vom Bette auf und sagte: Gott, wenn Du bist, so laß‘ mich es erkennen, oder Du bist nicht! Seitdem ging er den Weg der strengsten Analyse, und nun bekennt er, daß er auf diesem Weg weder Gott, noch Freyheid noch Unsterblichkeit finden könne“ [Goltz, Nr. 88]. Jacobi gilt als Gentleman unter den Dichtern jener Zeit. Sie beschreiben ihn als einen „feinen Weltmann, als einen schlanken, hohen Mann mit feiner Gesichtsbildung, leicht gebräunter Farbe und sinnendem, herrlich blauem Auge. Die ungemeine Schönheit seiner Gestalt war mit kraftvoller Anmut gepaart“. Amalie wird später sagen, diese Schönheit sei ihm gefährlich geworden.

Man spricht in Münster nicht nur über Politik. Mit dem Verfasser der ersten philosophischen Romane deutscher Sprache spricht man natürlich auch über Literatur. Jacobi ist auf dem Weg zu Lessing in Wolfenbüttel und bittet Amalie, Hemsterhuis-Schriften an den berühmten Dramatiker zu schicken. Der ist entzückt, ihr fürstliches Siegel auf dem Umschlag zu sehen – wie Jacobi später zu berichten weiß. Die Gespräche in diesen wenigen Juli-Tagen 1780 in Wolfenbüttel werden Jacobi jahrelang beschäftigen. Sie führen zu seiner philosophischen Auseinandersetzung mit Spinoza, mit dessen Pantheismus und Atheismus. Ob nicht auch Lessing Spinozist war? Das löst zunächst eine heftige Fehde in den philosophischen Kreisen aus, beschäftigt die Denker zwischen Berlin (Mendelssohn) und Königsberg (Kant und Hamann). Zunächst aber, bei diesem kurzen Besuch in Wolfenbüttel, erfährt Jacobi eine Ermutigung. Lessing rät ihm: „Hängen Sie Ihren Kameralgeist an den Haken und vollenden Sie Ihren Woldemar." Aus dem Munde des bedeutendsten Literaturkritikers dieser Zeit war das natürlich willkommener Trost im Hinblick auf Goethes bösen Scherz. Er lädt Lessing nach Düsseldorf ein, wiederholt diesen Wunsch brieflich. Doch Lessing ist schon so krank, daß er im Jahr darauf stirbt.

Von Wolfenbüttel aus begibt sich Jacobi zu Claudius, reist mit ihm durch Holstein, trifft die Dichter-Brüder, die Grafen Christian und Friedrich Leopold von Stolberg, und andere Freunde. Dann reist er mit seinen beiden Söhnen Johann Friedrich und Georg Arnold nach Hofgeismar, wo Amalie von Gallitzin mit Fürstenberg und den Kindern sich von den anstrengenden Monaten des Wahlkampfs erholt. Der Kontakt ist spontan, und Amalie interessiert sich besonders für Georg Arnold, den lebhaften, phantasievollen Knaben. Sie will ihn in Münster unter ihre Fittiche nehmen. Er soll das Paulinum besuchen, das berühmte Gymnasium, das von den Jesuiten gegründet wurde und heute noch besteht, aber mit ihren Kindern zusammen in ihrem Hause wohnen. Im November bringt Schenk, der getreue Eckart des Hauses Jacobi, Georg Arnold nach Münster. Zwischen Vater und Erzieherin beginnt bald ein Briefwechsel in deutscher Sprache, der ebenso intensiv ist wie der mit Hemsterhuis in französischer Sprache. Kein Wunder, daß Amaliens Vokabular reicher und selbstverständlicher wird, während Fürstenberg mehr oder weniger in politischen und juristischen Begriffen denkt und seine Ausdrucksmittel diesem begrenzten Umkreis entsprechen und verhaftet bleiben.

Jacobi und Amalie erörtern in ihrem Briefwechsel Erziehungsfragen. Aber bald schon offenbart der Dichter in Düsseldorf, der feine Weltmann, seiner Brieffreundin seine tiefsten Gefühle, Zweifel, Gedanken. Schon bald schwebt die „schwarze Wolke“ über diesen Briefen, und Jacobi klagt über die „fürchterliche Ur-Nacht, die ihn schwärzer denn je zuvor umhüllt“. Gesundheit ist ein großes Thema dieser Zeit, und natürlich wird der Arzt Dr. Christoph Ludwig Hoffmann, der die Medizinalverordnung für Münster im Auftrag von Fürstenberg ausgearbeitet hatte, auch bald der Arzt von Jacobi, der ihn „Despot der Eingeweide“ nennt. Jacobi beschreibt sich aber auch als „Mensch, der vom Flügelkleide an Gott mit heißer Begierde suchte“. Und er wünscht der Erzieherin: „Möge der Friede Gottes ewig über Ihnen walten, liebe Amalie, Gottes, ohne den wir *nichts* sind, Amalie, NICHTS!“ Zur selben Zeit beginnt auch die Verwöhnung, die vor allem in textilen Gaben aus Vaels besteht. Amalie wünscht sich Tuch für ein Reitkleid in dunkler Farbe, aber Jacobi findet, daß ein naturfarbener Stoff sich besser eignen wird und sucht auch die passenden Silberknöpfe dazu aus. (Amalie bevorzugte schwarz als ihre Kleiderfarbe. „Schwarz, dann wird man nicht so leicht gesehen“, sagte sie.) Die betulichen Halbschwestern Jacobis, Lotte und Lene, verpacken unermüdlich, was sich ihr Bruder Friedrich Heinrich für Amalie ausgedacht hat.

Anfang des Jahres 1781 kommt Hemsterhuis zu Besuch nach Münster, und Amalie will Jacobi überraschen: Mit Hemsterhuis reist sie nach Düsseldorf. Fürstenberg, der zu den Sitzungen des Paderborner Domkapitels, wie es seine Präbende verlangt, fährt, ist „ängstlich besorgt“. Hemsterhuis schreibt an Fürst Gallitzin in Den Haag, daß Amalie einer Luftveränderung bedürfe. Deshalb seien sie nach Düsseldorf gefahren. Die Überraschung in Düsseldorf ist geglückt. Überschwenglich feiert Jacobi die Freude, den Philosophen aus Den Haag kennenzulernen. Die Tage vergehen unter philosophischen Gesprächen. Hemsterhuis zeichnet Amalie unter dem Helm der Pallas Athene, und Amalie versucht sich im Modellieren. Sie nimmt Hemsterhuis als Vorlage, ohne Perücke, so wie sie ihn gern hat. Hemsterhuis zeichnet auch Jacobi, zeichnet ihn mit dem eingebundenen Zopf des Rokoko-Kavaliers! Kupferstecher Hess sorgt für die Verbreitung. Hemsterhuis ist so überglücklich, daß er seiner Freundin Daphne, das ist: Madame A. Perrenot, geb. Anna Cornelia Mollerus, die er im Herbst 1779, als Amalie nach Münster ging, kennen und verehren gelernt hat, im fernen Den Haag schreibt, sie müsse unbedingt auch bald Amalie und Jacobi kennenlernen. Er habe nur Jacobi, seine Frau Betty und die Stiefschwestern gesehen, nicht die berühmte Galerie, nicht den Rhein, nicht die Stadt.

Bei diesem Besuch wird schon beschlossen, daß Jacobi die Hemsterhuis-Essays übersetzen soll und Amalie die Oberaufsicht bekommt. Das ist ein schmeichelhaftes Angebot für Amalie, die doch so oft in ihren Tagebüchern behauptet hat, daß sie erst mit dreiundzwanzig Jahren Lesen und Schreiben gelernt habe. (Historisch gesehen ist es pikant, daß in diesem Jahre 1780 Friedrich der Große, der preußische König, die deutschen Literaten auffordert, nur französisch zu schreiben, da es *nie* eine deutsche Literatur geben werde, und Justus Möser in Osnabrück sein Buch dagegensetzt: „Über die deutsche Sprache und Literatur".) Man kehrt nach Münster zurück. Fürstenberg „weiß Hemsterhuis Dank, daß er sich so brav betragen" hat. Der Philosoph und Gallitzin-Freund bleibt noch einige Wochen in Münster. Daphne in Den Haag, in harmonischer Ehe mit dem Ingenieur Perrenot verbunden, wird ungeduldig, doch Hemsterhuis versichert brieflich, daß er sie „in Münster mit demselben Enthusiasmus liebe wie in Den Haag". Aber er läßt keinen Zweifel daran, daß Amalie natürlich über allen Frauen steht, die er nur kennt.

Noch oft wird Amalie in den nächsten Jahren nach Düsseldorf fahren und immer in ihrem Tagebuch vermerken: „Zur Erfrischung von Herz und Geist, von Körper und Seele". Oder: „Gegen die Kopfschmerzen." Sie fühlt sich wohl in diesem großzügigen Ambiente, das im Freundeskreis „Elysium" heißt. In Düsseldorf-Pempelfort wurden außer zwei Bedienten ein Kutscher, ein Gärtner, ein Kopist, eine französische Kammerjungfer, ein Stubenmädchen, eine Köchin und eine Kuhmagd beschäftigt. Es ist ein Haushalt, der von Lotte und

Lene in bester Ordnung gehalten wird. Lene kennt sich in des Bruders Bibliothek ebensogut aus wie in Küche und Keller.

Jacobi kümmert sich um Amaliens Geld, wo und wie sie es anlegt. Er hat einen Bankierschwager in Berlin, und er ist auch geschäftlich wie verwandtschaftlich mit dem Bankhaus Huyssen in Amsterdam verbunden. Über Zinsen und Wechsel weiß Amalie gut Bescheid, doch überträgt sie die Ausführung vertrauten Freunden: Hemsterhuis, Jacobi, Fürstenberg.

Jacobi erschließt ihr aber vor allem die literarische Welt Deutschlands. Durch ihn erlebt sie das Entstehen unserer Klassik und Romantik, lernt Schriftsteller kennen und wird angeregt und regt an. Die menschliche Beziehung zwischen der reizbaren Amalie und dem empfindlichen, schwermütigen Jacobi wird gefährlichen Schwankungen unterworfen sein. Ihm gegenüber wird sie den Begriff der Freundschaft, der in dieser Zeit eine so große Rolle spielt, festlegen. Sie wird ihm schreiben: „Leben in einem anderen wie in mir selbst, das ist es, was ich Freundschaft nenne."

Leben in einem anderen wie in mir selbst. Amaliens Freundschaft mit Jacobi ist schwieriger als ihre Freundschaft mit Hemsterhuis. Fürstenberg duldet mit väterlicher Nachsicht die Schwankungen in diesen Freundeskreisen, die alle ineinandergreifen. Diese hochempfindlichen Individualisten, diese materieller Mühe enthobenen Intellektuellen, diese Denker und Philosophen leben in einer Welt, die offensichtlich keine finanzielle Mühsal kennt. Fürstenberg bleibt seinen politischen Aufgaben treu und ist aufgeschlossen für die politischen Nachrichten, die Amalie in ihren Briefen aus Holland und Düsseldorf empfängt. Ihr Selbstbewußtsein wächst und noch stärker ihre Wissenswut.

Im Sommer 1781 reist sie wieder mit Fürstenberg nach Bad Hofgeismar. Von dort brechen sie auf, um die Universität Göttingen, damals die fortschrittlichste Universität in Deutschland, zu besuchen. Sie hört Vorlesungen über die Reichsgeschichte des deutschen Mittelalters. Die Professoren sind entzückt: Eine veritable Fürstin, die echtes wissenschaftliches Interesse zeigt und ihre Vorlesungen systematisch besucht! Diese doch sehr selbstbewußten Herren Professoren, von

Lichtenberg bis Michaelis und Heyne, legen sich ihr in huldigenden Briefen zu Füßen. Anders die kecken Professorentöchter: Sie verbreiten Amaliens Ruhm im Kleinstaaten-Deutschland als eine „Singularité". Caroline Michaelis, die Achtzehnjährige, die spätere Frau Böhmer, dann Frau August Wilhelm Schlegel, dann Frau Schelling, greift zur spitzen Feder: „Wir haben einen einzigartigen Besuch. Das ist eine Prinzessin Gallitzin, deren Gatte russischer Gesandter in Den Haag ist. Sie ist eine sehr aufgeklärte Dame, die sich griechisch drapiert. Ihre Haare sind abgeschnitten, ihre Absätze platt, man sieht sie selten ohne einen Domestiken, der ihr ein halbdutzend großer Foliobände nachträgt. Sie geht am hellichten Tage schwimmen in unserer Leine mit einer Suite von sechs bis acht Herren. Ihre Kinder sind sehr leicht gekleidet. Der Sohn trägt nur lange Hosen und ein Hemd. Gar nichts sonst. Und ihre Tochter hat ein Nachthemd an, das hinten offen ist und nur einmal oben zugebunden. Beide gehen barfuß, und ihre Haare sind nicht abgeschnitten sondern abgeschoren. Sie sind schwarz wie die Neger. Die Prinzessin Gallitzin ist recht hübsch und hat einen schönen Teint, obwohl sie ihn ständig der Sonne aussetzt. Sie muß sehr gelehrt sein und sehr viele Kenntnisse haben. Sie liest Homer im Original, und in Hofgeismar, woher sie jetzt kommt, hat sie sich jeden Morgen ins Bad tragen lassen. Für die Erziehung ihrer Kinder scheint die Natur ihr Modell zu sein, ohne sich darum zu kümmern, daß Natur manchmal schmutzig ist. Sie will vielleicht Rousseau imitieren, aber ich glaube trotzdem, daß Rousseau seinen Schüler Emile anders erzogen hat. Sie lebt in Münster von ihrem Mann getrennt, um sich der Erziehung ihrer Kinder zu widmen und der Philosophie." [KvM, S. 95] Die kecke Caroline hält die Fürstin Gallitzin für viel gelehrter als die derzeitigen Professoren, die soviel Lärm machen. Aber alles in allem findet sie, daß die Gallitzin nicht als Frau gefällt, sondern einfach als eine Singularité, und die mag sie nicht bewundern. Caroline meint, daß eine Frau ja andere Pflichten auf dieser Erde zu erfüllen habe als die Männer, nämlich die Einflußnahme auf die Kinder in den ersten Lebensjahren, was dann über deren Zukunft entscheide. Caroline vermag diese Singularité nicht zu bewundern, da sie ihre Haushaltspflichten und ihren Mann über den Wissenschaften vernachlässige. Dieser Brief hat sicher, wie so viele Briefe dieser Zeit, die Runde gemacht, ist von Hand zu Hand gegangen und hat Amaliens Ruf in Deutschland nicht zum besten begründet.

Auch Luise Mejer, die Verlobte von Heinrich Christian Boie, dem Herausgeber des „Deutschen Museum“, für das Sprickmann und Fürstenberg viele Beiträge geliefert haben, greift zur Feder, und sie schreibt: „Die Fürstin Gallitzin ist seit einigen Tagen in Göttingen mit ihren Kindern, Fürstenberg, einem Herrn von Laßberg, noch einem Herrn, der aber nicht Sprickmann sein soll. Man sagt, sie sei nach Göttingen gereiset, um die Professoren persönlich kennenzulernen, da sie ihren Sohn nach dieser Universität schicken wird. Sie macht Aufsehen, besucht alle Professoren von Distinktion, geht täglich auf die Bibliothek, reitet, badet in der Leine (wie die Médisance sagt), trägt abgeschnittene Haare, Beinkleider, und einen Talar, ungefähr wie die Türken. Sie soll angenehm, sehr unterhaltend sein, viel Verstand und Kenntnisse zeigen, aber die Sonderbarkeit so weit treiben, daß sie es ganz vergißt, daß sie ein Frauenzimmer ist.“ [KvM, S. 96]

Caroline Michaelis, die sich zehn Jahre später mit so großer Leidenschaft den Ideen der Französischen Revolution verschreibt und für die Selbständigkeit des Denkens und Fühlens eintritt, ist durch Amaliens Besuch so aufgewühlt, daß sie sofort auch der Tochter des Staatsrechtlers Professor Schlözer, die von ihrem Vater in allen Wissenschaften unterrichtet und später von Carolines Vater zur ersten Doktorin Deutschlands promoviert wird, etwas Böses prophezeit: „Dortchen wird auch nur eine andere Gallitzin werden“, und das bedeutet nichts Gutes in ihren Augen.

Doch Amalie gibt sich ihrer Wissenswut hin, genießt den Briefwechsel und Umgang mit den Göttinger Professoren. In Bad Hofgeismar empfängt sie die Gelehrten aus Kassel: den Anatom Sömmering, der Petrus Camper übersetzt, und Georg Forster, den jungen Weltumsegler, der durch Jacobi eine Stelle an der Bibliothek in Kassel bekommen hat und der schon im ersten Kasseler Sommer bei Jacobi anfragt, wann die Fürstin in Bad Hofgeismar sei.

Georg Forster rühmt die „Diotima unserer Zeit“ als eine außerordentliche Frau, ein wahres Wunder von gründlicher Gelehrsamkeit: „Ich sage *gründlich* mit gutem Bedacht. Ich kenne wenig Professoren die es ihr gleich thun. In den Mathematischen Wissenschaften ist sie fähig Kästnern zu unterhalten, und mit Erfahrung von integral und infinitesimal Rechnung, von der Analyse der Alten, pp. zu sprechen. – In ihrem äussern lebt sie schlechterdings nach eigner Phantasie; ihr Haar ist kurz in natürlichen Locken, und vorn geht es ins Gesichte; sie schwimmt und ficht sehr gut; ihre beiden Kinder aber schwimmen noch besser, und Dimitry, ein Knabe von 11 Jahren, der Jüngste, kann den Euclid nicht blos verstehen, sondern er hat zu Münster andern Knaben Vorlesungen drüber gehalten. – Und zwar ist hier kein Symptom vom ingenio praecoci, sondern blos die Folge der gutgewählten und mit Ernst ausgeführten Erziehungsmethode“ [Forster, Bd. 13, S. 342]. Dies ist eines der wenigen liebevollen Urteile über den Knaben Mitri. Daß es von dem (zu dieser Zeit siebenundzwanzigjährigen) Johann Georg Forster kommt, ist nicht erstaunlich. Er hatte ja schon als zehnjähriger seinen Vater auf Forschungsreisen begleiten müssen und hatte eine höchst schwierige Kindheit gehabt.

I. k. d. d. H. und die lieben Kinder

Die Erziehung ihrer beiden Kinder Mimi, nun zehn, Mitri, jetzt neun, hat Amalie keineswegs in den Stürmen des Wahlkampfs, an dem sie so leidenschaftlich teilgenommen hat, vergessen. Sie hat schon am 4. Januar 1780 den Kaufvertrag für das Haus, in vielen Urkunden Ascheberger Hof genannt, in der Grünen Gasse unterschrieben (6.000 Reichstaler in Gold und in eineinhalb Jahren zu bezahlen). Es ist ein langgestrecktes, einstöckiges, graues Haus mit einem kleinen Spitzgiebel über dem Mittelbau. Amalie kauft es von einem Mieter. Es stammte aus dem Besitz der Droste-Vischerings, denen Johann Conrad Schlaun, der geniale westfälische Architekt, den prachtvollen Erbdrostenhof erbaut hatte (1753-1757). Auch hat sie schon ein stattliches Bauernhaus in Angelmodde, dreieinhalb Meilen von Münster entfernt, gemietet. Es soll wieder so sein, wie es in Holland war, in Den Haag und in Niethuis. Sie will ihre Kinder erziehen für eine bessere Welt. Und sie will sie allein erziehen.

„Warum muß meine Tochter schwimmen lernen?", fragt Fürst Dimitri nach einem seiner ersten Familienbesuche in Münster. Er fragt den bewährten Freund in Den Haag, Frans Hemsterhuis. Und dieser in der Antike so tief verwurzelte Philosoph weiß, daß in Sparta Kinder, die nicht schwimmen konnten, für dümmer gehalten wurden als die anderen. Fürst Dimitri, Kavalier der alten Schule, findet das nicht sehr überzeugend. Aber er will seiner Frau nicht dreinreden, das leidet die Toleranz der Aufklärer nicht, und die Kinder sind ja charmant. Der Vater liebt seine Kinder – auf eine wortkarge, stille Weise.

Abhärten, das ist oberstes Grundgesetz für Amalie: So hat es Rousseau empfohlen und in seinem berühmten Roman

„Emile“ dargestellt. Emile wächst übrigens in Westfalen auf, wie nun auch Mimi und Mitri. Und was könnte westfälischer sein als das festgefügte Münster, die Hauptstadt des Hochstifts, und das stille Dörfchen Angelmodde an der wiesenumsäumten Werse? Für Amalie der schönste aller Flüsse. Nicht genug, daß die Kinder schwimmen, Amalie tut es mit ihnen. Die Münsteraner trauen ihren Augen nicht! Sie schwimmt fast noch öfter als ihre Kinder. Sie geht mit ihnen auf die Jagd, nimmt an ihrem Reitunterricht teil, den Fürstenberg gibt. Der Fechtmeister Miquel unterweist Mitri auch noch im Festungszeichnen nach Vauban. Mutter und Kinder gehen gemeinsam zum Ludgeri-Berg und betrachten den Sternenhimmel durch das Teleskop, das Hemsterhuis ihnen liebenswürdigerweise geschenkt hat. Sie erwandern die Heimat, denn Rousseau hat angeregt, daß Kinder nicht eher eine kolorierte Weltkarte sehen sollen, als sie sich durch eigene Anschauung einen Begriff von der nächsten heimatlichen Umgebung gemacht haben. Sie wandern durch die Heide, kehren bei Bauern ein, laben sich an Milch und deftigen Speisen. Oder rasten zum Picknick unter Eichen, wobei Amalie mit ihren Kindern einmal der Polizei verdächtig zigeunerhaft vorkam weil sie so einen großen Hut trug. Fürstenberg rettete sie vor der Gefahr einer Verhaftung, da er zufällig des Weges kam.

Die Fürstin aus Den Haag bot den Münsteranern wahrlich ein Schauspiel, wenn diese ihre Ansichten auch für sich behielten. Anders die aufgeklärten Zeitgenossen, die ihren Rousseau, ihren Pestalozzi und Basedow gelesen hatten. Sie waren entzückt und voll des Lobes. So berichtete der berühmte junge Theologe und Jacobi-Freund Thomas Wizenmann:

„Der Prinz und die Prinzessin verrichten die schwersten Leibesübungen mit der größten Leichtigkeit: Der Prinz klimmt auf einen haushohen, abgeschälten Baum und schlägt, wenn er oben ist, die Füße und Hände wechselseitig zusammen. Die Prinzessin sowohl als er springen über vier bis viereinhalb Fuß hohe Stangen, gehen auf dem Seile, reiten und setzen über erhöhte Stäbe, springen in allen Wendungen über ein hölzernes Pferd, fechten, tanzen, jagen, schwimmen, gehen barfuß in einem leinenen Kleide, winters wie sommers, und sehen dabei aus wie das Leben selbst. Sie sind ungewöhnlich freimütig, ohne Affektation und Fürstengeblütswahn. Sie haben in der Mathematik, in Latein, in Geschichte usw. gute Fortschritte gemacht. Und von dem allem ist die Fürstin selbst die Stifterin. Sie erzieht und sie unterrichtet, wiewohl sie in ihrem zwanzigsten Jahr noch nicht recht lesen und schreiben konnte. Ihre Seele hat viel Energie ..."

Wizenmann weiß auch, „daß Ärzte, Erzieher und alle Welt um sie her ihr entgegenraten und sie mit Hohnlächeln belegen" [Goltz, Nr. 88].

Amalie kümmert sich nicht um den Hohn, sie hält sich an die Huldigungen. Und an ihre eigenen Maßstäbe. Sport, so wie sie ihn auffaßt, ist in unseren Augen heute schon Leistungssport. Wenn Mimi bei einem Jagdausflug keinen Vogel trifft, weder im Fliegen noch im Sitzen, dann muß sie morgens vor dem Frühstück schon in den Wolbecker Wald gehen, um sich im Schießen zu üben. Und wenn sie vier Vögel getroffen hat, darf sie darüber auch „herrlich" sein, und das Ergebnis wird umgehend Fürstenberg mitgeteilt. Wenn sie beim Halbstundenlaufen (das war wohl Jogging) „Keuchweh" bekommt, bleibt die Mutter am nächsten Tag in ihrer Nähe, bis Mimi es fertigbringt, eine Stunde lang zu laufen. Zu dieser Zeit ist es noch auf den Wasserburgen und in den Stadtpalais des Adels Sitte, daß Kinder und Gesinde einen Flügel für sich bewohnen, getrennt von den Eltern und den Erwachsenen der Familie. Sie bleiben allein mit ihren Hofmeistern und Erziehern. Amalie aber will sich ganz ihren Kindern widmen. Ihr Tagesplan, den sie im Februar 1780 schon an Hemsterhuis schreibt, sieht so aus:

„5 Uhr oder 5.30 Uhr stehe ich auf, um mich auf den Unterricht vorzubereiten oder meine Briefe zu schreiben.

7 Uhr kommt der Fechtmeister und wir (das heißt also Amalie mit den Kindern) sind im Garten. Dann gehen wir eine halbe Stunde spazieren, die einzige Zeit, die uns im Winter dafür bleibt, wenn nicht unmittelbar nach dem Diner.

Bis 11 Uhr beschäftige ich dann meine Kinder mit Mathematik und Geographie.

11 Uhr kommt Professor Gertz für die Kinder. Ich habe dann manchmal Professor Zumkley, der mir die Differentialrechnung erklärt.

12 Uhr gebe ich meinen Kindern Französisch. Im Augenblick lesen wir die „Odyssee".

12 Uhr oder 12.30 Uhr kommt Herr von Fürstenberg, um uns zur Reithalle zu bringen, wo er mir Reitstunde gibt.

2 Uhr kehren wir nach Hause zurück, und der Fechtmeister kommt.

3 Uhr oder 3.30 Uhr kehrt Herr von Fürstenberg heim, um seinen Geschäften nachzugehen, und wir essen.

Um 17 Uhr oder wenn Posttag ist, um 6 Uhr kommt Herr von Fürstenberg zurück.

Dreimal in der Woche haben wir einen Lehrer für Englisch, der unsere Aussprache verbessert. An anderen Tagen hilft er mir bei meiner lateinischen Lektüre.

Von 6 bis 11 Uhr plaudern wir. Oft auch lesen wir dabei im alten Plato. Gestern haben wir auch im modernen Plato gelesen." (Der moderne Plato ist natürlich Hemsterhuis, an den dieser Brief gerichtet ist.) [Bra., S. 420]

Am Ende eines solchen Tages geht sie zu Bett und schläft in einem Stück bis zum Morgen.

Nach diesem Stunden- und Tagesplan ist sie vom frühen Morgen bis in die Nacht mit den Kindern zusammen. Zum Lehren und zum Lernen, zum Erziehen und zum Sporttreiben. Sie will die enge Verbindung zu ihren Kindern, ihr Zutrauen, ihre Liebe. Manchen Freunden schreibt Amalie, daß die Kinder auch ihr ihre Fehler sagen dürfen. Aber dafür findet sich weder in ihren Tagebüchern noch Briefen ein Beispiel. Amalie bleibt die Herrin der Situation. Es ist ein strenges Leben. Und die Kinder sind unter ständiger Aufsicht, niemals dürfen sie allein sein. Und schon gar nicht darf Mitri abends allein über die Straße gehen, denn „eine Verführung ist so leicht geschehen!". Vor allem soll Mitri nicht mit Miquel, dem Fechtmeister, zuviel allein sein, denn der hat ein Auge für Frauen ...

1783 kommt ein neuer Hofmeister, der Vikar August Clemens Haas. Er soll sehr gut in Mathematik sein, deshalb ist er

Amalie willkommen. Denn wie Fürstenberg ist auch sie der Anschauung, daß Mathematik der kürzeste Weg zur Glückseligkeit ist. (Manchmal jedoch ist es in ihren Augen auch die Psychologie, die auf kürzestem Wege zur Glückseligkeit führt.)

Mit dem neuen Hofmeister Haas hat Amalie lange ihre liebe Müh. Er badet zu selten, er sitzt zu gern in der Küche, um den Mädchen zuzuschauen, wenn sie das Frühstück bereiten, er liest zu wenig, er ist zu ungehobelt. Einmal empfiehlt Amalie ihren Kindern sogar, ihn wegen seiner schlechten Manieren zu schneiden.

Haas soll Mitri, wenn er im Unterricht einschläft, in die Werse führen und ihn untertauchen, bis der Junge wach wird. Einmal verliert Mitri dabei das Bewußtsein, was Amalie in solchen Schrecken versetzt, daß sie nur schimpfen kann. Lang und laut – worüber sie sich hinterher schämt, denn Fürstenberg ist zugegen, wie sie so ihre Fassung verliert. Die sportlichen und die schulischen Leistungen ihrer Kinder werden streng beurteilt. Amalie führt fast täglich darüber Buch. Diese Tagebücher sind eine quälende Lektüre. Einmal heißt es da: „Einen sehr herrlichen Abend mit Mitri, mit Mimi einen schmerzhaft schalen Tag". Oder: „Viel Gram um Mimis wiederkehrende Verstocktheit. Traulich mit Mitri. Große Freude an Mimi, großen Kummer um Mitri." Monate und Jahre hindurch liegt die Fürstin sich selbst und ihren Kindern auf der Lauer. Sie seziert alle Gefühlsregungen, die Gedanken, Meinungen und Absichten ihrer Kinder, ihrer Untergebenen und Freunde.

Wenn Amalie in Münster im Großen Saal unter den Büsten berühmter Männer, Alexanders des Großen, Homers, Goethes, Herders und Hemsterhuis' Gericht hält über ihre Kinder, ihren Ehegatten, dann wird kaum einer von ihnen ihren Erwartungen gerecht. Und Mitri hat überhaupt keine Chance. Seine sportlichen Leistungen sind offensichtlich gut, aber die werden erst gar nicht erwähnt. Das Augenmerk der Mutter richtet sich auf seine intellektuellen Fähigkeiten. Mitri lernt nicht gern, oder nicht gut. Da verzeichnet das Tagebuch ausführlich, wie oft er sich in einer Psychologieaufgabe verhaspelt: „Ich stand auf, hieß ihn in die Stube gehen, und da er sich nun excusieren wollte, gab ich ihm eine derbe Ohrfeige mit dem Zusatz, das sei für seine heuchlerische Unwahrhaftigkeit" [GT, S. 118]. Mitri ißt auch gern und schmiert sich gerne fette Butterbrote (eine Leibspeise der Westfalen bis in unsere Zeit der Kalorienzählung hinein). Und sie beschreibt Mitris Eßlust: „Mitri nahm beim Dessert, nachdem er sich wie gewöhnlich mit Fleisch und Gemüse gesättigt hatte, noch ein dickes Butterbrot. Schon das störte mich wider meinen Willen, weil er noch wenige Tage vorher gesagt hatte, Butterbrot beim Dessert, insonderheit an Fleischtagen, esse er immer nur aus Gefräßigkeit zum Überfluß. Er wolle es außer den Fasttagen nun nicht mehr tun. Dabei fiel mir ein, daß er drei Tage nacheinander sich krank gegessen hatte. Doch gedachte ich meines Vorsatzes, über solche Dinge sorgenlos zu bleiben, und ihn darum nie aus seiner guten Laune zu bringen ... Ich kehrte mich daher mit Fleiß zu Fürstenberg, damit Mitri gar nicht mutmaßen könne, ich beobachte ihn. Aber kaum hatte ich das getan, als ich von der Seite sah, wie er sich ein zweites, dickes, fettes Butterbrot schmierte. Nun war es mit meinem Vorsatz und mit meinem Bewußtsein vorbei. Ich fuhr, was das Schlimmste war, ganz laut in Gegenwart Fürstenbergs los, warf ihm in klaren Worten seine Gefräßigkeit, seine daraus folgenden Übelkeiten und Koliken schon seit Tagen etc. vor. Er saß da mit einem ganz gedrückten und gedemütigten Gesicht, welches mir meine Übereilung so deutlich vorwarf, daß ich ganz verstimmt von Tisch aufstand. Allein, die Nachempfindung meiner Leidenschaft bebte noch in mir und machte, vermischt mit dem inneren Vorwurf meines Gewissens, ein gar disharmonisches Getös, welches ich, statt es reuevoll und im heilsamen Mißtrauen auf mich selbst in mein Kabinett vor Gott zu tragen, seiner eigenen Führung überließ." Sie sieht, daß der Junge sich zur Tür bewegt und daß er in seinen Rocktaschen offensichtlich zwei Butterbrote versteckt hält. Als sie ihn zur Rede stellt, sagt er, es seien Bälle, die er dort hatte. Und sie findet sein Gesicht leer und höhnisch. Und das reizt sie so, daß sie ihn beim Arme nimmt und aus dem Zimmer führen will. Aber: „Allein, vom Wandschirm an bis zur Tür verwandelte sich mein Herz solchergestalt, daß ich ihn dort zur Tür hinausstieß, ohne ihm ein Wort zu sagen. Ein remarkables Beispiel von Veränderlichkeit, welches mich hoffentlich auf immer von der Geistessicherheit kurieren und in anhaltendem Beten befestigen wird" [GT, S. 288].

Ein ganz banaler Anlaß wächst sich in Amaliens Augen zum moralischen Problem aus, das an die Grenze des Sündhaften geschoben und in seine Bestandteile zerlegt wird. Die Enttäuschung über Mitri verwandelt sich in Verachtung, die unmerklich in Haß übergeht. Amalie wird sich ihrer Hilflosigkeit bewußt und flüchtet sich ins Moralische. Die Mutter kann sich nicht daran gewöhnen, „einen solchen Fratzen als meinen Sohn herumlaufen zu sehen". Einmal wirft sie ihm vor, er habe das höhnische finassierende Gesicht seines Vaters und wird sich bewußt, welch ungeheuere Taktlosigkeit sie begangen hat. Sie entschuldigt sich – sein Vater hätte sich nicht anders benehmen können, weil er in einer religionslosen Welt aufgewachsen sei, aber er, Mitri, ihr Sohn, habe bessere Voraussetzungen [GT, S. 235 ff.].

Mit Mimi kommt die Mutter besser zurecht. In einem drei Seiten langen Memorandum bestätigt sie ihrer Tochter, daß sie eine Kraft der Seele besitze, die unter 100 bei 99 nicht anzutreffen sei [GT, S. 199]. Dann wieder denkt sie über Mimis Reitkünste nach, daß Mimi sich auf Fürstenbergs wilde Pferde traut. Sie erinnert sich, wie gut sie selbst früher geritten sei, ehe die „Erziehung der Kinder und die sonst vielen Fatiguen existierten!" Und wenn sie nun bei der bevorstehenden Fuchsjagd in Mühl-Schulten nicht mitkäme, „wie klein wirst du Fürstenberg da erscheinen" [GT, S. 310 ff.].

Fürstenberg tut sein Bestes, um an all den Erziehungsversuchen Amaliens teilzunehmen. Er ist täglich zu Gast, er schreibt viele Briefe. Und sie alle enden mit der Unterschrift: „Ich küsse Dir die Hände (in Stenographie = I. k. d. d. H.) und die lieben Kinder". Eine Formel, die grammatikalisch ja wohl nicht korrekt ist und außerdem die Kinder von der hochverehrten Mutter trennt. Fürstenberg bemüht sich. Aber er ist ja, wie er schon in seinem Paderborner Tagebuch geschrieben hat, mehr ein Mann der Projekte, also der Pläne, als der praktischen Ausführung. Für ihn ist Menschenbilden eine Aufgabe des Staates. Erziehung in der Kleinfamilie unterliegt anderen Regeln. Die Kinder beklagen sich denn auch bei der Mutter, daß immer, wenn Fürstenberg komme, ihre gute Laune verschwinde. Das heißt, wenn sie lustig bei Tisch seien und gute Stimmung herrsche, dann verderbe Fürstenberg ihnen den Spaß. Die Mutter schreibt selbst: „In Münster war die ersten Jahre hindurch Fürstenberg meine einzige Gesellschaft. Und dessen Liebenswürdigkeiten waren alle von einer für die Kinder nicht erreichbaren Art. Fürstenberg mangelte es stets an Takt, und er verdarb durch seine ewigen Distraktionen, da er seiner eigenen Geschäfte so voll war, an meinem Plan mehr, als er mir half." Amalie gibt auch zu, daß sie „wenn er so bei mir war, ich für meine Kinder so gut als verloren war". Amalie erinnert sich mit Wehmut an Niethuis: „Ich lebte zwischen zwei Freunden, die sozusagen bloß für mich lebten und sich mir auf Lebenszeit gewidmet hatten, Dentan und Hemsterhuis, die beide in ihrer Art so viel Liebenswürdiges für die Kinder hatten" [GT, S. 205]. Die beiden hatten immer, wenn Amalie ihre Kinder mit Kälte bestrafte, die gleiche Kälte den Kindern gegenüber bewiesen. (Liebesentzug war nach Rousseau die einzig mögliche Strafe.) So wäre es, meint Amalie, auch geblieben, wenn sie mit den Kindern und dem Triangel in die Schweiz gegangen wäre. Aber sie ist ja nicht in der Schweiz, sie ist in Münster.

Fürstenberg nimmt zwar geduldig Amaliens Klagen auf und findet, „Mitri ist eine schwere Bürde". Oder aber er versucht zu mildern: „Mitri ist wie ich, ich esse auch zu viel." Oder er verspricht, daß er Mimi keinen Damenstolz beibringen will.

Daß die Natur in der Pubertät mit Gewalt erwacht, darauf weist Fürstenberg die Mutter hin, sowohl in Hinsicht auf ihre Tochter wie auf ihren Sohn. Doch das mindert Amaliens Gereiztheit nicht, macht sie nicht nachsichtiger.

Fürst Gallitzin hat ebensowenig wie Mitri eine Chance, das Vertrauen und die Achtung seiner Frau zu gewinnen. Über seinen Jahres-Besuch heißt es im Tagebuch: „In solchen Zeiten herrscht ein schaler Ton in unserem Zirkel. Die Kinder verwildern.“ Amalie wird krank und hypochondrisch. Auch Fürstenberg äußert vor jedem Besuch Unruhe und will vorher den genauen Termin wissen, denn „in alle Arrangements hat diese Epoque Einfluß“. Einmal beklagt sich Amalie darüber, daß ihr Mann auf dem Kanapee so viel Zeit verplappert. Sie tut alles, damit Mimi und Mitri nicht zuviel mit dem „religions-und seelenlosen Mann“ allein sind, denn er könnte ihnen von der falschen Welt erzählen. Als man über den Begriff Luxus streitet, definiert Fürst Dimitri das nach der Weise der Physiokraten, die alle Importe eines Landes als Luxus bezeichnen, die nicht notwendig sind. Amalie hält dagegen, Luxus sei, zu gut und zu viel zu essen und sich nicht abzuhärten, sich im Bett zu warm zuzudecken [GT, S. 45]. Im darauffolgenden Jahr vergessen die Kinder, ihrem Vater die Hand zu küssen und ihm herzlich „Gute Nacht“ zu wünschen. Einmal kommt der Vater zu Besuch und hat den Kindern nichts mitgebracht. Amalie seziert in ihrem Tagebuch, daß er seinen Kredit verloren habe, weil er keine Geschenke hatte, und daß die paar Taler, die er ihnen nachher gegeben habe, das nicht wettmachen konnten. Dann habe er sich auch bei Tisch die besten Stücke genommen, und überhaupt sei seine despotische und sophistische Art zu raisonnieren ihnen dieses Jahr besonders auf die Nerven gefallen, da sie ja schon reifer geworden seien. Wie lang ist es doch her, daß Amalie Hemsterhuis zu überzeugen versuchte, daß die Harmonie zwischen Eltern die beste Voraussetzung für das Wohlbefinden der Kinder sei! Wie inständig hat sie damals geschworen, daß ihr das Glück der Kinder immer am Herzen liegen solle!

Selten sind die Augenblicke, da Amalie mit ihren Kindern entspannt zusammen ist. Sie berichtet im Tagebuch einmal, daß sie engumgschlungen in der Deele zu Angelmodde saßen und daß sie ihnen von ihrem Leben bei Hofe erzählte, von dem Liebesverhältnis ihres Bruders mit der Prinzessin Ferdinand, und wie sehr sie gelitten habe. Die Kinder in dieser ländlichen Einsamkeit wollen gern mehr von diesem aufregenden, ihnen fremden Leben wissen. Aber Amalie bricht ab. Selten nur hören wir, daß sie mit den Kindern im Garten arbeitet, Erdbeerstecklinge verpflanzt und darüber nachdenkt, ob Kartoffeln durch Samen oder durch Knollen vermehrt werden. (Die Kartoffel kennt man in Europa erst seit 1765, und sie ist noch kaum erprobt in Westfalen.)

Es gibt nur ein Kind, das Amalie „ohne Aber und Wenn“ liebt. Das ist Amelie von Schmettau, das Töchterchen ihres glücklosen Bruders Friedrich H. Ferdinand. Als fünfjährige kommt sie nach Münster, lernt hier das Laufen und bleibt immer „die Kleine“. Sie darf tun, was allen anderen nicht erlaubt ist. Sie darf bei Amalie sitzen und sie auch stören, wenn diese in den Kirchenvätern oder in anderen philosophischen Schriften liest. So beschreibt Amalie einmal, wie sie in der Deele auf und ab geht, und die Kleine sie gewichtig nachahmt. Sie füttert die Kuh und die kleinen Puten und wieder die Kuh mit aufmunternden Worten. (In der westfälischen Deele sind rechts und links Kühe und Kleinvieh untergebracht.) Amelie wird als zärtliches Kind geschildert. Sie darf sogar den aufgehobenen Bleistift in Amaliens Kleidertasche stecken. Ohne alle Analyse freut sich die Fürstin dieses entzückenden Kindes. Auf den Kinderbällen, zu denen Amalie ja auch die Dorfjugend einlädt, tanzt sie am liebsten und am meisten mit dieser Kleinen. Und wenn Amelie ein vereitertes Knie hat, pflegt die fürstliche Tante mit zärtlicher Umsicht das hilflose Kind und gibt Hemsterhuis in Holland eine genaue Beschreibung dieses Geschwürs. Später einmal träumt Amalie davon, wie es wäre, wenn aus Amelie und Mitri ein Paar würde, das mit ihr zusammen leben würde: Drei Religionsmenschen unter einem Dach. Auch hört sie es gern, wenn Mimi schwört, die Mutter nie verlassen zu wollen.

Wie Amaliens Erziehen und Lehren aus der Kinderperspektive wirkt, dafür haben wir einen Bericht, der erst Mitte des 19. Jahrhunderts geschrieben wurde. Dieser Bericht stammt von Georg Arnold Jacobi.

Georg Arnold Jacobi:
„Verdorben durch Erziehung ...“

„Die große Gallitzin hat es übernommen, meinen Sohn Georg Arnold zu erziehen“, so schrieb Vater Friedrich Heinrich Jacobi am 24. Oktober 1780 freudestrahlend an seinen Freund und Protegé Wilhelm Heinse, der sich schon auf der berühmten von Jacobi finanzierten Italienfahrt befand. Es war ein spontaner Entschluß, den Fürstin Amalie und Friedrich Heinrich Jacobi im aufregenden Sommer von 1780 faßten. Am 1. November kommt Georg Arnold in das Haus der Fürstin und bleibt dort vier Jahre. Ein dramatischer Briefwechsel begleitet das Experiment. Betty und Friedrich Heinrich Jacobi sind glücklich, ihren Sohn in den Händen eines so energischen „Muttermenschen“ zu wissen, und sind sich einig mit der Fürstin, daß höchste Maßstäbe an das moralische Betragen und die schulische Leistung von Kindern gelegt werden müssen. Alle die edlen Rousseau-Grundsätze von Gewähren- und Sichentwickelnlassen schmelzen dahin. Schon bald werden Übersetzungen aus dem Lateinischen, die nach Düsseldorf gehen, mit Maßstäben charakterlichen Verhaltens gemessen, Eigenschaften und Verfehlungen werden streng beobachtet. Das Schulische und Moralische wird vermengt. Und das Ungenügen, das Amalie an ihrem Mitri empfindet, empfindet Vater Jacobi bald an seinem eigenen Sohn Georg Arnold. Der empfindsame Philosoph Jacobi ist in Erziehungsfragen weit von Rousseauscher Milde entfernt. Biblische Strenge und pietistisch gefärbte Furchtsamkeit, daß der Mensch böse sei von Jugend auf, klingen aus all den Ausführungen seiner vielen, vielen Briefe, die alle paar Tage in Münster bei Amalie ankommen. Schon am 18. Januar 1781 schreibt er: „Claudius sagte immer, es wäre ein Junge von Brei. Liebe Amalie, sehen Sie wenigstens zu, ob Sie aus dem Brei nicht einen Teig kneten können. Und backen Sie ihn mir hernach so hart wie möglich. Fürchten Sie nicht, daß Sie durch Strenge seine Liebe verlieren werden. Vielmehr kann anhaltende, ununterbrochene Strenge allein ihn zu wahrer Liebe gegen Sie und überhaupt gegen alle, die seine Wohlfahrt wollen, bilden" [KvM, Nr. 113]. Oder ein anderes Mal: „Georg hat eine abscheuliche Lust am Repräsentieren. Und mir ist in der Welt nichts so sehr zuwider. Der Junge soll auch ohne seine Pflegemutter bei niemand speisen gehen, da die Zeit zu kostbar und verführt zu werden, so leicht ist" [JB, Bd. 2, Nr. 624]. Die väterlichen Briefe aus Düsseldorf enthalten nicht nur Mahnungen, manchmal sind sie auch höhnisch. Am 17. April 1781 heißt es: „Guten Morgen, mein lieber Georg. Wie mag Dir heute wohl das Kopfwaschen unter freiem Himmel geschmeckt haben? Ob sich der Ofen mit seiner anziehenden Kraft mehr hervorgetan hat, oder Du mit Deinem Heroismus? Ich hoffe, das letztere. Denn man muß wenigstens zweimal soviel können und wirklich tun, als man sich vorgenommen hat ... Ich bitte Dich, mein lieber Sohn, trachte alle Stunden von neuem, Deine Sinnlichkeit zu überwinden. Du hast, solange ich Dich kenne, an den niedrigen Gelüsten Deines Leibes, ja an den allerniedrigsten, (ich schäme mich, es Dir vorzuwerfen) sogar an den Freuden des Gaumens, unabwendbar gehangen. Ich hatte gehofft, die Lebensart in Claudiussens Haus und das Beispiel des Mannes selbst würden Dich allerwenigstens vom letzten entwöhnt haben. Aber ich mußte hernach zu meiner großen Betrübnis wahrnehmen, daß auch dieses nicht einmal geschehen war. Am mehrsten schlägt mich dabei nieder, daß ich weiß, wie der fromme, nüchterne Claudius Dir hierüber täglich zugeredet hat ..." [JB, Bd. 2, Nr. 624]

Seltsam. Die Freude am Essen, die die Erwachsenen in dieser Zeit mit so viel Hingabe und Ausdauer kultivieren, wird bei Kindern als etwas ganz Verderbliches gerügt, wird als Keim zu vielem Bösen betrachtet. In den Osterferien zu Hause hat Georg Arnold dem sehr wohlhabenden Großvater in Düsseldorf etwas Geld abgeschmeichelt, um sich ein religiöses Buch zu kaufen. In Wirklichkeit aber kaufte er sich eine Ausgabe des Tacitus. Als das herauskommt, veranstaltet der Vater ein wahres Strafgericht. Er schreibt: „Du bist mit allen Lastern befleckt: Du bist ein Lügner, Du bist ein Betrüger. Ja, was alle Scheußlichkeiten übertrifft, Du bist ein Heuchler. Oh Gott, was ich von Kindesbeinen an über alles gehaßt, über alles verabscheut habe, das bist Du. Du, den ich mit welcher Liebe meinen Sohn genannt habe. Ich möchte vor Schmerz bis ans Ende der Welt fliehen, daß ich nie Dein freches Auge wiedersehe ... Du begreifst also selbst, daß keine andere Wahl für Dich bleibt als die Werkstatt oder das Zuchthaus. Das Herz bricht mir, ich kann nicht weiterschreiben ...“ [JB, Bd. 2, Nr. 648]

Amalie hat dem wütenden Vater vorgeschlagen, man solle Georg Arnold zu einem Handwerker geben, so wie ja auch Rousseaus Emile im Laufe seiner Entwicklung handwerklich geschult wird – allerdings nicht zur Strafe, sondern zur Förderung seiner kreativen Eigenschaften. An Amalie schreibt Jacobi daraufhin: „Sie, meine Freundin, müssen das einzige Wesen sein, bei dem er Gnade, Trost und Rettung findet. Mein Brief kann Ihnen Gelegenheit geben, neue Bedenklichkeiten zu äußern und Zweifel sehen zu lassen, ob Ihnen Ihr Gewissen erlaube, ihn bei sich zu behalten, da sein eigener Vater nicht einmal den Mut hätte, solche Verantwortung zu übernehmen. Worum ich Sie besonders bitte, liebe Amalie: lassen Sie ihn strenge arbeiten. Und sehen Sie, ob Sie es nicht durch strenge Leibesübungen dahin bringen, daß er vom Fleische falle ...“ [JB, Bd. 2, Nr. 649]

Briefe wie diese waren zweifellos nicht dazu angetan, Georg Arnold in der Gunst der strengen Erzieherin zu heben. Im Gegenteil. Mit den Jahren steigert sich der Haß gegen die Söhne: Georg Arnold findet vor Amaliens Auge ebensowenig Gnade wie ihr eigener Sohn Mitri. Jahre später rechnet sie über ihre Bemühungen ab. Sie schreibt im Tagebuch: „Aus übereilter Gefälligkeit für Jacobi und vielleicht aus heimlichem Ehrgeiz, der sich unter dem Namen der Liebe verbarg, den Sohn eines berühmten Mannes mir anvertraut zu sehen“, habe sie ihn trotz ihrer „beinahe untragbaren Last und Sorgen“ aufgenommen. Georg Arnold sei zu spät zu ihr gekommen. Sie habe ihn für einen ganz offenherzigen, reinen, bei einem beinah heiligen Mann seit zwei Jahren erzogenen Knaben gehalten. Aber: „Er wirkte sehr fatal auf meine Kinder. Er war drei Jahre älter als Mitri, übertraf ihn natürlicherweise immer. Und das machte den zum Mißmut geneigten Mitri noch mißmutiger ... Mimi hingegen und Georg konnten wegen einiger entfernter Ähnlichkeit von Fehlern (Mimi war aber im ganzen weit edler, weit über ihm) sich gar nicht ausstehen, und sie mußten sich doch den ganzen Tag sehen ... Georgs Verwandte verdarben wider Willen, was ich Gutes an ihm tat ... Und da Georg auch viel zu alt, erst mit zwölf Jahren, zu mir kam, so machte er mir so viel Ehre nicht, als ich mir's heimlich versprochen hatte. Obschon ich weiß, wieviele Verbesserungen er in den Jahren, die er bei mir zugebracht, zu danken hat, insonderheit von seiten des Kopfes. Und das ist freilich Trost, wenn ich's auch allein weiß.“ [GT, S. 219]

Dieser Bandwurmsatz ist eine echte Amalien-Analyse. Sie fühlt sich überfordert von den Menschen, von den Umständen, und entschuldigt alles Versagen mit ihren viel zu guten, edlen Absichten, mit ihrem eisernen Willen, Gutes zu tun. Georg Arnold ist nur vier Jahre in Münster geblieben. Nach Privatunterricht zu Hause in Pempelfort bei Düsseldorf kam er dann zum Onkel Superintendenten Jacobi nach Celle. Dort lief er fort. Das veranlaßte die immer wachsame Luise Mejer zu dem unvergessenen Urteil: „Der junge Jacobi, der eine zeitlang bei der sonderbaren Gallitzin in Münster zur Erziehung weilte, ist seinem Onkel entlaufen: Verdorben durch Erziehung!“ [BMBr., 22.1.86]

Jahrzehnte später, als Georg Arnold schon angesehener Bergrat in preußischen Diensten war (um 1840) und den väterlichen Besitz Pempelfort vor Bankrott und Ruin gerettet hatte, erinnerte er sich an die Jahre in Münster. Seine Erinnerungen sind so viel milder als die harten Urteile seiner Erzieherin. Deshalb seien sie hier angeführt. (Handschrift durch Helmut Jacobi, Erlangen) Da heißt es:

„Die Fürstin nahm mich auf wie eine Mutter, und ließ so von Anfang an mich sie nennen. Sie ist es mir geblieben die vier Jahre hindurch, die ich ihre Obsorge genoß. Ich teilte alles mit ihren Kindern, die mir wie Geschwister waren.“ Georg Arnold betont, daß es Ziel der Erziehung war, die Sinnenreize unter den Gehorsam des Willens zu beugen, den Körper unter den Geist, „so daß wir uns bald gewöhnten, uns anderen gegenüber als höherstehend anzusehen“. (Amalie wollte Elite-Menschen bilden.) Georg Arnold weiter: „Hieraus ergibt sich schon, daß die ganze Erziehung einen spartanischen Zug hatte. So unser Lager: ein Strohsack mit gleichen Kissen, Leintüchern und Decken zu ebener Erde. Die Kleidung: Über dem Hemd eine lange Hose. Weste und Rock von Drell. Schuhe ohne Strümpfe. Der Kopf bar (ohne Mütze), das Haar mehr kurz geschoren, als geschnitten. Bis morgens zehn Uhr blieben wir Kinder in unseren Zimmern beschäftigt. Keine Heizung im Winter, so daß die Tinte nicht selten zu Eis wurde. Die Nahrung: Morgens zehn Uhr Sauerbrot, so viel jeder mochte, mit Milch. Mittags um vier Uhr: zweierlei Gemüse und eine Fleisch-, Fisch- oder Mehlspeise, auch jedem von jeder Speise so viel wie er wollte, und Bier. Abends: Sauerbrot und Bier, auch nach Belieben. Dabei waren wir sehr zufrieden und nahmen uns wohl noch oft vor, zur Übung von Selbstbeherrschung ganze Perioden von Monaten oder Vierteljahren uns der Fleischspeisen ganz zu enthalten, welches denn auch fröhlich ausgeführt wurde.

In beiden Stunden vor dem Mittagessen gymnastische Übungen, Fechten, Voltigieren, Springen, Klettern, Balancieren auf dem gespannten Seil. Wenn wir auf dem Lande waren, Schwimmen. Dieses mitunter im späten Herbst bis zum Dezember.

Unser Lehrer in all diesen Dingen war der Fechtmeister Miquel. Dieser geleitete uns auch auf unseren Jagdzügen, die auf ganze Tage lang von der Stadt weg vorgenommen wurden, im Spätherbst und im Winter, aber so wenig vergnüglich waren, als bei dem oben beschriebenen Anzug der freie Gebrauch der starrenden Glieder kaum möglich war. Auch brachten wir nicht leicht mehr heim als ein paar von den Bäumen geschossene Vögel, die dann Mama sich braten lassen mußte. Spielgesellen wurden gewöhnlich auf den Sonntagabend eingeladen. Das Spiel wechselte zwischen Blindekuh und Plumpsack. Die

Erwachsenen nahmen daran teil. Die Kleinen traf daher immer das Los der meisten Schläge. Und da das Spiel kein anderes Interesse darbot als die Erwartung, wen diese Schläge treffen würden, so war das alles eine Übung im unverdrossenen Ertragen von Schmerz, was wir aber schließlich doch mehr übel nahmen als die Knaben in Sparta, die ihrer Göttin zuliebe Schmerzen niemals zeigten." Die Erinnerungen von Georg Arnold Jacobi bestätigen die freudlose Strenge der Erziehung. Gesondert schildert er die Methoden des Unterrichts.

„Die Fürstin hatte sich vorgenommen, ihren Kindern den wissenschaftlichen Elementarunterricht selbst zu erteilen. Sie führte diesen Vorsatz auch treu durch, und *ihr Leben war daher ein fortgesetztes wissenschaftliches Studium.*" Ob Georg Arnold jemals die vehementen Klagen der Fürstin gehört hatte, wenn sie ihre Doppelbelastung betrauerte? Daß sie lehren mußte, ohne vorher die Möglichkeit gehabt zu haben ein eigenes Studium durchzuführen? Aufgrund solcher Doppelbelastung hatte sie es ja Fürstenberg verbeten, sie vor den Kindern im Unterricht zu kritisieren. Die Kinder sollten sie nicht „für eine Wachspuppe" halten. Hatte Georg Arnold das gehört? Wohl nicht. Denn der ruhige Ton seiner Erinnerungen verrät ein freundliches, wohlwollendes Einfühlungsvermögen in eine Frau, die sich überforderte.

Georg Arnold: „Ihr System beruhte auf griechischer Grundlage ... Mathematik als Leitstern und Prüfstein aller Wissenschaften stand im ersten Rang. Die Arithmetik wurde gleich mit der Algebra verbunden, die erstere aus der letzteren entwickelt und beide bis zu den Gleichungen des zweiten Grades durchgeführt. Später kamen auch die Logarithmen dazu. Die Geometrie wurde nach den ersten sechs Büchern von Euklid und dessen elftem und zwölftem Buch gelehrt.

Allgemeine Regel war, daß das, was in einer Stunde erarbeitet war, gleich in der folgenden Stunde ohne Notizen, rein aus dem Gedächtnis niedergeschrieben werden mußte. In deutscher oder französischer Sprache, je nach Beschaffenheit des Gegenstandes. Das galt nicht nur für die mathematischen Doktrinen. Geschichte, die wir deutsch gehört hatten, mußte in Französisch niedergeschrieben werden. Jeden Abend wurde uns abwechselnd eine algebraisch-arithmetische oder eine geometrische Aufgabe zur Lösung in den ersten Morgenstunden des anderen Tages mit zu Bett gegeben, die wir dann zum Frühstück fertig mitbringen mußten. Wer so unglücklich war, nicht auf die richtige Fährte zu kommen, mußte das Suchen in der Tischzeit fortsetzen. Dieses nicht als Strafe genommen, sondern als Ansporn, indem frei gelassen wurde, sich zu dem Problem mit Brot und Bier zu erletzen." Georg Arnold erklärt, daß diese Methode den Kindern einprägen sollte, daß man eine einmal begonnene Arbeit zu Ende führen müsse. Dadurch sei auch Merkliches geleistet worden, *„wenn auch die Tränen nicht immer zurückblieben."* So habe er einmal über seine Aufgabe aus der Sternenkunde neun Tage lang mittags nachgegrübelt, was ihm aber Fürstenbergs Lob eingebracht habe.

„Den lateinischen Unterricht gab der Mathematiker Gertz aus dem aufgehobenen Jesuitenorden. Außer den Unterrichtsstunden, die er am Gymnasium zu geben hatte, leitete er die Wiederholung unserer mathematischen Arbeiten und begleitete uns auf unseren Spaziergängen. Während er auf dem Gymnasium war, wo er lehrte, beschäftigten wir uns auf unseren Zimmern und nachmittags mit Leibesübungen. Sein Schlafzimmer war auch das meine, und ich kam ihm deshalb näher als die anderen.

Im Herbst 1783 trat ein jüngerer Geistlicher mit Namen Haas an seine Stelle, der mehr heiteren Gemütes sich unserer Jugend mehr anbequemte, und ohne andere Berufsgeschäfte sich der übernommenen Stelle ausschließlich widmen konnte. In dem Lateinischen wurde Caesar schriftlich übersetzt. Andere Schriftsteller wurden nicht gelesen, schon gar nicht Dichter. Später übersetzte ich Cicero. Manchmal sah abends Fürstenberg unsere Übersetzungen nach."

In seinen Erinnerungen erwähnt Georg Arnold nicht, daß er seine Übersetzungen nach Düsseldorf-Pempelfort an den Vater schicken mußte und daß dieser Vater die sprachlichen und grammatikalischen Fehler als Charakterfehler seines Sohnes auslegte. Sie erzürnten ihn maßlos. Selbst Fürstenberg mußte solche Vateranklagen entgegennehmen. So schrieb Jacobi: „Was soll ich von einem sechzehnjährigen Knaben denken, der multibus statt multis, magistris statt magistros usw. schreiben und stehenlassen kann. Auch seine Übersetzungen aus dem Deutschen sind so nachlässig und obenhin gemacht, daß es eine Schande ist" [JB, Bd. 3, Nr. 900]. Der Vater hält es für nötig, seinen Sohn einer gewissen mechanischen, unveränderlichen Zucht zu unterwerfen, wenn je etwas aus ihm werden soll. Er sei zu weich, zu phantastisch, zu beweglich, um auf einem anderen Weg zu nützlichen Fertigkeiten zu gelangen. Jacobi, der Vater in Düsseldorf, ist entzückt über Amaliens Vorschlag, Georg Arnold in die Münsterischen Gardes du Corps zu tun. „Ich kann Ihnen nicht sagen, wie angenehm mir diese Nachricht ist, daß mir in der Tat die militärische Form unter allen die zuträglichste dünkt" [JB Bd. 3, Nr. 900].

Nun, aus dieser militärischen Übung wurde nichts. Der Schultag nahm seinen Lauf nach gewohnter Manier. Es scheint, daß der Schreiber sich der naturwissenschaftlichen Fächer besser und deutlicher erinnert als der sprachlichen. „Vom Griechischen war keine Rede. Und ebensowenig wurde etwas in neueren Sprachen getan ... Den Vorsprung, den ich in dieser Beziehung in Wandsbek gewonnen, kam mir dabei sehr zugute ..." In Wandsbek war Georg Arnold mit seinem ältesten Bruder von Ostern 1768 bis Sommer 1780 gewesen. Georg Arnold: „Claudius war kein bequemer Erzieher und Lehrer für seine Zöglinge. Der Humor, der ihn als Boten auszeichnete und unter die Klassiker der Nation gereiht hat, äußerte sich nicht so freundlich in seinem täglichen Leben. Überall nahm er mehr als billig die Furcht zu Hilfe, um zu erwirken, was durch Zuspruch und Ehrgefühl hätte erreicht werden können, für welches letztere der Sinn früh in uns geweckt worden war und dessen Verletzung durch nie gewohnte Drohungen wir tief empfanden. Ein kindlich trauliches Verhältnis gestaltete sich daher nicht mit ihm wie mit der unvergleichlichen Mutter Rebecca." Georg Arnold, der später die Universität Göttingen besuchte, ritt gern Umwege, um Rebecca zu besuchen.

Sokrates und Diotima

„Ma toute chère Diotime, mon amie", so beginnen alle Briefe, die Hemsterhuis zehn Jahre lang an Amalie schreibt, wo immer sie ist, in Angelmodde, in Münster, oder auf Reisen. „Ma toute chère Diotime, mon amie", das schmeichelt sich ins Gehör wie eine zärtliche Melodie, die über der Partitur einer zehnjährigen Freundschaft steht. Es sind immer die gleichen barocken Schnörkel, die den Anfangsbuchstaben „M" zieren, es ist immer das gleiche System: Alle Briefe bestätigen zunächst den Empfang des letzten, erörtern danach den Gesundheitszustand von Diotima oder Sokrates, und enthalten dann alles, was Philosophie, Politik, Literatur und Kunst in die Tagesdebatte werfen. Behutsam und feinfühlig schreibt Hemsterhuis. Amalie ist impulsiv, rechthaberisch, und dann auch wieder voll kindlicher Bewunderung für den berühmten Philosophen, der ihr die Welt Platos erschlossen und ihre Studien gelenkt hat. „Meine Seele ist auf der Spitze meiner Feder, und ist sie es nicht, dann breche ich nach vier Zeilen ab", erklärt sie sich. Oder: „Meine Briefe sind die Funken, die auf das Papier fallen, wenn sie von einem Nervenende zum anderen übersprühen." Nachsichtig ist Hemsterhuis in allem. Nur einmal, ganz am Ende seines Lebens, wird er ungeduldig. Doch davon später.

Zunächst aber vermittelt Hemsterhuis zwischen den fürstlichen Ehegatten, als Amalie beschließt, in Münster zu bleiben, obwohl Bücherkisten und Möbel schon aus Den Haag in die Schweiz geschickt worden waren. Er löst die finanziellen Probleme. Da ist zunächst der Verkauf des Schlößchens Lavigny hoch über dem Genfer See in den Weinbergen des Waadtlandes. Für 100.000 Livres hat es Dentan 1780 erworben. Im Mai 1781 wird es für 40.000 Livres, also mit Verlust, verkauft. Nun obliegt es dem diplomatischen Hemsterhuis, festzustellen, ob die restlichen 60.000 Livres Amalie trotzdem ausbezahlt werden. Das soll er beim Ehegemahl durchsetzen. Es gelingt Hemsterhuis, Fürstenberg sozusagen als Vertrauensmann mit einzuschalten, und Amalie läßt die drei walten. Fürst Dimitri ist hartnäckig, was die schriftliche Fixierung seiner Zahlungen angeht. Hemsterhuis bemüht sich mit großer Geduld, dem sehr verschlossenen Dimitri gerecht zu werden: Er sei streng und kalt, aber eben doch eine Persönlichkeit. Hemsterhuis will, daß die Trennung und die finanzielle Auseinandersetzung der Ehegatten in Harmonie vollzogen wird. Es gelingt ihm. Er kann schon bald die Überweisung von 23.000 Livres als Teilzahlung der 40.000-Verkaufssumme nach Münster vornehmen. Amalie zeigt sich großzügig, indem sie sagt, die restlichen 60.000 sollten erst dann bezahlt werden, wenn ihr Gatte das Geld habe.

Im Verlaufe dieser langwierigen Verhandlungen schlägt Hemsterhuis auch eine Scheidung vor. Er sagt zum Fürsten: „Sie haben mir mehrmals gesagt, daß Sie nicht zusammen leben und glücklich sein können. Warum willigen Sie dann nicht in eine Scheidung ein, ehe Ihr Mißverhältnis bekannt wird?" Der Fürst entgegnet energisch, das würde sie (Amalie) töten. Auf keinen Fall will er deshalb in eine Scheidung einwilligen. Er beteuert, daß es immer Amalie gewesen sei, die Streit angefangen habe, und er habe sich öfter vorgenommen, nur in der Gegenwart von Hemsterhuis oder Fürstenberg mit ihr zu diskutieren, aber es sei alles vergebens. Dagegen setzt Hemsterhuis: Wie sich denn eine Frau fühlen solle, die von allen verehrt und geliebt werde, nur nicht von ihrem Ehegatten. Darauf der Fürst: Er habe sie mehr geliebt als je einen Menschen auf dieser Welt [KB, Ms. 132, F-1]. Als dieser Ausspruch Amalie hinterbracht wird, schweigt sie. Sie hat sich aber später Fürstenberg gegenüber in einem langen Bekenntnisbrief über die Unvereinbarkeit ihrer Charaktere geäußert.

Hemsterhuis wird auch zum Vermittler bei dem nächsten Problem: Großfürst Paul, Zarin Katharinas Sohn, hat sich Ende 1781 zum Staatsbesuch in Holland angemeldet. Er will mit seiner Gemahlin unter dem Pseudonym Graf und Gräfin van Norden Holland bereisen. Fürst Gallitzin bittet Amalie, die Honneurs zu machen. Sie läßt ihren Ehemann über ihr Kommen lange im Ungewissen, beläßt es zunächst bei einem „Vielleicht". Erst im späten Frühjahr kündigt sie an, daß Fürstenberg sie auf dieser Reise nach Holland begleiten werde. Der Gesandte Gallitzin ist bedrückt angesichts dieses Besuchs. Hemsterhuis nimmt an, daß es wegen der anfallenden Spesen sein könnte, weiß aber auch, daß die anwesende Amalie die Ehre des Hauses Gallitzin retten würde. Er meint, selbst dem Fürsten Gallitzin sei es klar, daß all sein Ansehen nur durch Amalie bedingt sei. Es gibt aus dieser Zeit auch noch einen rührenden Brief vom Fürsten an seine Gattin. Sie möge sich doch vielleicht in Utrecht länger aufhalten, damit er die Kinder sehen könne. Sie könne ihre Reise leicht so einrichten und auf ihn dort warten. Aber er wisse sehr wohl, daß sie, Amalie, nicht die Frau sei, auf ihn lange zu warten. Und Hemsterhuis teilt er mit, er habe alles so eingerichtet, wie seine Frau es gewollt habe, alle Hindernisse aus dem Wege geräumt.

Der Besuch der russischen Großfürsten verläuft ohne Pannen, wenn man von den Fauxpas, die der russische Gesandte Markoff begeht, der als Mitarbeiter und Nachfolger von Gallitzin vorzeitig gekommen ist, absieht. Er hat sich an keinerlei diplomatische Gepflogenheiten gehalten, hat sich an der Festtafel ohne Aufforderung neben die Erbstatthalterin gesetzt und ist durch seine taktlosen Bemerkungen aufgefallen.

Gegen Ende des Jahres wird Fürst Dimitri die Gesandtschaft in Turin angeboten. Zarin Katharina will ihre Politik radikal ändern: von Frankreich weg zu England. Da aber Gallitzin als frankophil bekannt ist, glaubt sie, ihn aus Den Haag entfernen zu müssen. Gallitzin ist untröstlich, daß er nach siebzehnjährigem Dienst für die Zarenkrone so plötzlich seines Amtes enthoben werden soll. Amalie fürchtet um ihre Einkünfte, wenn ihr Gatte in Turin tätig wird. Sie hat sich deshalb schon mit Markoff, dem Nachfolger, sehr freundschaftlich unterhalten und möchte, daß, um ihre Apanage sicherzustellen, er die Überweisung übernimmt. 8.000 FL sei das mindeste, was sie im Jahre brauche. Auch in Münster ist die Sorge groß, daß Amalie sich wirtschaftlich verschlechtern könne. Und Jacobi findet es geradezu albern, daß Fürst Gallitzin sich pensionieren läßt. Amalie solle ihrem Mann zureden, den Gesandtschaftsposten in Turin anzunehmen.

Aber Gallitzin entscheidet sich anders: Er wirft sich nun ganz der Wissenschaft in die Arme, er sucht und findet da seine Glückseligkeit. Er verläßt das noble Botschaftsgebäude am Kneuterdijk, versteigert und verkauft Teile seiner Bibliothek, seiner Musikinstrumenten-Sammlung und seiner Gemälde. Er bleibt zunächst in Holland, ist aber sehr viel auf Reisen. Unter anderem liebt er den Aufenthalt im Schloß der Madame Rosendael.

Es ist Hemsterhuis, der die beiden Ehegatten wenigstens in geistiger Verbindung hält. Immer weiß Hemsterhuis, wo Fürst Dimitri sich aufhält und mit welchen Forschungen er beschäftigt ist. Er trifft ihn bei Hofe, sie verkehren freundschaftlich miteinander. Und immer wieder heißt es zweimal jede Woche: „Ma toute chère Diotime, mon amie." Der Zauber dieser Briefe ist auch nach zweihundert Jahren nicht verflogen. Innig, sanft ist der Ton des väterlichen Philosophen; wach, fordernd erwidert Amalie. Diese schriftlichen Zwiegespräche enthalten die bis heute noch unausgeschöpfte Interpretation des Hemsterhuis'schen Gesamtwerks. Zwar hatte Hemsterhuis schon seine Hauptwerke verfaßt, bevor er Amalie kennenlernte, doch er schreibt noch drei bedeutende Dialoge und den Brief über den Atheismus 1787/89. Und sagt, daß alle seine Dialoge unter ihren Augen entstanden seien und Gestalt angenommen hätten. Der sokratische Dialog bleibt ihr Vorbild. Dialog und Brief sind für beide die beste Form, Ideen deutlich auszudrükken, zu entwickeln. Das, was Kleist fast zur gleichen Zeit in seinem Aufsatz über die allmähliche Verfertigung der Gedanken beim Reden sagt, klingt hier schon an. Hemsterhuis betont: „Wir denken in der Psychologie dasselbe. Das Gegenteil würde mir absurd erscheinen, denn erstens sind unsere Gehirne nach der gleichen Art konstruiert, und zweitens sind wir einen so langen Weg miteinander gegangen, daß es erstaunlich wäre, wenn unsere Wege sich jemals trennen würden" [GN, Bd. 7, (5.1.1784)].

Er vertraut stets darauf, daß sie seine philosophischen Gedanken weckt, die „so tief im Grunde seiner Seele begraben sind, daß sie fast kein Lebenszeichen mehr von sich geben, immer, wenn die Tristesse in seinem Herzen und das Feuer in seinem Geiste herrscht“ [GN, Bd. 7, (17.8.1784)]. Die Psychologie hat einen hohen Stellenwert bei Hemsterhuis. Sie führt zur Selbsterkenntnis und zur sittlichen Selbstbildung. Im Menschen liegt die Erkenntnis des Universums, denn alle höhere Erkenntnis muß von der Selbsterkenntnis ausgehen. Philosophie darf sich der Praxis ebensowenig wie der Theorie entheben. Nur auf dem Weg des Handelns können Gesinnungen und Erkenntnisse gefunden werden. Welt wird wahrgenommen mit dem moralischen Organ, das man Herz, Gefühl, Bewußtsein nennen kann. Die größte Weisheit des Menschen ist es, alle Handlungen und Gefühle diesem moralischen Organ unterzuordnen. Alles Sichtbare und Empfindbare strebt nach Einigung, aber eine Vereinigung ist letztlich erst im Unendlichen möglich. Hier verbinden sich die romantischen Vorstellungen des Unendlichen mit dem Streben des Rationalismus nach Glückseligkeit. Glückseligkeit – eine Eigenschaft der Person! (Im „Aristée“ dargestellt.) Also kreisen die philosophischen Gedanken ganz eng um den Menschen, was diesen Briefen eine Unmittelbarkeit verleiht, als wären sie heute geschrieben. Das Finden ist gar nicht so wichtig wie das Suchen. Und gesucht wird in diesem Briefwechsel mit einer nie nachlassenden Energie und Sorgfalt. Da wird erörtert, ob das Opium, am Morgen genommen, eine nützlichere Wirkung habe als am Abend. Amalie meint, ihr sei es am Morgen nötig, weil sie dann die Energie habe, den Tag mit Erziehen, Unterrichten, Briefe schreiben und Studieren durchzuhalten; während es für Hemsterhuis am Abend wahrscheinlich besser sei, weil sein Geist den ihren um so Vieles übertreffe. In diesen Briefen werden auch die philosophischen Ereignisse erörtert, wie etwa Jacobis Auseinandersetzung mit Spinoza, wovon Hemsterhuis sich absetzt. Bei ihm, Hemsterhuis, sei die Entfernung zwischen Gott und Universum unendlich groß. Er fühlt sich von dem Werk Spinozas überwältigt, nimmt aber nicht direkt Stellung zu Jacobis Interpretation. Er bittet Amalie jedoch, alles zu sammeln, was jetzt zwischen Jacobi und Mendelssohn und der übrigen literarisch-philosophischen Welt über Spinoza geäußert werde.

Hemsterhuis findet die Bibel ein „unausstehliches Buch". Als Amalie aber ihre Wendung zum Katholizismus vollzieht, versenkt er sich nicht nur in die Bibel, sondern liest auch ein „Martyrologium". Und findet dann, daß kein Heiliger und kein Prophet ihren, Amaliens, Namen überstrahlen kann.

Immer wieder geht es in den Briefen um die Übersetzungen, die Hemsterhuis Amalie und Jacobi anvertraut hat. Amalie fürchtet, daß ein Übersetzer namens Blankenburg in Münster ihnen zuvorkommen könnte. Erst 1787 sind die „Aristée"-und „Simon"-Übersetzungen abgeschlossen.

Es geht in diesen Briefen um Naturphänomene wie Mondfinsternis oder das Phosphorizieren eines Leuchtwurms, das besonders lange gedauert hat. 1783 macht in Paris Montgolfier seine ersten Versuche mit dem Ballon, und Hemsterhuis bittet Amalie, beim Baron Redern in Berlin doch anzufragen, wie man es macht, daß ein Ballon auch oben bleibt. Es geht in diesen Briefen immer wieder um Besucher und Besuche berühmter Wissenschaftler und Freunde. Es geht vor allem auch um Geschenke. Hemsterhuis verwöhnt seine fürstliche Schülerin mit Skulpturen und Bildern und Gemmen. Für Fürstenberg besorgt er Ledertapeten und dann wiederum Uhren, die man weiterverschenken will. Es geht auch um so profane Dinge wie Käse, Kerzen und Feuerwerkskörper für die ländlichen Feste in Angelmodde, von deren erzieherischer Wirkung sich Amalie viel verspricht. („Es darf 12-15 Dukaten nicht überschreiten aber bitte nicht dem Fürsten Gallitzin davon erzählen" [Schl. II. S. 139].) Amalie schickt Schinken und Sauerkraut, was Hemsterhuis in genießerische Vorfreude versetzt. Auch als Amalie in ihrem Haus die kleinen Zimmer („Löcher!") zusammenlegen will, um den Großen Saal zu bauen, fragt sie Hemsterhuis, ob er nicht weiß, wie sie ihr überzähliges Silber und ihr Tafelservice verkaufen könnte. Aber nur, wenn er einen besseren Preis erzielen könne als sie in Münster, solle er sich damit belasten.

Die Langmut des Philosophen kennt keine Grenzen.

Das Jahr 1783 ist ein hochgestimmtes Jahr für Amalie. Hemsterhuis entwirft ihr Siegel: ein Schmetterling, der aus der Raupe kriecht. Unterschrift: Sume psyche immortalis esto. Der Schmetterling gilt zu dieser Zeit als Symbol für Seele, Psyche. Amalie überläßt Hemsterhuis die Wahl des Sinnspruchs. „Sokrates“ schlägt in der antiken Literatur, bei Apuleius nach und findet das Märchen von Amor und Psyche, die von Jupiter den Kelch mit Nektar empfängt und den Spruch: „Nimm, Psyche, du sollst unsterblich sein!“

In diesem Jahr auch entwirft Amalie einen Plan für die Frauenausbildung. „Es ist gar nicht so schwer, wie man denken mag, in der Frauenausbildung eine Revolution anzuzetteln, an die ich schon so lange denke“, schreibt sie an Hemsterhuis, und er soll diesen Brief der Frau des holländischen Finanzministers van der Hoop geben. Bei ihr nämlich glaubt sie, schon Zustimmung gefunden zu haben. Es müßte bestimmt mehr Frauen geben als Madame van der Hoop, die selbst ihre Töchter erziehen möchten. Und vor allem, „wenn sie hübsch sind, was die Männer auf unsere Seite zieht“, und wenn sie einen so verständigen Mann haben, wie Madame van der Hoop. Man muß den Frauen nur Mut machen: „Courage, la seule chose, qui ne me manque pas“. Sie habe Frauen ihres eigenen Alters getroffen, die es für nicht zu spät hielten, in die Schule zu gehen. So habe sie zum Beispiel die Gräfin Plettenberg in Münster gehabt, die sich jetzt aus der Welt zurückziehen wolle, um sich der Erziehung und der Ausbildung ihrer Tochter zu widmen. Amalie ist so optimistisch, wie überhaupt nur jemand sein kann. Sie hat der Gräfin Plettenberg eine Stunde Mathematik und eine in Physik gegeben und ebenso auch den Schwestern ihres Freundes Jacobi. Und schon glaubt sie, einen Zuwachs von Glück in diesen Frauen gesehen zu haben. Man solle solche Frauen bewundern und nachahmen, statt sich über sie lustig zu machen. Auch Lavater habe doch gesagt, daß sich der Kreis unseres Glückes im selben Maße erweitern werde, wie wir unsere Fähigkeiten entwickeln. Es sei auch absurd anzunehmen, daß Gott den Frauen die Tür zum Wissen bei einem bestimmten Mädchenalter zugeschlagen habe. Denn das würde ja heißen, daß er uns nachträglich für die Rückständigkeit von Eltern oder Erziehern bestraft. Sie kommt auf ihr Lieblingsthema zu sprechen, den Stand ihres Wissens, als sie vierundzwanzig war. Wörtlich an Hemsterhuis: „Sie kannten mich besser als jeder andere, als ich mit vierundzwanzig Jahren anfing, mich zu bilden, als ich weder rechnen konnte, noch die einfachsten Sachen wußte, nichts als ein paar schlechte Romane gelesen hatte, nicht wußte, wie man Brot backt, oder ob das Brot wie Äpfel auf den Bäumen wächst, oder wie es sich zusammensetzt etc. etc. etc. Ich war ein Spielzeug meiner Leidenschaften und all der üblichen Mängel meines Geschlechts. Aber ich danke dem Himmel, daß ich durch all das hindurchgegangen bin. Denn durch diese Stolpersteine meiner Ausbildung habe ich im Alter der Nachdenklichkeit die Methoden des Lernens und Lehrens besser durchschaut." Und warum schreibt sie das alles an ihren „lieben Sokrates", an Hemsterhuis? Er soll den Frauen Mut machen. Er soll vor allen Dingen mit Madame van der Hoop sprechen, aber ihr um Himmels willen nicht diese „Griffonage" (Geschreibsel) zeigen. Da würde sie sich schämen, so als ob man sie im Negligé sähe. Amalie hat wieder einmal spontan einen ihrer großen Pläne und Entwürfe auf das Papier geworfen und an den Vertrauten ihrer Seele und ihres Geistes und Herzens, an Hemsterhuis geschickt. Sie versichert ihm, wenn sie keine Kinder hätte, würde sie sich der Erziehung der Eltern widmen. Mimi soll einmal besser ausgebildet sein, wenn sie vierundzwanzig ist, als sie es mit vierundzwanzig war [GN, Bd. 2, S. 557 ff.].

Aber wie sieht das aus? Als Vierundzwanzigjährige ist Mimi die Stütze ihrer Mutter, der Trost ihres Vaters. Mimi bleibt blaß und seltsam stumm in den Briefen und in den Biographien. Als Vierundzwanzigjährige begleitet sie die Mutter auf deren Reisen, schreibt die Briefe der Mutter, führt ihre Befehle aus, lernt mit Cousine Amelie und Zofe Liesbeth, im gemeinsamen Unterricht rhetorische Fragen mit „ja" zu beantworten.

Die Lebenskrise

Eine heftige, aber wohl nur kurze Krankheit wirft Amalie an den Rand des Todes. Sie schreibt ihr Testament am 13. März 1784. Ihre Tochter Marianne, ihren Sohn Dimitrius setzt sie „in die ihnen gebührende Legitimam ein. Meine ganze übrige Hinterlassenschaft aber übertrage ich aus guten mich dazu bewegenden Ursachen, meinem Freunde dem Freyherrn Franz Friedrich von Fürstenberg, Domkapitularen zu Münster und Paderborn, seiner Kurfürstl. Gnaden von Kölln, Bischofen von Münster geheimer Konferenzrath und Vicario generali in Spiritualibus ... daß er darüber frey verfüge ohne Einreden von anderer Seite" [KvM, Nr. 185]. Sie ernennt Fürstenberg auch zum Vormund ihrer Kinder mit der Erwähnung, daß ihr Gemahl Fürst Demitrius von Gallitzin dies nicht nur bewilligt, sondern auch selbst gewünscht habe.

Ein merkwürdiges Testament in vieler Beziehung. War Amalie in Lebensgefahr? War sie todkrank? Kein Arzt, kein Freund und keiner ihrer frühen Biographen hat diese Krankheit im März 1784 je beim Namen genannt. War die Ursache körperliche Erschöpfung, seelische Übersteigerung? Hatten Wissenswut und pädagogischer Ehrgeiz ihre Kräfte überfordert? Oder aber war ihre Hoffnung auf eine neue Liebesbindung enttäuscht worden?

Es ist erstaunlich, daß in all den Briefen aus dem Freundeskreis, in denen körperliche Kümmernisse so sorgfältig beschrieben werden, in denen die Namen von Ärzten und Arzneien so freigebig ausgetauscht werden, die März-Erkrankung 1784 von Amalie mit Schweigen zugedeckt wird.

Gehen wir doch zurück in das so schwungvoll begonnene Jahr 1783. Gegen Jahresende denkt Amalie immer wieder darüber nach, ob und wann sie ihre Kinder in Religion unterrichten soll. Rousseaus Emile ist fünfzehn, als man ihm zum erstenmal religiöses Gedankengut nahebringt. Mimi wird an dieser Jahreswende vierzehn. Mitri ist dreizehn und Georg Arnold älter als beide. Amalie tut, was sie immer tut: Sie berät sich mit ihrem Freund Hemsterhuis. Aus Angelmodde fragt sie ihn:

„Ich muß meine Kinder Religion lehren. Eine in meinen Augen in ihrer Basis absurde Religion. Ich meine die Geschichte von Adam und Eva. Die Erbsünde stößt mich derart ab, weil sie die unerschütterliche Größe Gottes angreift ... Sie (das ist Sokrates/Hemsterhuis) haben mir geraten, die Kinder selbst lesen, zweifeln, suchen und finden zu lassen, ohne mich einzumischen. Aber das ist mir unmöglich, denn meine Kinder haben ein so enges Verhältnis zu mir, daß ich sie in einer so wichtigen Sache nicht allein lassen kann. Seit langem habe ich ihnen schon gesagt, daß die Beziehung eines Menschen zur Divinité das wichtigste ist. Das Christentum ist den einfachen Seelen notwendig, ist es auch vor allem für Mitri, dessen tête saine et bornée die materielle Welt für wichtiger hält als die immaterielle ... Die Annäherung an das höchste Wesen ist für mich wichtiger als die Furcht vor Strafe, die Erwartung einer Vergeltung schrecklich“ [GN, Bd. 2, 17.12.1783].

Und weil Amalie sich nicht mit einer negativen Feststellung zufrieden geben will, legt sie ihrem Philosophen-Freund diesen Plan vor: „Eine Naturreligion ist vielleicht viel stärker als eine, die mit Befehl und Strafe einhergeht. ... Deshalb geht mein ganzes Sinnen und Trachten danach, wie man das Christentum modifizieren könnte, indem man es mit dem Platonismus vermischen würde. Dann könnte ich auch die Kinder ohne die schreckliche Schwere und Disharmonie unterrichten, ohne das Göttliche in ihrer Seele zu erniedrigen ... Voilà, mon cher Socrates, tout mon plan et mon désir“ [GN, Bd. 2, 17.12.1783]. Diesen Brief schrieb sie noch in Angelmodde. Viele Jahre später hat ihr Zögling Georg Arnold Jacobi uns in seiner Rückerinnerung eine Erklärung gegeben: „In dem Jahre 1783 wagte die Fürstin das Versprechen, uns das Dasein Gottes so wahr zu machen, wie die Wahrheit des pythagoräischen Lehrsatzes. Anders sollten wir es nicht glauben. Ich habe die

Worte noch in den Ohren und den mächtigen Eindruck, den sie auf mich machten, in lebendiger Erinnerung" [Ms, H. Jacobi].

(Wenn ein ehemaliger Schüler nach vielen Jahrzehnten noch eine so starke Erinnerung hat, dann muß Amalie in dieser Unterrichtsstunde wahrhaft bewegt und von ihrem Ziel erfüllt gewesen sein!)

Georg Arnold weiter: „Damit schlug sie ihr Heft auf, worin sie als den ersten Teil ihrer Aufgabe das zusammengefaßt hatte, was sie der jugendlichen Fassungskraft für möglich erachtete. Diese Konstruktion gleichsam vorab zu dem in mathematischer Evidenz versprochenen Beweis, welcher in dem zweiten Teil nachfolgen sollte ... Wir schrieben den gehörten Vortrag gleich und wie wir ihn gefaßt hatten auf und warteten auf den zweiten Teil – Wochen, Monate, vergeblich." Der Memoirenschreiber Georg Arnold erklärt: „Weil der versprochene Beweis eines mathematischen Theorems der Religion ja nicht gegeben werden konnte." Der Schüler von einst, Georg Arnold Jacobi, bedauert aufrichtig, daß „diese geistreiche Frau in Not geriet durch ein unmögliches Unterfangen".

Schon bald nach dieser inhaltsschweren Unterrichtsstunde reist Amalie mit den Kindern und Fürstenberg nach Düsseldorf. Georg Arnold soll die Möglichkeit haben, mit seinen Eltern das Weihnachtsfest auf protestantische Weise zu feiern, in Münster gibt es ja nur katholische Kirchen. Georg Arnold nimmt an, daß sich die Fürstin in diesen Feiertagen auch bei seinem Vater über einen pythagoräisch abgesicherten Gottesbeweis unterhalten hat und daß der ihr empfohlen haben mag, davon Abstand zu nehmen.

Diese Reise nach Düsseldorf hat Amalie in großer innerer Erregung angetreten. Es sind nicht nur religiöse Überlegungen, mit denen sie sich herumschlägt. Sie hat Platos Dialog „Phaidros" gelesen, und dieser Dialog, es ist Platos dritter Dialog über den Eros, hat sie in eine Verzückung des vierten Grades (nach St. Theresa von Avila) versetzt. Sie schmollt. Sie nennt Hemsterhuis ihren „méchant homme", weil er ihr diesen Plato-Dialog vorenthalten habe. Der sei die Quintessenz aller Plato-Dialoge, einer von den dreien, in denen der antike

Philosoph den Eros verteidige. Am liebsten hätte sie den mit Hemsterhuis zusammen gelesen, während er den griechischen Text in der Hand gehabt hätte. „Phaidros“ sei göttlicher als das „Gastmahl“, Eros werde darin zur Grundlage aller Philosophie und Wissenschaft. Ihr Brief an Hemsterhuis schließt so: „Adieu, ich bin in Ekstase wie eine Verliebte, die von ihrem Geliebten träumt – ach, was heißt „wie“! Ich bin eine Verliebte, und ich träume von meinem Liebhaber. Vielleicht schwebt Eros in der Atmosphäre über mir. Vielleicht lächelt er mir verstehend zu und sendet mir einen Funken seines Dämons als Trost. Adieu“ [GN, Bd. 2, 18.12.83]. Die Schriftzüge dieses Briefes lösen sich auf, zerflattern. Dies ist ein hymnischer Brief an Hemsterhuis – und Amalie fährt mit ihrem Freund Fürstenberg von Münster zu ihrem Freund Jacobi in Düsseldorf – Personen, Wirklichkeiten und Stimmungen verfließen ineinander. Ist das der Monidéalismus, das alldurchdringende Lebensgefühl der Liebe, dem Amalie auf der Spur ist – und an dem auch Jacobi „erkrankt“ ist, wie sie hofft?

Ideen, Bücher, Menschen – Amalie lebt in einer niemals nachlassenden Anspannung, einer Überforderung ihrer Kräfte. In den weihnachtlichen Tagen in Düsseldorf erleben sie einen sehr kranken Jacobi. Er leidet unter Kopfschmerzen, die ihn wieder einmal der gefürchteten Ur-Nacht nahebringen. Abschied und Rückreise nach Münster werden davon überdunkelt. Noch dazu hat Georg Arnold unter Tränen von seinem zehnjährigen Brüderchen Franz Abschied genommen. Der liegt mit hohem Fieber zu Bett. Was alle befürchten und niemand glauben will: Franz, der Lieblingssohn der Eltern, „der hellste Kopf unter den vier Söhnen“, stirbt am 10. Januar 1784. Die Eltern sind untröstlich. Lene gibt die Trauerbotschaft an Amalie weiter. Diese sieht in dem Brief nur den Namen Fritz und nicht Franz und glaubt, daß Fritz, ihr vergötterter Freund, gestorben sei. Dann klärt sich der Irrtum auf, und sie beginnt, über Tage hin verteilt, Georg Arnold den Tod des Bruders mitzuteilen und auch fromme Lehren für ihn, das Kind, den Überlebenden, daraus zu ziehen.

Betty, die Mutter, die trotz ihrer Schwangerschaft den kleinen Franz selbst gepflegt hat, erkrankt kurz danach schwer und stirbt am 9. Februar. Der Vater, Fritz Jacobi, verfällt in abgrundtiefe Depression. Die zwanzigjährige Ehe mit seiner Betty, der prächtigen, lebenstüchtigen Frau, hat so unerwartet, so grausam schnell geendet.

Amalie ist mit allen ihren Gedanken in Düsseldorf bei Friedrich Heinrich Jacobi. Hat sie ihn doch schon einige Wochen vorher für tot gehalten, als sie die Nachricht von Franzens Tod bekam. Amalie denkt an den vergötterten Freund, dessen Melancholien ihrer eigenen Niedergeschlagenheit so oft entgegenkommen, in dessen Haus sie immer wieder Gast gewesen ist. Nun ist er frei, der Freund, nach zwanzig Jahren sehr glücklicher Ehe. Ob Amalie auch daran denkt?

Nachdem sie mit Georg Arnold über den Tod der Mutter gesprochen hat, endlich, berichtet sie dem Vater ausführlich am 16./17. Februar. Wie sie Georg Arnold die schreckliche Wahrheit gesagt habe, wie der Junge weinte. „Ich fiel ihm um den Hals. Ja Georg, sie ist im Himmel. Er fiel auf mich, klammerte sich fest um mich und schrie: Ach Sie, Sie sind doch meine Mutter – O, meine einzige Mutter. Wir weinten beide. Ich erholte mich bald, machte mich so stark, als ich es bei diesem herzbrechenden Auftritt konnte, und da ich ihn heftig zittern sah, gab ich ihm einige Tropfen Laudanum und ein paar Gläser Wein. Worauf er zwar etwas ruhiger ward, aber immer noch fortfuhr, sich an mich zu schmiegen und zu klammern. Als er endlich imstande war zu hören, sprach ich mit ihm aus der Tiefe meines Herzens: Sohn, sagte ich unter anderem zu ihm, ja, das bist du mir auf ewig. Zwo Mütter hattest du. Dies ist zuviel Glückseligkeit für einen Sterblichen auf Erden. Gott weiß, daß uns das nicht gut ist, was uns zu sehr an den Staub heftet ... Die Mutter, die Gott zu sich zu nehmen noch nicht würdig fand, und die dir zufällig hier auf Erden am nützlichsten war, diese hat er dir gelassen ...“ [JB, Bd. 3, Nr. 1001]

So schreibt Amalie an Friedrich Heinrich Jacobi in Düsseldorf und versichert auch noch, daß Georg Arnold ihr Redlichkeit, vermehrten Fleiß und unablässiges Bestreben sich zu vervollkommnen, gelobt hätte. Denn selbstverständlich hat sie nicht versäumt, dieses einschneidende Ereignis im Leben eines Kindes zu moralischen Ermahnungen auszunutzen. Und

Friedrich Heinrich Jacobi, dem Witwer, versichert sie: „Ich bin ja die Mutter Ihres Hinterlassenen!" Den Sohn sieht sie nun als eine Erbschaft an.

Wollte sie den Witwer rühren? Wollte sie über den Sohn die Beziehung zum Vater enger gestalten? Hoffte sie auf einen neuen Freundestausch? Wenn ja, so hat Jacobi solche Töne überhört – seine beiden emsigen und hellwachen Schwestern hätten dem umsorgten Bruder ein solches Wagnis auch erst gar nicht erlaubt. Am 23. Februar antwortet Jacobi, daß Schenk, der getreue Eckart der Familie, ihr bald schreiben würde. Denn er könne nur an die Freunde schreiben, die sich vor allem mit Betty beschäftigten. Er finde sich selbst gar nicht mehr so wichtig. Schenk weiß dann Amalie dahingehend zu beruhigen, daß der tiefgebeugte Witwer in allerbester Umsorgtheit lebe, daß seine beiden Stiefschwestern Lotte und Lene für ihn, die Kinder, den Haushalt und die Gastfreundschaft Tag und Nacht Sorge tragen würden [KvM, Nr. 184].

War Amalie von dieser unausgesprochenen Zurückweisung gekränkt? Wollte sie nicht mehr leben? Vielleicht hatte der Tod des Kindes, das fast so alt war wie ihr eigener Sohn, und der Tod der fast gleichaltrigen Betty Jacobi sie so erschüttert, daß sie zu noch stärkeren schmerzstillenden Mittel gegriffen hatte, zu noch mehr Opium als sonst. Denn Friedrich Heinrich Jacobi schreibt in diesem Sommer einmal, „das viele Opium muß Sie zugrunde richten ..." [KvM, Nr. 196]. Vielleicht hat die Todessehnsucht, ihr so vertraut von Kindheit an, sie in diesen Tagen der Erschütterungen und des Überschwanges wieder eingeholt. Vielleicht hoffte sie, in der trügerischen Macht des Opiums die Unendlichkeit und die Erlösung zu finden.

(Jahre später hat sie diese Krankheit auf Überanstrengung in der Erziehungsarbeit geschoben. Der Ärger über den Hofmeister habe am Keim ihres Lebens genagt und sie an den Rand des Todes gebracht. „Ich hörte ohne Bedauern mein Urteil sprechen.") Rätsel über Rätsel. Wohl nur die Vertrauten in Münster haben gewußt, daß Amalie krank ist. Eine Freundin, deren Namen die Überlieferung verschweigt, hat gebeten, Amalie noch einmal sehen zu dürfen, an ihrem Krankenbett, ja an ihrem Totenbette wachen zu dürfen. Die Bitte wurde aber nicht gewährt.

In Den Haag sorgt man sich zu dieser Zeit sehr, denn Briefe aus Münster oder Angelmodde sind ausgeblieben. Fürst Dimitri geht deshalb zu Hemsterhuis, der auch beunruhigt ist über das lange Schweigen. Aber dieser weiß einen Weg, um Auskunft zu bekommen. Er wendet sich an Fürstenberg, schickt diesem eine Abhandlung über Astronomie mit der Bitte, auch Amalie die Abhandlung lesen zu lassen, falls sie sich dafür interessiere – und wie überhaupt ihr Befinden sei? Das war im Brief vom 30. März.

Fürstenberg, stets der wohlgesonnene Freund, schreibt zurück, die Fürstin sei sehr krank gewesen und habe nach vorübergehender Besserung nun auch noch einen Rückfall gehabt. Sie werde so bald wie nur eben möglich selber schreiben.

Viel konkreter ist, was Amalie in diesem Brief mitteilen läßt: Sie habe am Rande der Ewigkeit gestanden, einen Blick ins Jenseits getan und werde den Freunden demnächst darüber berichten. Sie habe nur Angenehmes gesehen ...

Große, ganz große Freude in Den Haag. Hemsterhuis läßt auch seine Herzensdame Daphne sogleich daran teilnehmen. Er schreibt ihr am 4.4.: Er habe gestern einen Brief vom großen Fürstenberg bekommen und von seiner himmlischen Diotima. Es gehe ihr nach einem Rückfall wieder gut, wenn sie auch noch schwach sei. „Elle me promet des nouvelles de l'autre monde qu'elle a vu si près et ajoute qu'elles seront intéressantes et n'auront rien que d'agréable." (Sie verspricht mir Nachrichten aus dem Jenseits, welches sie ganz aus der Nähe gesehen hat, und fügt hinzu, daß ihre Nachrichten interessant seien, nur Angenehmes enthalten werden [KB, 132 F 1 II].)

Wie sind sie doch alle in Schmerz und Freude, in Erkenntnisdrang und Forschertrieb miteinander verbunden, über Grenzen hinweg, diese Männer und Frauen des empfindsamen Jahrhunderts, das sich auch das aufgeklärte nennt. Das Ewigkeitserlebnis der Frommen oder auch der Zweifelnden wird so ernst genommen wie Astronomie und Mathematik. Das Ewigkeitserlebnis gehört zum Hier und Jetzt des Freundeskreises.

Es ist eine Stufe im Vervollkommnungsstreben, das ihnen allen gemeinsam ist.

Amaliens Krankheit hat wohl nur wenige Tage gedauert. Aber sie muß so ernst gewesen sein, daß Fürstenberg ihr einen Beichtvater schickte, der ihr die Beichte abnehmen und die Sterbesakramente spenden sollte. Amalie weist den Priester zurück, sie will keinen Handel mit Gott machen. Gott ist ihr viel zu wichtig, als daß sie sich ihm übereilt in die Arme werfen will. Aber, so verspricht sie Fürstenberg beruhigend, sie wolle Gott mit allen Kräften suchen, wenn sie wieder gesund wäre. Ihre unbedingte Aufrichtigkeit ist imponierend und gebietet Respekt.

Nach der Krankheit fängt Amalie an, die Bibel zu lesen. Sie wird sie sogar zwanzigmal lesen, ehe sie die Lösung findet für sich, ihre Überzeugung, ihre auf Christus bezogene Religiosität: „Versuchet es, so werdet Ihr finden, daß meine Lehre göttlich ist." Die Ärzte verordnen Amalie absolute Ruhe. Sie soll auch nicht unterrichten. Sie soll sich kräftigen. Amalie gehorcht nur ungern, fürchtet, den Kontakt zu ihren Kindern zu verlieren. Fürstenberg ist zärtlich besorgt, schickt ihr aus Sythen Schnepfen und junge Hasen und will sein dortiges „Jägercorps in Atem halten". Am liebsten würde er selber auf die Jagd gehen, aber er ist ja kein guter Schütze. Mitte April, Ostern, kann Amalie schon wieder in ihrem schönen Garten sitzen und dem Vogelgezwitscher lauschen. Dort denkt sie viel über ihre Krankheit nach, ihr Kranksein. Sie schreibt an Fürstenberg, der in Paderborn ist: „Es wäre töricht, wenn ich länger auf Gesundheit hoffen wollte. Was sollen mir also die Tage oder Jahre, die ich nun noch hinzukränkeln habe? Für diejenigen, die mich liebten, daß sie sich von meinem Dasein abgewöhnen, wie ich mich selbst davon abgewöhnen muß ... Die unglückseligste Zusammensetzung, die sich denken läßt, ward meinem Wesen. Ich hätte einen besseren Körper, weniger Geist oder mehr Kraft, meine Mißgeburt zu ertragen, haben müssen" [KvM, Nr. 194].

Sie bedient sich dabei der gleichen Worte wie Jacobi, von dem sie drei Tage zuvor einen Brief dieses Inhalts und mit diesen Formulierungen empfangen hatte. Die Angst vor Krankheit, die Qual immer neuer Schmerzen unterjocht sie alle und breitet die Wolke der Hypochondrie über sie aus, die sich bei Jacobi zur Ur-Nacht verfinstert, aber auch den gewissenhaften Fürstenberg bedrängt und von der die dramatische Amalie gequält wird. Der von ihr vergötterte Jacobi entzieht sich ihren Ansprüchen, indem er Schwäche und Krankheit vorschützt. Lotte und Lene halten „die Mama“ in Münster mit freundlichen Höflichkeiten fern vom trauernden Witwer. War ein Zuviel an Laudanum die Ursache ihrer kurzen, heftigen Krankheit? War es Kummer über eine Liebe, die sich nicht erfüllen würde?

Und Goethe?

Die „Mutter des Hinterlassenen“, Amalie, ahnt nicht, daß Georg Arnold noch im Februar seinen „liebsten Vater, Papa,“ gefragt hat, ob er diesen Sommer nach Hause kommen darf. Er ist traurig und möchte heimkommen. Der Vater weiß nicht, wie er sich in dieser Lage verhalten soll, mit Amalie mag er sich wohl nicht beraten. So fragt er Goethe, als er ihm Bettys Tod mitteilt. Goethe antwortet am 31.3.1784 aus Weimar.

„Schreibt mir doch ein Wort von dem Kinde zu Münster und was Ihr mit ihm habt. Ich weiß nichts von ihm, kann es nicht beurteilen, und wenn ich mich nicht sehr irre, behandelt Ihr es falsch, die Fürstin und Du. Ich mische mich nicht gern in dergleichen Sachen, denn die Vorstellungsarten sind zu verschieden, und mit Schreiben ist gar nichts ausgerichtet. Aber das Kind dauert mich. Es ist doch Dein und Bettys Kind und gewiß nicht zum Bösewicht, zum Nichtswürdigen, geboren“ [GKvM, Nr. 38]. Jacobi entgegnet kleinlaut am 28. April: „Es kann sein, daß wir den Knaben falsch behandeln, aber wie man ihn recht behandelt, dieses würdest Du Mühe haben, anzugeben, wenn Du ihn kenntest, so wie wir ihn kennen. Ich habe viel darüber nachgedacht, wie ich Dir einen Begriff von ihm beibrächte, und mit meinen Schwestern oft darüber mich besprochen, aber wir sehen keinen Weg.“ Jacobi will seinen Sohn für Goethe abzeichnen lassen, in Lebensgröße, nach dem verjüngten Maßstab, „denn er kommt bald hierher, während die Fürstin eine Reise tut“ [JB, Bd. 3, Nr. 1004]. Ja, während Amalie mit Fürstenberg nach Hofgeismar ins Bad fährt, packt Georg Arnold seine Reisetaschen und geht zurück ins Vaterhaus. Durch Dritte erfährt Amalie davon. Sie wird wütend, sie fühlt sich getäuscht, sie explodiert und schreibt einen langen, vorwurfsvollen Brief an Jacobi, den Vater, der ihr so oft beteuert hatte, daß nur sie, Amalie, „etwas aus diesem Krüppel machen" könne. Sie ist gekränkt. Sie klagt Vertrauen ein: „Das Leben in einem anderen wie in mir selbst, das ist es, was ich Freundschaft nenne". Sie sieht den Freund, den herrlichen Jacobi, sich entfernen. Zwischen März und Juni gibt es nur wenige Briefe aus Düsseldorf. Im Juni kommt der Fürst Gallitzin zu seinem Jahresbesuch nach Münster und Angelmodde. Amalie, noch angegriffen von ihrer Krankheit, ist ungeduldiger denn je und klagt Jacobi, daß Fürst Dimitri seine Stunden auf dem Kanapee mit nichtssagenden Gesprächen totschlägt. Jacobi, der so viel Zeit durch seine Migränen und Depressionen verliert, bedauert: „Wie schade, daß man solchen Unglücklichen nicht die leeren Räume ihrer Zeit abkaufen kann" [KvM, Nr. 196].

Amalie wünscht, daß ihr Ehemann bei diesem Besuch Station macht in Düsseldorf. Dort wird er auch sehnlichst erwartet, doch die Begegnung ist eine Enttäuschung. Der Fürst ist sehr niedergeschlagen, besucht hauptsächlich Mineralienkabinette, interessiert sich kaum wie sonst für die herrliche Gemäldegalerie. Jacobi versucht, bei den ausgedehnten Mahlzeiten alle möglichen Themen anzuschlagen, bekommt aber nur sehr wenig Echo. Er schreibt an Amalie: „Einen lebloseren Menschen habe ich nie gesehen" [JB, Bd. 3, Nr. 1056]. Dabei hatte sich Jacobi vorgenommen, über Amalie zu ihrem Ehemann so zu sprechen, wie „man über Minerva zu Jupiter" spricht. Fürst Dimitri ißt sehr wenig und er trinkt sehr wenig. Das verdrießt die Jacobis, die gewöhnt sind, spät und ausführlich zu tafeln. Einen Abend kommt die junge Gräfin Nesselrode zum Konzertieren, und sie singt wie ein Engel. Gedankenverloren wiederholt Fürst Dimitri: „Auch Amalie sang einmal wie ein Engel."

Es ist erstaunlich, daß die so sensiblen Menschen die Niedergeschlagenheit des Fürsten nicht verstehen: Er kommt aus Münster, hat seine Kinder gesehen, die er nun für ein Jahr nicht mehr sehen wird. Er macht sich wahrscheinlich Sorgen über Amaliens Gesundheitszustand, und er fühlt sich eben sehr allein, trotz seines freundschaftlichen Umgangs mit vielen Wissenschaftlern und vor allem mit Madame Rosendael.

Hemsterhuis hingegen weiß, warum Fürst Gallitzin so wenig ißt. In Paris, so erzählt er seiner Daphne, habe er einmal die fixe Idee bekommen, daß man ihn vergiften wolle. Und seither prüfe er alles, was er trinke, und alles, was er esse. Und wenn ihm nur der geringste Verdacht aufkomme, so verweigere er Speise und Trank.

In Münster ist Fürst Gallitzin einfach nicht willkommen. Amalie hat ihre Abneigung gegen den Ehemann schon auf alle ihre Freunde übertragen. Fürst Dimitri weiß es. Trotzdem hat er in diesem Sommer mit sehr großer Freude Amaliens Bruder Carl von Schmettau in den Niederlanden kennengelernt. Carl von Schmettau hatte sich mit seiner angebeteten Prinzessin Ferdinand in Friedrichsfelde überworfen und wollte sie verlassen. Er bereist nun Holland, England und kommt im August auch nach Münster. Amalie fürchtet sehr, daß er sich in niederländische Dienste begeben will und dann den Rückhalt in Preußen verliert. Doch noch in diesem Jahr geht Carl von Schmettau nach Berlin zurück, hilft Prinz Ferdinand beim Bau seines neuen Schlosses, des Schlosses Bellevue im Tiergarten.

Die Ärzte haben Amalie absolute Ruhe nach ihrer schweren Krankheit verordnet, aber dieser Sommer ist so unruhig wie alle anderen auch. Besucher kommen und gehen. Doch schließlich ist man Anfang September in Hofgeismar. Auch Jacobi, der eine Reise nach Weimar zu Goethe plant. Er ist eingeladen. Er will sich mit dem Freund, dem Jugendfreund, der ihn fünf Jahre zuvor in Ettersburg so sehr beleidigt hat, wieder aussöhnen. Amalie findet die Idee großartig und möchte sich mit Fürstenberg dem Reisenden anschließen. Schon schreibt sie an Hemsterhuis ihre Weimar-Adresse, und das ist natürlich niemand geringerer als Seine Exzellenz der Geheimrat von Goethe: „Monsieur de Göthe, Conseiller intime de SAS le Duc de Saxe-Weimar à Weimar“. Sie versichert Hemsterhuis, daß Goethe ihr die Briefe nachschicken werde, wo immer sie auch sein werde. Sie werde Goethe sehen, der die schönsten Tragödien seit Sophokles geschrieben habe, und Herder, den größten Philosophen neben ihm. Herder schreibe das, was von ihm, Hemsterhuis, noch ungedruckt sei. Sie kenne keine zwei

Köpfe, die so füreinander gemacht seien. Sie freut sich schon sehr auf diese Reise mit Jacobi nach Weimar.

Doch es kommt ganz anders. Im April ist Kurfürst und Fürstbischof Max Friedrich von Königsegg-Rothenfels gestorben, und der Erzherzog aus kaiserlichem Hause, Max Franz, übernimmt das Amt, das er als Coadjutor schon vier Jahre zuvor Fürstenberg abgewonnen hat, wodurch Fürstenberg zum Zuschauer der Politik geworden ist. Fürstenberg will dem neuen Herrn seine Aufwartung machen. Er will sich wenigstens bemühen, sein Vertrauen zu gewinnen, obgleich er fürchtet, daß das sehr schwer sein wird. Fürstenberg muß ohnehin am 12. September zu einem Marienfest in Paderborn sein, und dort hört er schon von anderen Domherren, daß Max Franz zwar nichts einzuwenden habe gegen Fürstenbergs Freundschaft mit Amalie von Gallitzin, aber im Sinne „einer höheren Dezenz" sei es doch geboten, daß er als Generalvikar dem niederen Klerus ein besseres Beispiel gebe. Unter diesen Umständen hält Fürstenberg es nicht für günstig, in Münster um die Reiseerlaubnis zu bitten, an der Amalie so sehr gelegen ist. Er muß ihr schonend beibringen, daß aus dieser Reise nichts werden kann. Amalie nimmt diese Nachricht höchst ungnädig auf. Sie schmollt. Sie schreibt im ersten Zornesaufflackern zurück, daß sie in solchem Falle nach Hamburg reisen werde, mit Sprickmann, mit ihrem Hofmeister Haas und den Kindern. Fürstenberg ist sehr enttäuscht darüber, daß seine Standesgenossen in Paderborn und Münster den Klatschereien nicht entgegengetreten sind. Er hätte von ihnen allen sehr viel mehr Mitgefühl für ihre Freundschaft erwartet. Im übrigen habe der neue Fürst ihm auch Amaliens Bitte abgeschlagen, bei Hofe zu besonderen Privataudienzen empfangen zu werden – sie könne kommen, wann es ihr passe, denn es gebe nur öffentliche Audienzen. Ihren Hamburger Reiseplan findet Fürstenberg sehr gut. Voll väterlicher Fürsorge empfiehlt er ihr, in Neuhaus, der Paderborner Bischofsresidenz, auszuschlafen, bevor sie nach Münster mit ihrer Gesellschaft zurückkehre. Natürlich sei auch er betrübt über den zerschlagenen Reiseplan. Nach Weimar fährt nun Jacobi mit seiner Halbschwester Lotte.

Amalie reist nicht nach Hamburg, sondern besucht die Silber- und Kupferminen in Clausthal. Sie steigt in die Grube hinab mit ihren Kindern, siebenhundert Meter tief, und fühlt sich, als begegne sie ihrer eigenen Kindheit. Sie versucht ein Gespräch mit den Bergleuten, die ihr über Tage begegnen. Sie blickt in ihre Hütten, sie bestaunt ihre Armut, die sie Genügsamkeit nennt, und wundert sich über die Heiterkeit dieser Geplagten.

Als Amalie nach Angelmodde und Münster zurückkehrt, ist Georg Arnold nicht mehr da. Er hat das getan, worum er seinen Vater schon im März gebeten hatte: er ist nach Hause, nach Düsseldorf, gegangen. Im Dezember schickt der Vater Trinkgelder für die Dienerschaft: Etwas Seidenzeug für Mademoiselle Marie und zwei Louisdor für die beiden Diener. Anerkennung für mehrjährige Dienste.

Nach seiner Rückkehr aus Weimar schreibt Jacobi: „Es war uns allen unaussprechlich wohl. Den 25. September morgens früh kam auch Claudius. Aber Sie, liebe Amalie, kamen nicht. Wir vergaßen nicht, darüber zu trauern. Und nach mir und Lottchen trauerte niemand mehr darüber als Goethe. Er hatte über Ihren großen Schattenriß eine unsägliche Freude. Mein Vorhaben war, ihn nur eine Kopie davon nehmen zu lassen, aber er eignete sich ihn so eifrig zu, und es war ihm ein so lieber Gedanke, daß dieser Schattenriß für ihn gemacht und von Ihnen selbst für ihn bestimmt wäre, daß ich unmöglich dagegen ankonnte. Die „Iphigenie“ bekommen Sie auch, auch die verlangten Büsten, nebst einer von mir. Goethe besitzt nicht eine von den Schriften unseres Hemsterhuis. Einen „Aristée“ und „Sophile“ habe ich Goethe mitgebracht. Es wäre schön, wenn Sie mir den Brief „Sur l'homme et ses rapports“ dazu verschaffen könnten, und noch schöner, wenn ich auch mein übriges Exemplar vom „Sophile“ und „Aristée“ nicht herzugeben brauchte“ [GKvM, Nr. 42].

Jacobi hat auch eine Kuxe, einen Anteilschein von dem Ilmenauer Bergwerk, das Goethe zu dieser Zeit neu eröffnet hat, für Amalie mitgebracht. Den Zuschuß für den nächsten Februar hat er schon entrichtet, erst 1786 sind fünf Taler nachzuzahlen. Jacobi glaubt, daß es eine sichere Anlage ist: „Die

Gefahr, die wir laufen, ist sehr gering. Und Goethes Vergnügen, daß wir Anteil an dieser Sache nehmen und er unsere Namen gelegentlich dabei auf der Liste erblickt, ist sehr groß!" [GKvM, Nr. 42]

Es sind erfüllte Tage gewesen, die Jacobi zwischen Kassel, Eisenach, Gotha, Erfurt und Weimar verbrachte, ehe er dann mit Freude in seine „süße Pempelforter Einsiedelei" zurückkommt und Amalie berichtet. Es steht noch ein wichtiger Satz in diesem Brief, und der heißt: „Ich kenne nur einen Menschen, der noch unüberwindlicher verschlossen ist und daher in ähnlichen Fällen noch viel schmerzlicher leidet als ich – das ist Goethe ..." Und noch: „Wenn es möglich ist, liebe Amalie, so verschaffen Sie mir doch wieder einen Schattenriß von Ihnen, wie der, den Goethe hat ..." [GKvM, Nr. 42] Bei diesem Besuch ist die Seelenbruderschaft, die Jacobi und Goethe 1774 in den Mondscheinnächten von Elberfeld und Düsseldorf geschlossen hatten, wiederhergestellt, und Amalie soll teilhaben an diesem Freundesglück. Soll aber wissen, wie unendlich schwierig sie alle sind: Goethe, Jacobi und überhaupt alle, die sich ausgezeichnet und abgesondert fühlen von dem Rest der Welt. Das reizt Amalie nur noch mehr.

Weimar – Endlich!

Lavater:
Insgemein hat man nur eine Seele –
aber Goethe hat hundert.

Danach hat Amalie sich gesehnt, den Dichter der „Iphigenie“ und des „Götz“, den Freund Jacobis und den nun schon zum Abgott der literarischen Welt gewordenen Johann Wolfgang von Goethe kennenzulernen. Und danach haben sich die Männer in Weimar gesehnt, die vielbesprochene Fürstin Gallitzin, die Diotima des holländischen Sokrates, die Freundin des Universitätsgründers Fürstenberg bei sich zu haben. Den ganzen Sommer 1785 sind Briefe zwischen Weimar und Pempelfort hin und her gegangen, wann die Fürstin denn nun endlich komme. Goethe will sie nicht versäumen und früh genug zurück sein von einer Reise. Hofprediger, Philosoph und Übersetzer Herder möchte es wissen, und selbst Herzog Carl August, der auf der Reise nach Spa im Juni noch bei Jacobi speiste, hat sich „eingerichtet“.

Nun ist sie da, die „seltene Frau“, an deren Silhouette Goethe schon eine „unsägliche Freude“ gehabt hat, wie Jacobi im Vorjahr berichtete. Es ist jener Schattenriß mit dem gemilderten Profil und dem gerundeten Kinn. Die gebogene Augenwimper lugt keck hervor und die flaumleichten Locken fallen bis in den Nacken. Sie ist da. Die Fürstin und ihr Gefolge: Nicht nur Hemsterhuis und Fürstenberg begleiten sie, auch Sprickmann, der weltgewandte Jurist und leidenschaftliche Frauenverehrer. Und Mimi, nun fast sechzehn, und ihr Bruder Mitri, fünfzehn, mit dem Hofmeister Haas.

Endlich in Weimar! Bei Goethe!

Und ein bleiernes Befremden breitet sich aus. Was ist geschehen?

Goethe schreibt ratlos an Charlotte von Stein: „Die Fürstin Gallitzin ist hier mit Fürstenberg und Hemsterhuis, die Du also auch nicht sehen wirst. Es sind interessante Menschen und wunderbar, sie miteinander zu sehen. Du sollst das ausführlich mündlich hören, Du weißt, ich schreibe nicht gern über Menschen." (20.9.) Und einen Tag später faßt er es schon deutlicher: „... Mit der Gallitzin und uns will es noch nicht fort. Ich weiß nicht, sie ist unter uns nicht am Platze. Mit den Männern geht es schon besser. Lebe wohl." Und dann noch ein Satz, der die seltsame Beklommenheit vielleicht erklärt: „Soviel weiß ich, man soll nicht zu sehr aus dem Costume der Welt und Zeit, worin man lebt, schreiten. Und ein Weib soll ihre Weiblichkeit nicht ausziehen wollen ..." [GKvM, Nr. 70]

Ist es das, was die Weimarer Gesellschaft vor den Kopf stößt? Die Gewandung der Fürstin? Diese vielbesprochene, aber nie gemalte Kleidung einer sportlichen, aktiven Frau, die mit ihren Kindern um die Wette läuft und springt, schwimmt und reitet? In Weimar tragen die Hofdamen, die sich um den Teetisch der Herzoginmutter Anna Amalie zum Plaudern, Lesen und Handarbeiten versammeln, gebauschte Röcke, wenn nicht gar noch sanfte Krinolinen. Sie tragen spitzenbesetze Rüschen an Ärmeln und in eckigen Dekolletés und auf hochgekämmten Frisuren artige Häubchen. Die Hofherren haben ihre Anzüge aus Samt und Atlas mit Gold- und Silberstickereien selbst entworfen, weil nach ihrer Meinung die üblichen Hofuniformen aussähen wie die Monturen von Forstbeamten. Charlotte von Stein, Hofdame der Herzogin, trägt nur weiße Kleider. Amalie liebt nur dunkle Farben. In Weimar hält man auf Etikette, verehrt den schönen Schein der gesellschaftlichen Symbolik. Goethe, jetzt sechsunddreißig Jahre alt – übrigens nur ein Jahr jünger als Amalie von Gallitzin –, ist drei Jahre zuvor vom aufgeklärten Kaiser Joseph II. geadelt worden, und hat sich nunmehr ganz den höfischen Vorschriften angepaßt. Das tolle Treiben mit seinem Herzog Carl August, viel gerügt im Lande und vom Volke, ist jetzt schon eine Sache der Vergangenheit. Goethe hat „bei einer edlen Frau angefragt, was sich ziemt", (Tasso), bei Charlotte von Stein. Aber nun erscheint da eine Frau, die durch Heirat mit dem Rang einer Fürstin ausgestattet ist, sich aber als Kind der Natur um die so unumstößlich scheinenden Vorschriften gesellschaftlicher Protokolle nicht kümmert. Herder hat es wohl am besten getroffen: Er berichtet seinem Freund Johann Georg Hamann im fernen Königsberg: Ein sonderbares Wesen sei die Fürstin, die in einer simplen Tracht durch sich selbst dem Hofe und allen Puppengesellschaften unzugänglich geworden sei.

Amalie fühlt das Befremden und flüchtet sich in Kränklichkeiten, hält sich zurück. Sieben Tage lang ist sie sehr verschlossen und schweigt, besucht höchstens Frau Herder, wenn diese zum Tee bittet.

Fürstenberg wird schon am 21. September zur herzoglichen Tafel geladen und am 25. September wieder. Da ist auch Karl Theodor von Dalberg, Statthalter des mächtigen Mainzer Fürstbischofs, von Erfurt herübergekommen. Er wohnt im „Elephanten", hat zwei Diener und Equipage angenommen, trotz der kurzen Wege im kleinen Weimar. Er bleibt bis zum Abend. Fürstenberg und Hemsterhuis werden gebeten, für den Hofbildhauer Martin Gottlieb Klauer Modell zu sitzen.

Aber warum ist Charlotte von Stein nicht in Weimar? Sie ist auf ihr Gut Kochberg, zwei Reitstunden südlich von Weimar, gefahren. Dabei weiß man doch, wie gern Goethe seiner Herzensfreundin alle die berühmten Menschen vorzustellen liebt, die von weither kommen, ihn zu sehen, ihm zu huldigen. Das gehörte doch geradezu zum Weimarer Ritual. Wollte Charlotte von Stein mit der hochgeehrten Fürstin Gallitzin, einer Frau, die sich mit Philosophie beschäftigte und ihre beiden Kinder selbst erzog, nicht verglichen werden? Charlotte von Stein war jetzt dreiundvierzig Jahre alt, sechs Jahre älter als Amalie. Als sie zehn Jahre zuvor an den Hof gekommen war, hatte sie schon zehn Ehejahre mit dem Stallmeister Friedrich von Stein verbracht, und von den sieben Kindern dieser Ehe hatten drei überlebt. Fritz, ihr jüngster Sohn, wurde innig in den Freundschaftsbund mit Goethe einbezogen. Charlotte von Stein – Goethe nannte sie seine „Seelenführerin", seit er im November 1784 die ersten Schriften von Hemsterhuis gelesen hat – ist aber nicht da. Kriselte es in der Freundschaft? (Man weiß im nachhinein, daß Goethe genau ein Jahr später die zehnjährige Freundschaft mit Charlotte von Stein zerstörte, indem er sich heimlich ohne Abschied aus Karlsbad nach Italien aufmachte und zwei Jahre fernblieb.) Ahnte Amalie diese Entwicklung schon? Fast täglich schreibt Goethe nach Kochberg und bittet Charlotte, doch zu kommen und die Bekanntschaft der Fürstin zu machen. Die beiden Frauen haben übrigens dasselbe Symbol in ihren Siegeln: Psyche als Schmetterling. Goethe schreibt: „Die Fürstin ist noch da und krank. Es will sich nichts machen. Mit den beiden Männern geht es besser. Wir wollen es ruhen lassen und nichts hetzen. Am Ende wird sich's zeigen ..." Und am 25.: „Die Fürstin war krank, und es wollte die ersten Tage nicht gehen. Jetzt wird es besser, da sie auf der Abreise sind. Man hat mich gestern dazu gebracht, daß ich meine „Operette" vorgelesen habe, und das hat sie sehr unterhalten. Es sind wirklich alle drei sehr interessante Menschen, und es tut mir leid, daß Du sie nicht kennenlernst. Hemsterhuis besonders wäre für Dich gewesen, und man liest seine Schriften gewiß mit mehr Interesse, wenn man ihn kennt." Und er fügt auch hinzu, daß die „Herdern gar gut ist mit der Fürstin" und daß das die Gesellschaft am besten zusammenhält [GKvM, Nr. 72 und 73].

Goethe ist beunruhigt. Verwirrt. Er hatte sich so viel von diesem Besuch versprochen. Schließlich folgt er der Reisegesellschaft nach, und am 1. Oktober gesteht er seiner Freundin Charlotte von Stein, daß er nach Jena herübergefahren ist: „Ich wollte die Fürstin Gallitzin mit den Ihrigen nicht reisen lassen, ohne ihnen alle Achtung zu bezeigen, die man ihnen schuldig ist. Denn es sind vorzügliche Menschen. Und da ich ihnen nach Jena folgte, ward alles zuletzt recht gut und gewann ein menschliches Ende ..." [GKvM, Nr. 77] Goethe nimmt den erlauchten Gästen das Versprechen ab, daß sie auf der Heimfahrt in Weimar noch einmal Station machen werden.

Zunächst aber reisen Amalie und die Ihren weiter nach Dresden, um die berühmte Sammlung der sächsischen Kurfürsten, die auch Könige von Polen waren, zu bewundern. Vor allem um Raffaels Sixtinische Madonna zu sehen, die so viel Geld gekostet hat wie ein ganzes Schloß, und den großartigen Raphael Mengs in der Hofkirche. Gerade in Dresden hat die Gesellschaft wichtige, unvergeßliche Kunsterlebnisse. Hier sind die Italiener, die in der berühmten Düsseldorfer Galerie kaum zu sehen waren. Hier sind die Großplastiken der Antike. Sie fahren dann noch nach Leipzig, wo sie den Maler Öser treffen, und nach Wörlitz, um den im Englischen Stil angelegten Park des Dessauer Fürsten zu sehen.

In Halle endlich kommen auch die beiden Kinder einmal zur Geltung. Sie sind ja immer die stummen Personen im Hintergrund, wenn sie auch auf all den interessanten Reisen dabei sein können. Vierzig Jahre nach diesem Besuch erinnert sich der Hallenser Professor A. H. Niemeyer: „Neu war uns, was wir von der Erziehungsweise der Fürstin sahen. Ihr Sohn und ihre Tochter trugen höchst einfache Gewänder, das Haar schlicht, die Füße unbekleidet, das Gesicht von der Luft und Sonne gebräunt, das Auge offen und hell, das Gespräch verständig ohne Affektation. Die Mutter glaubte, ihre Kinder dem Jahrhundert, worin sie lebten, entfremden zu müssen, um ihnen Gewohnheiten und Grundsätze ganz anderer Zeit einzupflanzen und sie auf diese Weise geschickt zu machen, einst mit Nachdruck die ersten Schritte zu einer Verbesserung des gegenwärtigen Zustandes der Menschheit zu tun. Sie lebten in einem strengen Zwange, der, wie sie hoffte, die eigene Neigung erzeugen sollte. Da sie Rousseaus Ideen damals vorzüglich befolgte, so wurde ein besonderer Wert auf körperliche Übungen und Abhärtungen gelegt. So sicher die Kinder mathematische Aufgaben gelöst hatten, ebenso sicher sah man sie den Saale-Strom beherrschen. Wir gingen an das Ufer. Hoch erfreute sie die Gewandtheit unserer Halloren, die bekanntlich von Kindheit an zu den geschicktesten und kühnsten Schwimmern gebildet werden. Auf den Wink der Mutter warfen die Prinzessin wie der Prinz im Bewußtsein, es mit ihnen aufnehmen zu können, das leichte Oberkleid von sich, klommen mit Leichtigkeit an den Balken einer Zugbrücke hinan, stürzten sich von der Höhe in die Flut, schwammen den Fluß wie einheimisch in diesem Element hinauf und hinab und wurden, als sie ans Land kamen, von den Meistern der Kunst in ihrer Sprache mit einem lauten ‚gut geschwomme‘ empfangen.“ Diese Schilderung der reisenden Gallitzin-Kinder hat Seltenheitswert. Briefe, die Mimi und Mitri an Hemsterhuis geschrieben haben mit ihren Reiseeindrücken, sind nicht überliefert worden. In Halle hatte auch Amalie einen unvergeßlichen Auftritt. „Man besuchte das Pädagogium, wo gerade der Mathematikunterricht gehalten wurde. Als der pythagoräische Lehrsatz von einem Schüler mit großer Fertigkeit bewiesen wurde, trat die Fürstin an die Tafel und führte mit großer Klarheit und Sicherheit noch eine andere Beweisführung vor. Man vergaß das Ungewöhnliche der Erscheinung: Eine Prinzessin, die Kreide in der Hand, an der Schultafel zu sehen, und hing nur desto aufmerksamer an ihren Lippen“ [Kreis von Münster, Anmerkungen, Nr. 277].

Während die Reisenden immer neue Eindrücke sammeln, ist man in Weimar beschäftigt, Briefe zu schreiben. Briefe an den so weiten Freundeskreis in Deutschland, denn dieser Besuch ist so ungewöhnlich, daß die Dichter und Denker sich nur schreibend von ihren Eindrücken befreien können. Auch Jacobi aus Pempelfort beteuert, er sei, seit er die Gesellschaft in Weimar wisse, mit ganzer Seele, mehr außer dem Leibe als in ihm, in Weimar. Goethe bittet die Fürstin noch einmal, als sie unterwegs sind, ihren Weg über Weimar zurück zu nehmen. Und nach Kochberg schreibt er an Charlotte von Stein die Bitte: „Die Fürstin Gallitzin will Dich kennenlernen und Dich heute früh besuchen. Ich habe sie gebeten, heute noch hierzubleiben und warte auf Nachricht. Du bist so gut, Dich einzurichten, daß Du sie allenfalls heute früh sehen kannst. Ich sage Dir noch weiter darüber Bescheid. Wenn sie bleiben, so seid Ihr bei mir“ [GKvM, Nr. 82].

Die Reisegesellschaft war also in dem schönen Haus am Frauenplan, das der Herzog Carl August Goethe geschenkt hatte. (Nicht weit davon ist die Wohnung der Familie von Stein über dem Marstall. Dort wird zwanzig Jahre später Amaliens Bruder Carl von Schmettau Rettung finden: Als Regimentskommandeur in den Napoleonischen Kriegen wurde er verwundet in der Schlacht von Jena und Auerstedt, rettete sich in die Wohnung der Frau von Stein und wurde dort zunächst gepflegt und vor den französischen Marodeuren gerettet. Diese Zeit ist noch sehr weit, und unvorstellbar weit in diesen Tagen, da Amaliens Reisegesellschaft noch einmal für vier Tage in Weimar weilt.)

Goethe ist glücklich. Sein Harmoniebedürfnis ist erfüllt. Er schreibt später an Jacobi am 21. Oktober: „Am meisten freut mich, daß Frau von Stein und die Fürstin sich haben kennenlernen ... Du kennst mich und sie. Und wenn ich Dir sage, daß wir diesmal – also beim zweiten Besuch – ganz natürlich gegeneinander gewesen sind und offen, so kannst Du Dir das übrige wohl denken“ [GKvM, Nr. 83].

Offen und natürlich. Hatte Goethe bei diesem zweiten Besuch seine offizielle Steifheit abgelegt? Vielleicht hatte er eingesehen, daß diese Fürstin nicht so leicht zu beeindrucken und zu erobern war. Auch Amalie war gewöhnt, zu erobern und zu herrschen. Es traten zwei gleich starke, anspruchsvolle Persönlichkeiten einander gegenüber, beide mit großen Erwartungen, beide mit uneingestandenen Hoffnungen.

Im ausgedehnten Freundeskreis hat dieser Besuch in vielen Briefen hin und her seinen Niederschlag gefunden. Aber mit ganz besonderer Aufregung wurde die Reisegesellschaft von den Düsseldorfern zurückerwartet. Jacobi wollte wissen, ob Amalie mit Goethe auch religiöse Themen besprochen habe. Aber seine Schwester Helene, resolut und entschlossen wie immer, stellt die herzhafteste Frage: „Wir Mädchen, Lotte und ich, sind auch sehr begierig, was Sie über die Weiber, die Herderin und besonders Frau von Stein, urteilen“ [GKvM, Nr. 86].

Auch Goethe hat das wissen wollen. Aber ein Brief, den Amalie später über Jacobi ihm zuleiten wollte, ist verlorengegangen. Schade! Schade auch für uns heute.

Amalie wird an Goethe persönlich nicht schreiben, obwohl Hemsterhuis und Jacobi sie immer wieder in den nächsten Monaten darum bitten. Selbst als Weihnachten ein persönlicher Brief mit Portrait von Goethe kommt und ebenfalls ein Brief der Charlotte von Stein mit einer Zeichnung in Öser-Manier, fühlt Amalie sich nicht veranlaßt, einen Dankbrief zu verfassen. Sie jubelt lediglich in einem Brief an Hemsterhuis, daß diese Gaben eine herrliche Zutat zu ihrem Museum seien, in dem ihre Seele ja lebe.

Amalie schreibt nicht an Goethe, aber er bleibt in ihren Gedanken. Vier Jahre später, also 1789 erst, schreibt sie in ihr Tagebuch: „Goethe, der einzige der berühmten Männer, der mich als Mensch wahrlich begeistert und mein Herz berührt hatte, gab mir den schmeichelhaften Anlaß, in Korrespondenz mit ihm zu treten, indem er mir nach meiner Rückkehr schrieb, ich allein hätte den Schlüssel seines lange verschlossenen Herzens gefunden. Mir möchte er sich ganz öffnen, nach meinem gegenseitigen Vertrauen verlange ihn." Und sie überlegt weiter: „Da ich keinen wahrscheinlichen Nutzen, Zeitaufwand und vielleicht zu viel Beschäftigung für mein Herz darin mutmaßte, konnte ich mich zu keiner Antwort entschließen" [Liesching, S. 54]. In einem Zweikampf der Liebe, so fühlte Amalie wohl, wäre sie unterlegen. Sie würde die Zurückgesetzte, die Verletzte sein. Sie wollte wie Goethe siegen und frei sein zu gehen. Sie kannte auch wahrscheinlich das Gleim-Wort, das dieser nach der Ettersburger Kreuzigung gesagt hatte: „Goethe ist in der Liebe nicht rein. Der ist glücklich, der sein Freund nicht ist." Auch Schiller meinte: „Goethe hat sich in der Liebe nie gegeben."

Amalie wollte nicht zu einem Kampf über so weite Entfernung ansetzen. Die Freundschaft zwischen Goethe und Frau von Stein hatten der Weimarer Hof und die führenden Geister dieser Zeit akzeptiert. Münster und Weimar lagen weit auseinander, nicht nur geographisch.

Goethe stammelt in einem Brief an Jacobi etwas hilflos: „Sie ist eine kostbare Seele, und es gibt mich nicht Wunder, daß sie die Menschen so anzieht. Ich hätte sie, da sie ging, gern halten mögen" [GKvM, Nr. 89].

Kommentare

Amalie schreibt nicht an Goethe, doch sie wird nicht müde, an ihn zu denken. Manchmal wacht sie in den kommenden Jahren auf und notiert in ihrem Tagebuch: „Ich fühlte mir Lust, an Goethe zu schreiben“ [GKvM, Nr. 113]. Aber sie unterläßt es. Auch in Weimar ist nach diesem Besuch eine große Ratlosigkeit zurückgeblieben. Die Gastgeber schreiben sich ihre Gedanken von der Seele. Am ausführlichsten ist Herder in seinem Bericht an Johann Georg Hamann in Königsberg: „Über vieles und das meiste, das die Fürstin Gallitzin angeht, bin ich jetzt so klug, als ich war, und froh, daß wir einander gesehen, bewillkommt und verabschiedet haben. Sie muß eine Frau von außerordentlicher Wirkungskraft in ihrem Kreise sein. Ob mir wohl die Grundsätze ihrer Erziehung, soviel ich davon zu sehen bekommen habe, nicht völlig einleuchten. Die innere Selbständigkeit ihres Daseins hielt sie wahrscheinlich zurück, sich uns zu offenbaren, ob wir wohl täglich beisammen waren. Bucholtz kennt sie sehr gut und spricht von ihm und seiner jungen Frau, die auch aus Münster ist, alles Gute und Liebe“ [GKvM, Nr. 78]. Caroline Herder schreibt an den Historiker J. G. Müller: „Ein Weib von dem festen Charakter habe ich noch nicht gesehen. Und dann blickt in ihren dunkelblauen, feurigen Augen so viele Liebe wider, daß wir sie recht lieb gewonnen haben. Ihre Kinder werden hart und frei erzogen, aber sie haben eine zarte Geschwisterseele gegeneinander und ein so unschuldig treuherziges Wesen gegen andere“ [GKvM, Nr. 81]. Ähnlich schreibt eine Hofdame aus Gotha: „Gestern hatten wir eine männliche Frau hier: Die Fürstin Gallitzin mit ihren Kindern und Begleitern Fürstenberg, Hemsterhuis und Sprickmann. Die Frau ist wirklich sehr interessant, obgleich in ihrer Art zu existieren manches ist, was nicht mit meinem Gefühle paßte, und ihre Erziehung, der sie allein vorsteht, wird, glaube ich, beim Sohn besser gedeihen wie bei der Tochter, die denn doch immer Mädchen bleibt und bei einer Menge von tiefen, gründlichen und außerordentlichen Kenntnissen einst doch nichts als ein ganz unweibliches Wesen sein wird. Aber interessant ist die Mutter samt den Kindern doch sehr, so wie jeder ihrer Begleiter in seinem Fache ebenfalls" [KvM, Nr. 258]. Und Wieland, der genußvolle Spötter, der vielseitige Schriftsteller und Prinzenerzieher weiß: „Von der Fürstin selbst habe ich für meinen Teil gar nichts zu sagen. Sie schien keine Lust zu haben, mit mir bekannt zu werden. Indessen habe ich zwei Abende in ihrer Gesellschaft passiert. Einmal bei Goethe und einmal bei Herder. Beide Male fiel mir das glückliche Los zu, mich am meisten mit Hemsterhuis zu unterhalten und bei Tische neben ihm zu sitzen ... Vielleicht hätte ich auch sehr viel Gutes von der Fürstin Gallitzin und dem Freiherr von Fürstenberg zu sagen, wenn ich Gelegenheit gehabt hätte, sie näher kennenzulernen. Es scheint aber, daß es auf ihrer wie auf meiner Seite an dem je ne sais quoi gefehlt haben muß, das die Menschen einander näherbringt. Da von dieser ganzen reisenden Gesellschaft keines Zeit gefunden hatte, zu mir zu kommen, so wollte es sich auch nicht schicken, daß ich mich ihnen aufdränge. Und so blieb es denn bei den vorbesagten beiden Abenden" [GKvM, Nr. 80].

Daß Wieland „sich gräßlich prostituiert habe", hatte Goethe bereits an Jacobi geschrieben.

Über Fürstenberg schreibt Herder: „Er ist ein Mann von Kenntnissen und vieler Welterfahrung: Nur da alles dieses auf einen Domherrn gepflanzt oder von ihm erworben ist, so bleibt bei ihm wie eben auch beim Statthalter in Erfurt (Dalberg) der Domherr immer etwas durchblickend." Auch Caroline Herder nennt ihn einen „sehr verständigen Mann, einen fröhlichen Weltmann und einen heiteren Philosophen". Anton Matthias Sprickmann, der 1774 schon einmal in Weimar gewesen ist und damals gejubelt hatte, „in Goethen bin ich verliebt", wird sich im Hintergrund gehalten haben. Herder nennt Sprickmann einen „sehr braven Menschen, einen runden Westfäler, der im Stillen seinen Gang zu gehen scheint" [KvM, Nr. 256].

Die tiefste Spur hat Frans Hemsterhuis hinterlassen. Dabei hatte gerade er sich so sehr vor dieser Reise gefürchtet, einer Reise durch fremde Länder, deren Sprache er nicht kannte, deren Klima ihn ängstigte und deren hochgestellten Persönlichkeiten er gar nicht zu begegnen wünschte. Er hatte aus Hofgeismar noch vor Anbruch der Reise einen so verängstigten Brief an seine Freundin Daphne in Den Haag geschickt, und nun hat er wohl durch sein verbindliches Wesen und seine leise, behutsame Art die Sympathien aller erweckt. Kein Wunder. Hatte doch Herder sich mit seinen Schriften schon seit Jahren beschäftigt. 1781 „L'homme et ses rapports" übersetzt und einen Aufsatz aus der eigenen Feder „Liebe und Selbstheit" angefügt. Ihm war Hemsterhuis so vertraut, „als ob wir in Platos Vorwelt zusammen auf einer Hörbank gesessen hätten." Caroline Herder nennt Hemsterhuis einen „so zarten, jungfräulichen alten Jüngling und so lieblichen Philosoph, daß wir ihn samt und sonders in Affektion genommen haben" [KvM, Nr. 257]. Herder definiert es eingehend: „Hemsterhuis ist in seinem ganzen Wesen ein alter, feiner, stiller Republikaner, der, ich möchte sagen, nach der Weise eines fein sammelnden Holländers alles Schöne der Wissenschaften und Künste in und um sich gesammelt zu haben scheint, das er erreichen konnte. Die Wahrheit zu sagen, ist er mir in der Gesellschaft der Interessanteste gewesen ... Ich möchte eine Zeitlang ihm in der Nähe leben und insonderheit das Band einer ganz gemeinschaftlichen Sprache haben: Denn da er nur französisch spricht, so entfliehet mir schon, wenn ich die Sprache auf die Lippen nehme, das Beste, was ich sagen wollte" [KvM, Nr. 256]. Wieland empfindet Hemsterhuis als „einen der vollkommensten Menschen, die hier je gewesen sein mögen: Ihm kommt der Name eines Plato unserer Zeit eigentlich zu. In seinem Kopfe sieht alles so vollständig nett und arrangiert aus wie in einem holländischen Naturalienkabinett. Er scheint alles, was wissenswert ist, zu wissen, und alle seine Ideen in eine Ordnung gebracht zu haben, die ihn zu einem der glücklichsten Menschen zu machen scheint, wie er einer der liebenswürdigsten und respektabelsten ist" [GKvM, Nr. 80].

Hemsterhuis weiß die Eindrücke dieser Reise tief zu würdigen. Monate später schreibt er seinem Freund Ploos van Amstel, daß er „die unmittelbare Berührung mit einigen Höfen, das Kennenlernen der erlauchtesten Geister Deutschlands, das Erfassen der Universitäten und aller Einrichtungen, die Beziehungen haben zur Erziehung und zum Formen von Menschen," erfahren hat. Denn, so schreibt er: „Hierdurch kann man sich einigermaßen eine Vorstellung machen von der kommenden Generation. *Während alle anderen Nationen in Europa bereits ihre großen Jahrhunderte durchlebt haben, beginnt Deutschland das seine, und zwar mit einem vielversprechenden Glanz.* Doch der Gang dieser Entwicklung kann sehr beschleunigt oder verlangsamt werden durch mannigfaltige Zufälle, denen ein so ungefüge zusammengestellter Körper gezwungenermaßen ausgesetzt ist" [GKvM, S. 175].

Dieser Satz, im Jahre 1785 niedergeschrieben, vier Jahre vor Ausbruch der Französischen Revolution, dreißig Jahre vor dem Wiener Kongreß, hat einen wahrhaft prophetischen Klang. Er deutet das Gegenwärtige der Reisenden, und er weist weit in die Zukunft hinein, die so schwierig und kompliziert sein wird, auch für diese Reisenden.

Seiner Freundin Amalie gegenüber schlägt der Philosoph jedoch einen leichteren Ton an: Er meint, Amalie, Goethe und er seien wirklich geborene Griechen.

Darauf antwortet Amalie ihm, aber Fürstenberg und Dalberg hätten sich auch nicht schlecht in einer griechischen Republik ausgenommen.

Als Grieche geboren zu sein, ist für diese Freunde der Antike natürlich immer noch, wenn auch scherzhaft, die höchste Ehre. Und daß Sprickmann sich neben Goethe nicht besser zur Geltung gebracht hatte, erklärt Amalie so: Er sei einfach zu dick. Er habe eine Haut, die gar nicht seine Seele berühre, es sei sozusagen ein Hohlraum zwischen dieser und dem übermäßig großen Leib. Merkwürdigerweise hat sie auch Jahre zuvor noch in Den Haag Hemsterhuis einen solchen Vorwurf gemacht, daß seine, Hemsterhuisens, Hülle sich nicht an den

Lichtkern seines Wesens schmiege, und daß er ihr deshalb unsympathisch sei. Amalie hat Platos „Gastmahl“ offensichtlich immer präsent, denn im „Gastmahl“ spotten die Zechgenossen über die groben Körperformen des Sokrates.

Und dann streiten die beiden Brieffreunde aus Münster und Den Haag auch noch über die Büsten, die der gute Hofbildhauer Klauer in Weimar gemacht hat. Hemsterhuis kommt die Galle hoch, wenn er die seine ansieht. Er findet, daß die Büste von Fürstenberg viel besser geraten ist, Amalie hingegen ist anderer Meinung ...

Das menschlich Allzumenschliche ist ihnen nicht fern, diesen Geistern, die zwischen Gott, Unsterblichkeit und opulenten Mahlzeiten die Probleme der Menschheit bedenken.

Träume

„Ich weiß vier Träume in meinem Leben, die ich für 10.000 Reichstaler jährlicher Rente nicht vermissen wollte“, so sagt Amalie. Ihren wichtigsten und liebsten Traum hat sie nur mündlich weitergegeben, hat ihn Overberg erzählt, der es dann später ihrem ersten Biographen Katerkamp mitteilte. Sie träumte, daß Sokrates im Traume vor ihr stand und sagte: „Meine Tochter, du bist nun so weit gekommen, als ich dich führen konnte. Jetzt bedarfst du eines weiseren Lehrers.“ Es ist kein Zweifel, daß Christus dieser Lehrer ist. Amalie hat diesen Traum in der Zeit geschildert, als sie nach ihrer großen Krankheit angefangen hatte, die Bibel zu lesen. Von Sokrates zu Christus – von den „Göttern Griechenlands“ (Schiller) zum Christentum: ein großes Thema dieser Zeit!

Die Furcht, nicht geliebt zu sein, offenbart sich oft in ihren Träumen. Da schreibt sie an Hemsterhuis am 27. März 1787: „Ich hatte einen mir sehr empfindlichen Traum. Ich träumte, Fürstenberg ließe mich, ohne daß ich mich schuldig fühlte, bloß ich weiß nicht mehr für was ein gemeines Bestes durch die Kirche zu einer öffentlichen Brandmarkung durch den Schinder verdammen. Ich war auch ganz zufrieden damit und ihm nicht im geringsten bös. Allein bald nachher befand ich mich auf einem Ball. Dort wollte nicht allein keiner mit mir tanzen, sondern keiner dort bleiben, wenn ich nicht weggeschafft würde. Nun ward ich erst recht wütend über Fürstenberg, fingierte Krämpfe und Convulsionen, aß aber ein großes Stück Kuchen dabei. Und da Fürstenberg, den mein Zustand beunruhigte, mit einmal sah, was an dem Kuchen fehlte und sich etwa äußerte, als müsse ich doch so krank nicht sein, als es schien, wenn ich das beträchtliche Teil Kuchen gegessen hätte, ward ich völlig unsinnig“ [GT, S. 111].

Ihr vieles Nachdenken über die Kinder und deren Erziehung schlägt sich in einem anderen Traum vom März 1788 nieder: „Mimi kam in diesem Traum durch Ränke, kalte Bosheit dahin, daß sie mich vor aller Welt, mit ihrem Vater, den sie durch Sympathie gewonnen hatte und gewinnen mußte, vereinigt, beschimpfte. Und sie machte mich dann von ihr allein so abhängig, daß sie meiner spottete. Unter anderen wunderbar allegorischen Auftritten kam folgender: Sie hatte aus äußerster, aber meiner Meinung nach schlecht kalkulierter Coquetterie sich eine hohe Frisur angeschafft und über diese eine meiner Pudelmützen aufgesetzt usw. So erschien sie in meiner Gegenwart unter jungen Kerlen, äußerst frech und ausgelassen. Ich wollte im heftigsten Angstgefühl einer solchen Erscheinung sie bedecken und dergleichen. Da nahm sie mit unglaublich starker Faust meine Rechte, gebot Mitri despotisch (und der Armselige tat es), meine linke Hand zu nehmen und nun hämisch, spöttisch kalt, wie in der Komödie von „Franz mit der kalten Hand“ spottete sie meiner ohnmächtigen Wut, die sich gegen diese Gewalttätigkeit wehren wollte, behandelte mich wie ein ohnmächtiges Kind, beschimpfte mich und ließ mich auf alle Art durch die anwesenden jungen Kerls, die ihr wegen ihrer Buhlerei zu Gebote standen, und durch ihren Vater, beschimpfen. Und in meinem Leben hatte ich die Ahnung eines Gefühls nicht, wie dasjenige war, was mich brannte, in mir wütete, und mir das Herz über das gottlose Kind zerriß. Wunderbar ist es auch, daß ich über Mitri, der meine linke Hand festhielt, weder kalt noch warm fühlte, ihn wie ein Zero, eine passive Statue betrachtete, an deren Arm man etwa die meinige angeschlossen hätte. Ich konnte nicht einmal unterscheiden, ob ich ihn bemitleidete oder verachtete, obschon ich mir deutlich bewußt bin, daß er, ohne ein Gefühl von eigentlichem Schmerz oder Schuld zu erregen, meine linke Hand nur festhielt, um mich allen diesen Beschimpfungen auszusetzen. Mimi schlug mich, tat mir noch allerlei, dem Schein nach Heftigeres, aber nichts dem Gefühl der Hölle Ähnlicheres als das Gefühl dieser Szene“ [GT, S. 342 ff.].

Im März 1788, als sie sich intensiv mit Jacobis Spinoza-Schrift beschäftigt hat, mit Wizenmanns „Resultaten“ und anfängt, Kants „Kritik der reinen Vernunft“ zu lesen, erlebt sie zwischen Traum und Hellwachsein ihre Ich-Spaltung. Sie war zwölf Stunden in ihrem Saal auf- und abgegangen, um nachzudenken: „Endlich, gegen sieben Uhr abends hatte ich eine Empfindung, als ob mit einem Male etwas sanft mein Gehirn durchdringe; ein dichtes Gewölk zerstreute sich, und ich sah zum ersten Male am Tage mein Ich mit seinen Beziehungen hinter dem Gewölk erscheinen, welches sich zerstreute ... Würde es nicht erlaubt sein, aus einem solchen Phänomen unwiderleglich zu schließen, daß die Seele im Gehirne wohnt?“ [Schl. II, S. 130 f.] Auch Fürstenberg ist der Auffassung, daß Träume den eigenen Charakter deuten und daß in der Nacht die Gedanken des Tages fortleben. Damit meint er, daß Träume die Handlungsmotive und Charaktereigenschaften wie in einem Spiegel dem Träumenden vorführen.

Für Amalie und Fürstenberg sind Träume Wege zur Selbsterkenntnis, Spiegelungen der inneren Konflikte. Sie werden nicht als Prophezeiungen kommender Ereignisse betrachtet, wie es in der Zeit von Revolution und Krieg und Umsturz üblich wurde.

Die Wende

An ihrem Geburtstag, dem 28. August 1786, geht Amalie nach Jahren der Suche zum erstenmal wieder zur Beichte. Ein Ereignis, das Fürstenberg tief beglückt, hat er es doch seit Beginn ihrer Freundschaft ersehnt. Aber er hat warten können. Und er hatte auch warten können, als sie in ihrer todesnahen Krankheit 1784 es ablehnte, einen Beichtvater zu sehen und die Sakramente zu empfangen. Im Februar gesteht sie Fürstenberg ihren Sinneswandel bei einem Gespräch in Münster. Er antwortet leise und nachdenklich: „Alles Aufdringen wäre unzeitig gewesen: Ich mußte den Zeitpunkt erwarten, wo es Dir selbst gelegen war zu sprechen, und dieser hing vom Fortgang Deiner Untersuchungen ab. Ich bete die Führung Gottes an: Werke der Atheisten haben Dich in Deinen Begriffen von Gott gestärkt, Werke und Raisonnements der Philosophen zum Christentum, zur Lesung der Bibel geleitet. Jetzt hast Du Werke verschiedener Sekten gelesen. Der Finger Gottes wird Dich zu Deiner letzten Bestimmung leiten“ [KvM, Nr. 292]. Seit ihrer schweren Krankheit hat Amalie zwanzigmal die Bibel gelesen. (Ungewöhnlich für Katholiken dieser Zeit, doppelt ungewöhnlich für eine Frau.) „Jetzt, liebste Adelheid, bist Du am Ende der Rennbahn Deiner mühsamen Untersuchungen. Die Epoque ist entscheidend für Dich und Deine Kinder. Jetzt flehe ich Dich an, durch die ängstliche Sorge, welche mich so lange und tief nagete, vollende das Werk, in welchem Dich Gottes Hand so sichtbar leitete. Gott gebe uns Licht und Liebe. (G. g. u. L. u. L.) Ich küsse Dir die Hände“ [KvM, Nr. 292]. Das Religionsgespräch hat im Februar in Münster stattgefunden. Dann fährt Fürstenberg nach Paderborn, denn dort steht eine Coadjutorwahl an. Der alternde Fürstbischof Friedrich Wilhelm von Westphalen, den Fürstenberg in seinem jugendlichen Tagebuch so oft ehrfurchtsvoll beschrieben hat, kränkelt. Und nun ist Franz Egon von Fürstenberg, sein jüngster Bruder, als Coadjutor vorgeschlagen worden. Es ist eine Wahl, die in dem ehemaligen Minister Erinnerungen wachruft. Und eine Wahl, die die argwöhnischen Standesgenossen in Münster beschäftigt. Will Franz von Fürstenberg sich selbst um eine Coadjutor-Stelle bewerben, die ihm einst, 1780, in Münster verlorenging? Oder will etwa der Sieger aus jener Wahl, Kurfürst Max Franz in Bonn, sich noch die Bistümer Paderborn und Hildesheim aneignen? Österreich hält sich in dieser Wahl merklich zurück. Amalie erfährt durch die Gräfin Ketteler von den mehr oder weniger böswilligen Gerüchten, die in Münster verbreitet werden, daß Franz von Fürstenberg die Coadjutorstelle in Paderborn und damit die Anwartschaft auf die Bistümer Hildesheim und Paderborn anstrebe. Amalie hört gut zu und berichtet alles ihrem Franz nach Paderborn, versichert ihm, aber gleichzeitig, daß „es eine Last und Bürde" für ihn sein würde, einem Bistum vorzustehen, versichert ihm, daß sein Platz in Münster sei, an der Spitze des von ihm aufgebauten Schulsystems. Und natürlich an ihrer Seite. Amalie weiß besser als alle anderen, wie tief Fürstenberg an der verlorenen Wahl von 1780 leidet. Er hat ihr zu dieser Zeit (April 1785) einmal geschrieben: „Zu Münster erinnern mich fast die Steine auf den Straßen an etwas, das ich hatte tun sollen und nicht getan habe. Ich fühle fast beständigen Reiz und Vorwürfe in mir" [KvM, Nr. 236].

Amalie gibt alle Gerüchte weiter, aber sie bauscht sie nicht auf. Ihr politisches Gespür ist untrüglich. Sie erzählt ihrem Freund auch, daß sie der Zuträgerin Ketteler, als Entgelt sozusagen, die Religionswahrheiten energisch eingeprägt, ihr ein Neues Testament zu lesen gegeben und das Versprechen abgenommen habe, die ihr angeborene Religion ernster zu nehmen. Fürstenberg mahnt Amalie zur Mäßigung, wenn es darum gehe, andere bekehren zu wollen. Wahrheitsgetreu bekennt Amalie in diesem Briefchen auch, daß sie vor lauter Aufregung über die Anstrengung dieser religiösen Unterweisung unversehens vier Gläser Bier getrunken habe und den dadurch entstandenen Rausch, bevor sie zu Bett ging, mit achtzehn Tropfen Laudanum zu beschwichtigen versucht habe.

Menschliches ist ihr nicht fremd, und verbergen mag sie schon gar nichts. Die Briefe aus Paderborn, einmal sogar drei an einem Tag, sind meist kurz. Fürstenberg macht keinen Hehl daraus, daß ihn die Sitzungen im Domkapitel enervieren. Er geht nur aus Pflicht dorthin und schreibt, daß er dort „ein bißchen Langeweile und sonst nichts“ erfahre. Das „Gewirre“ stört ihn. Aber Gott hat ihn vor Mutlosigkeit bewahrt. Den 14. März 1786, den Jahrestag ihrer Genesung, feiert er mit diesem Briefchen: „Heil dem Tage, wo Gott vor zwei Jahren Dich Deinen Kindern, Deinen Freunden und Dir schenkte. Er scheint mit Dir besondere Absichten zu haben“ [KvM, Nr. 295]. Und einen Tag später: „... Den gestrigen Tag betrachte ich als unseren zweiten Geburtstag, und so dachte ich nach, wieviel ich von der Zeit an besser oder schlechter geworden wäre. Ob ich diese Jahre zweckmäßig genutzt hätte“ [KvM, Nr. 296]. Er ist wieder einmal „hypochondrisch erwacht“, und seine Selbstvorwürfe verlieren sich ins Düstere. Wann immer Fürstenberg über seelische Befindlichkeiten schreibt, verliert sich seine Sprache im Ungewissen. Er ist eben Politiker, der an juristische Ausarbeitungen gewöhnt ist und der eigentlich erst unter Amaliens Führung angefangen hat, „seine Seelenlagen“ zu analysieren.

Auch für Amalie ist der Tag ihrer damaligen Erkrankung und Genesung im März 1784 ein Anlaß zum Nachdenken. In ihrem Tagebuch gibt sie sich Rechenschaft und stellt fest (8.3.86, Donnerstag): „Der Bau meines Körpers ist fest und stark, mehr männlich als weiblich, zu jeder Bewegung bequem, behend und beugsam. Brust, Magen und Kopf sind in sich stark, beide erstere verrichten jeder ihre Function sehr wohl; letzterer ist selten schmerzgebärend, aber meistens sehr benebelt, und zum Denken oft, insonderheit zur Zeit des Winters, unbrauchbar, aber zufälligerweise; denn im gesunden Zustande kann er sehr lang anhaltende tiefsinnige, abstrakte Arbeiten gemächlich aushalten und unbeschwert von einer Arbeit zu einer ganz verschiedenartigen übergehen. Und demnach bin ich, schier immer kränkelnd auf die drückendste Weise an einer ängstlichen Zusammenziehung aller Gefäße, wovon der Grund hauptsächlich im Unterleibe zu liegen scheint, und die in mir eine Schwermuth gebiert, welche ich mit Mühe durch das feste Vertrauen zu Gott und der Überzeugung, daß ich hier nur als Pilgram zu einem sehr kurzen Aufenthalt im Vorbeigehen bestimmt bin, zu überwinden fähig bin ...“ [GT, S. 30] Diese Analyse des Körperlichen stellt Amalie in dem Jahr an, da sie wieder zu den Sakramenten gehen will. Nicht auf dem Krankenbett wollte sie „Bekehrung“ heucheln. Sie ist Herrin ihrer Sinne trotz aller Kränklichkeiten. Wie in zwei Personen gespalten steht sie sich selbst gegenüber. Sie betrachtet sich aufmerksam von außen, unbestechlich, unbarmherzig zunächst, und dann doch auf Hilfe von oben vertrauend, auf Gott und auf die Freunde. Auf Jacobi, Hemsterhuis, Fürstenberg und viele, die noch kommen werden. Anfang April fährt Amalie wieder einmal nach Düsseldorf.

Der Gesundheitsbericht vom März dieses Jahres ist deshalb so aufschlußreich, weil Amaliens Gesundheit immer wieder von seelischen Krisen, Hypochondrien genannt, erschüttert wird. Im Tagebuch heißt es: „Den 3. April griff ich zu einem extremen Mittel, um mich aus der schrecklichen Hypochondrie und Schwächung zu reißen. Ich reiste nach Düsseldorf und kam am 11. April gesund wieder“ [GT, S. 31].

Fürstenberg ist in Paderborn, doch schickt er ihr Briefe und Briefchen nach. Selbst in Bottrop soll ein Bote sie unterwegs erreichen. Es stimmt ihn bedenklich, daß sie sich trotz schlechter Gesundheit wiederum eine Reise nach Düsseldorf zumutet. Er bezweifelt, ob ihr das Zufriedenheit und Nutzen schafft? Doch möge das vielleicht eine Art Zerstreuung sein, die der Hypochondrie nützlich sein könnte. Amalie weilt gern in Düsseldorf, zur Erholung und Erfrischung ihres Geistes und ihres Körpers. Die Gespräche mit Jacobi, der jetzt seine Spinoza-Untersuchungen abgeschlossen hat, sind ihr wichtig. Bei diesem Düsseldorf-Besuch stellt sie sogar fest, daß „Fürstenberg der einzige und beste aller ihrer Freunde“ ist, merkwürdigerweise.

Ihr Briefwechsel mit Hemsterhuis leidet trotzdem keine Unterbrechung. Fürstenberg ist in Paderborn nicht glücklich.

Jeder Tag „verstärkt sein gutes Sehnen“ nach ihr. Er spricht nur mit wenigen seiner Standesgenossen, mit Hompesch, den man wegen seines Febronianismus entlassen hat, und mit dem österreichischen Gesandten Kaunitz, der aus Bonn herbeigekommen ist, und er liest in der „Nachfolge Christi“. Er schreibt vom Wirrwarr der Domkapitelsitzungen, und daß er mittags schläft, spazierengeht oder reitet, aber daß er in seiner Gewissenserforschung wenig Fortschritte macht. Außerdem bereitet sein ältester Bruder Clemens Lothar, der Stammherr auf Herdringen, ihm sehr viel Sorge. Der hat sich dem Branntwein ergeben, und seine Gesundheit ist dermaßen zerrüttet, daß die Brüder Franz Egon und Franz von Fürstenberg darüber nachdenken, ob sie ihn entmündigen müssen, oder ob es vielleicht angebracht ist, ihn in ein Franziskaner-Kloster zur gesundheitlichen Pflege und Überwachung zu bringen. In Fürstenbergs Briefen wechseln religiöse Betrachtungen mit handfesten politischen Überlegungen ab. Er muß sich auch noch um einen Bauernhof kümmern, der der Sippe Fürstenberg gehört. Aus dieser „Einöde und Einsamkeit“ gibt er ihr Bericht über seine religiösen Betrachtungen, seine Innenbeschau. Amalie schickt ihm Spargel aus ihrem Garten, schon Ende April. Sie ist sein wirkliches Zuhause. Er sehnt sich nach ihrer Nähe, und sobald er nach Hildesheim müsse, so werde er über Münster kommen, was bedeute schon dieser Umweg von dreißig Meilen!

Unverhofft kommt dann Fürstenberg Ende Mai in Angelmodde an. Es ist vier Uhr morgens. Amalie hat gerade ihr Maß Milch und ihr „Calx. anti“ genossen und will ihren Gesundheitsspaziergang machen. Sie denkt mit Schrecken daran, daß nun ihr Spaziergang ausfallen wird. „Das verminderte dergestalt die natürliche Wirkung des Vergnügens, ihn wiederzusehen, daß ich es kaum fühlen und gar nicht äußern konnte. Auch vermehrte sein erschrecklich gereiztes Gesicht die Furcht, daß ich meine so schwer erkämpfte Ruhe verlieren, und daß wir uns in *unserer inneren Selbstbearbeitung beunruhigen und zurücksetzen möchten* – eine Furcht, die sein Gesicht plötzlich und heftig widerspiegelte. Ich mußte mich zurückhalten, um nicht lieblos zu erscheinen, welches ich doch war. Er legte sich nach einer halben Stunde, ich ging nach Althoff, kam halb acht zurück. Um acht Uhr erwachte er, und ich saß bis gegen halb zehn auf seinem Bett, nachdem er sechs Tropfen Laudanum genommen hatte. Er erzählte viel von seinem Leben in Paderborn, und mir ward bei ihm ruhiger und wohler während dieser Erzählung" [GT, S. 38].

Das Alleinsein hat Amalie empfindlich gemacht. Es fällt ihr schwer, sich plötzlich auf Zweisamkeit umzustellen. Im Tagebuch, zwei Tage später: „Nicht umsonst fürchtete ich den Augenblick der Wiedervereinigung. War unser gegenseitiger Zustand der Zustand einer nach schier zweimonatlichen Trennung wiedervereinigten Liebe? O Gott, wie gedrückt von meiner Seite, wie lau und trocken von der seinigen verging er uns. Französische Komplimente. Politik und einige Geschichten. Das war die Nahrung der bedürftigen Liebe. Und er erschien damit wohl zufrieden, daß ich nach Hofgeismar nicht mit könnte. Um mir ein völligeres Licht zu verschaffen, sagte ich das gleich. Auch das ging mit einem französischen Kompliment vorüber, und er redete von etwas anderem. Und doch kommt er zurück aus dem Tempel des Herrn, aus der ehrwürdigsten der Beschäftigungen, ungezweifelt besser als jemals, nur nicht für mich. Nur ich soll's nicht gewahr werden, keinen erwärmenden Strahl erhalten von seiner Seele. Hat der Herr mich verlassen? Verblendet, daß ich's vielleicht nicht sehen soll? Hat er Dich, Liebe, mir genommen?" [GT, S. 39 ff.] Amalie beklagt die Harmonie, die einst gewesen ist – wie sie meint. „Welch eine unaussprechliche Quelle der sanftesten, tiefsten und für mich fruchtbringendsten Empfindungen war nicht täglich schon allein die stille Beschauung seiner hohen, edlen Einfalt, Mitteilung und einfältige, sich so ganz hingebende Liebe wie das Bemerken seines still sorgenden, fortdauernden, Tag und Nacht währenden Vaterblicks, Vaterfreude, Leid und Genuß an mir und meinen Kindern und unserem ganzen Wesen. Wie übte das nicht meinen Sinn, Christum nach und nach mitzufühlen, und wie bekam ich nicht durch dieses anschauliche Bild eine Vorstellung der Vaterhuld Gottes ..."

Sie grübelt weiter: Fürstenberg sei nur ein Mittel gewesen, um sie auf den Weg zu Gott und Christum zu ziehen, und nun, da dieses Werk vollendet sei, *„da ich zwar Gottes und Christi noch unwürdig, doch ohne sie nicht mehr leben kann, verschwindet die Erscheinung.* Elias fuhr gen Himmel und ließ mir seinen Mantel.“ Es ist dies das erste Mal, daß Amalie in Briefen oder in ihrem Tagebuch Fürstenberg als Weg zu Christum und zu den kirchlichen Sakramenten beschreibt. Das Wiedersehen nach der zweimonatigen Trennung hat sie aus dem Gleichgewicht gebracht. Statt zu Hause und bei Fürstenberg zu bleiben, flüchtet sie sich ins Freie. Sie nimmt drei Bücher mit: Thomas a Kempis, Bodes Astronomie und Bodes Naturlehre. Sie will sich in physisch-astronomische Lehrsätze vertiefen, die im Euler nicht bewiesen werden, um sie später den Kindern zu erklären. Sie sucht Zuflucht bei Mathematik und Philosophie. Will sie über ihre Gefühle, ihre nunmehr so verwirrten Gefühle, nicht nachdenken? Sie sucht Ablenkung: „Ich ging durch Hoffschulte, Neuhof, Overkamp und Thürs. Zu hitzig, etwas schießen zu wollen (offensichtlich hat sie das Gewehr mitgenommen), verlor ich den größten Teil meiner Zeit damit. Doch fand ich bei Thürs, wo ich Milch aß, im Buch von Bode, wie man die Geschwindigkeit des Lichts gefunden hatte“ [GT, S. 41].

Im Neuhofer Wald liest sie in der „Nachfolge Christi“ des Thomas a Kempis und kommt dann gegen sieben Uhr nach Hause und war doch vor ein Uhr weggegangen! Fürstenberg ist verstimmt. Doch nach Tisch plaudern sie noch am Kamin. Worüber – das kann sie am Tag danach nicht mehr erinnern. Am nächsten Tag wiederum eine Plauderei am Kamin, und zwar über Religion. Mimi ist dabei. Amalie erklärt ihrer Tochter alles über die Erlösung durch Christus, und als Fürstenberg es ihr nachtun will, mokiert Amalie sich innerlich über die Holperigkeit seiner Argumente. Es ist ein ständiges Auf und Ab in ihren Empfindungen.

Erst eine Woche später dann haben sie endlich eine herzliche Unterhaltung, sind sie von der beiderseitigen Unsicherheit und Trockenheit erlöst: „Fürstenberg erklärte mir, daß seine Leerheit und Trockenheit ihm selbst anfangs lästig aufgefallen sei, aber daß die einzige Ursache davon die schrecklich ermüdende Arbeit wäre, die er zuvor zu Paderborn mit sich gehabt hätte und die ihn erschlafft habe. Er habe in diesen Tagen auch alle Gelegenheit gesucht und das Bedürfnis gehabt, mit mir darüber zu sprechen, ehe er sich wieder getraut habe, unseren alten, vertraulich-einfältigen Ton anzunehmen. *Ich wäre ihm nun mehr als jemals. Ich wäre nun in seinen Augen Sokrates in der Vollkommenheit, da ich vor diesem nur der werdende Sokrates gewesen sei.* Dieser Vergleich schien mir so übertrieben, daß er mich von Herzen und so sehr demütigte, daß ich ihn beinah bitter beantwortet hätte, wenn er mich nicht früh genug und in einem unwahrscheinlich wahrhaftigen Ton versichert hätte, daß er mir nicht schmeicheln wolle" [GT, S. 47 ff.].

Die Harmonie ist wieder hergestellt, und so kann Amalie noch am selben Tag ihre Kinder in Psychologie unterrichten, läßt im Religionsunterricht das Kapitel über die Hölle aus, worin „Fürstenberg ihr gut beisteht", und dann gehen sie alle von halb eins bis zwei auf die Jagd. Haas schießt bei dieser Gelegenheit einen Kuckuck. Das war am 8. Juni, das Wiedersehen am 27. Mai.

In der Zwischenzeit, am 3. Juni, ist auch Fürst Dimitri Gallitzin, der Vater der Kinder, eingetroffen, und er bleibt bis zum 23. Juni. Amalie hat Baron Flensberg gebeten, ihm Gesellschaft zu leisten, um selbst entlastet zu sein. Ihr Gatte schenkt ihr zwar eine schöne Flinte von Le Clerc, aber es kommt immer wieder zu banalen Streitigkeiten. Ihr ist vor dem „leeren Geschwätz und der entsetzlichen Anstrengung, dieses Zeug mit Anstand wenigstens anzuhören, so ängstlich übel, daß ihr die noch bevorstehende Versuchungszeit (!!!) unerträglich" zu scheinen beginnt. Sie streiten. Am nächsten Tag macht sie sich Vorwürfe, daß sie sich in Streit mit ihm einläßt, und bittet Gott, er möge „den Mann, mit dem Du mich verbandest, auf den Weg des Heils führen. Er ist ja vermutlich nur verblendet, nicht verstockt" [GT, S. 49]. Sie ist von einem widrigen Gefühl ergriffen, sobald sie ihn nur von ferne sieht. Sie schläft schlecht. Und als sie am 14. Juni nach einer unruhigen Nacht voller ängstlicher Träume erwacht, war sie dennoch am Morgen so munter, „daß ich mir Lust fühlte, an Goethe zu schreiben" [GT, S. 51]. (Auch ein Jahr später, am 28. August 1787, ihrem Geburtstag, hat sie Lust, an Goethe zu schreiben, und tut es dennoch nicht.) Sie meidet das Alleinsein mit ihrem Gatten, so gut es geht, und klagt nach Paderborn: „Die Abendunterhaltung mit dem Prinzen strapaziert meine Gesichtsmuskeln so sehr, daß ich es noch am anderen Morgen fühle.“ Die Verachtung, die sie ihrem Mann entgegenbringt, wird auch auf Mitri übertragen. Es ist erschreckend zu lesen: „Mitri ist, was Christus ausspeit, einer von den Lauen. Mimi war stets kalt oder warm. Mit diesen zwo Ingredienzen bringt man durch Mischung jeden Grad von Wärme hervor“ [KvM, Nr. 330]. Und obwohl Fürstenberg in seinem Innersten durch die Wahl seines Bruders zum Coadjutor aufgewühlt ist, schreibt er zurück, sie möge Mitri doch nicht so überfordern in jeder Beziehung. Er weist darauf hin, daß er „alle Zeit so sitzet, daß er fast niemals die Füße aufsetzen kann, daß er oft sehr stark aufgezäumt wird, um grad zu sitzen ... Der beständig ungemächliche Zustand entkräftet den Geist und macht insonderheit das Denken mühsam“ [KVM, Nr. 332]. Wider Erwarten findet Amalie milde Worte, als Fürst Dimitri abreist. Sie schreibt in ihr Tagebuch: „Der Abschied war sehr gut. Überhaupt hat Gott mein Gebet wunderbar erhört, und des Prinzen Herz so geleitet, daß er sich sowohl mit mir als mit den Kindern sehr wohl betragen und mir also die drei Wochen sehr erleichtert hat.“ Von diesen drei Wochen sprach sie zu Beginn als Zeit der Versuchung. Sie fährt fort, daß sie einen neuen Zuwachs zum Glauben und Vertrauen auf Christus und sein Wort: „Bittet, so wird euch aufgetan“ durch diesen so harmonisch ausklingenden Besuch empfangen habe [GT, S. 54]. Sie hat sich einen sehr persönlichen Gott erarbeitet, den sie selbst ohne alle Vermittler, ohne Priester, ansprechen kann, der als oberste Instanz auf ihrer Seite steht. Wann immer sie Unrecht und Unvollkommenheit bei andern erkennt, legt sie ihm wie einem strengen Buchhalter das Plus und Minus der Seelen vor und fühlt sich selbst getröstet.

Dieses ist ein schwieriges Jahr für alle, besonders aber für den Ex-Minister Franz von Fürstenberg. Am 7. März wird sein acht Jahre jüngerer Bruder, Franz Egon, in Hildesheim zum Coadjutor gewählt, und am 12. Juni gewinnt er auch in Paderborn die Wahl. Der Ex-Minister hat sich zwar jetzt nicht um diese Stelle beworben, und er hat auch als junger Mann einmal in sein Tagebuch geschrieben, wie erinnerlich, daß Paderborn zu klein für ihn sei, und doch – der Sieg seines Bruders trifft ihn tief. Er ist ehrlich genug, seine Gefühle zu sezieren. Es ist das rührende Bekenntnis eines Mannes von siebenundfünfzig Jahren, dem die wichtigsten politischen Schalthebel endgültig entzogen worden sind.

Er schildert Amalie den Wahlabend. Die Stadt Paderborn wird illuminiert. Die Bewohner haben Kerzen in die Fenster gestellt. Fürstenberg zieht sich zurück, um Briefe zu schreiben, um sich mit seiner Herzensfreundin Amalie zu unterhalten, um ihr zu bekennen, wie ihm zumute ist. Er beschreibt, wie der Jubel vom Domplatz zu ihm heraufschallt und die Illumination durch seine Fenster scheint, wie sein Hausbesitzer kommt und ihn in ein belangloses Gespräch zieht, eine Weile nur. Aber dann stellt auch dieser Mann Kerzen auf die Fensterbank in Fürstenbergs Zimmer und zündet sie an. Fürstenberg grübelt, erforscht sich und entdeckt Gefühle, die „unten in seiner Seele" lagen und auf die er gar nicht gefaßt war: „Ich fühlte eine Art von Verdruß, und nach und nach entstand bei mir die Vorstellung, warum ich nicht auch so etwas geworden wäre. Dann fühlte ich es etwas fremd, daß mein *jüngerer Bruder ein regierender Herr werden solle, und daß er mich eklipsieren würde.* Ich fühlte eine Anwandlung von Eifersucht. Diese Anfechtung demütigte mich sehr, und doch dankte ich Gott, daß alle diese Schwachheiten sich mir in einer solchen einsamen, unbeschäftigten Stunde dargestellt hatten. Ich betrachtete es als eine Warnung ... Eines fiel mir insonderheit auf: Ich begegnete meinem Bruder auf dem Spaziergang. Es folgten ihm schon einige Herren. Du weißt, daß sein Aussehen bisweilen und mehrenteils trocken ist. Jetzt schien es mir großherrisch, doch in der nämlichen Minute fühlte ich wieder, daß es Täuschung war. Ich habe Dir diese Erscheinungen aber nicht verhehlen wollen" [KvM, Nr. 333]. Fürstenbergs Melancholie nimmt nicht ab, und zwei Tage später bekommt sie neue Nahrung: Ein Domherr Asseburg (einer aus der Sippe, die einst dem jungen Mann den Weg nach oben zu versperren schien) wird zum Dompropst gewählt. Fürstenberg gesteht

Amalie: „Das feierliche Gastmahl habe ich mit Übertretung aller Formalitäten und Gebräuche ausgeschaltet. Denn ich bin des leeren Schnickschnack müde. Ich habe ein wenig gegessen und geruht. Und unterdessen, daß sie poculieren und canonieren, will ich Dir schreiben, liebste Adelheide." Er überläßt sich dem Nachdenken. Er umkreist wieder und wieder ihre Freundschaft, und er bittet sie inständig um ihre Liebe: „Mißverstehst Du mich, dann wird es mit mir schlimmer und oft sehr schlimm. Dann leide ich viel ..." Er fühlt sich alt: „Ich komme dem Gesang der Heuschrecken näher als Du, gerade in der Kraft Deiner Jahre ... Hierin liegt ein großer Grund unserer Disharmonie" [KvM, Nr. 335]. Melancholie überschattet ihn. Fürstenberg ist Zuschauer der Politik geworden, und von jetzt an fürchtet er stärker denn je, daß die Freundin ihn verlassen könnte.

In diesem Jahr fährt Fürstenberg allein nach Hofgeismar. Es ist das Jahr der Wende in Amaliens geistlichem Leben.

Von allen sieben Sakramenten ist die Beichte für Amalie das liebste Sakrament. Das geht zurück auf ihre Internatszeit in Breslau. Damals sei sie niemals ohne Tränen aus dem Beichtstuhl gekommen, schreibt sie in ihren Erinnerungen, und dann hätte sie die Nonnen seufzen hören: „Mein Gott, welch ein Engel!" Und dabei hätten sich die Tränen der Reue auf ihrem Antlitz in Tränen des Wohlgefallens an sich selbst verwandelt. Die Stimmung dieses allgemeinen Wohlgefallens sei erst in ihren späten Jugendjahren durch immer heftigere Ängste vor Hölle und ewigen Höllenqualen zerstört worden [BuN, Nr. 1161].

Jetzt schreiben wir das Jahr 1786, und am 28. August, dem Namenstag des Kirchenlehrers St. Augustinus und an ihrem eigenen Geburtstag, legt Amalie nach vielen Jahren zum ersten Mal wieder eine Beichte ab. Aber sie geht nicht zur Kommunion – sie hat zu viele Skrupel, sie ist sich zu unsicher. Erst ihr Beichtvater Overberg muß sie dazu ermutigen. Über den Beichttag selbst finden wir nichts in ihrem Tagebuch. Da ist eine große Lücke in ihren Aufzeichnungen. Aber wie immer kann der Briefwechsel mit Hemsterhuis uns Aufschluß geben. Hemsterhuis hat sich schon Anfang des Jahres in die Legenden der Heiligen und Märtyrer vertieft, und eines Tages schreibt er ihr, liebenswürdig, mit ein bißchen Ironie, daß er nicht wisse, in welchem Ton er sie von jetzt an grüßen solle. Jedenfalls aber könne ihr Bild in seiner Seele von keinem Propheten, keinem Apostel, von keinem göttlichen Wesen, keinem menschlichen Heiligen jemals überstrahlt werden. An Hemsterhuis hatte Amalie sich im Sommer mit der Bitte gewandt, ihr die Begriffe von „croire", „savoir" und „douter" (Glauben, Wissen und Ahnen) zu erklären im Hinblick auf das Religiöse. Und Hemsterhuis, obwohl von den politischen Unruhen seines Landes ergriffen, setzt sich hin und schreibt zwischen Ende Juli und Mitte August 1786 mehrere tiefschürfende Briefe. Er erläutert die Begriffe Glauben, Wissen und Ahnen auf Philosophen-Weise. Er schreibt, daß Glauben viel weniger als Wissen ist, und daß dieser Begriff deshalb in der Philosophie als solcher keinen Platz hat. Ahnen hingegen sei noch weniger gewiß. Für Amalie bedeutet Glauben so viel wie das Annehmen der Offenbarungen im Christentum. Hemsterhuis meint hingegen, daß Glauben oder Fürwahrhalten von Offenbarungen eine Zumutung sei für die natürliche Vernunft des Menschen. Und Gott, der den Menschen erschaffen habe, könne doch nicht wollen, daß der Mensch etwas tue gegen diese Vernunft. Natürlich hat er seine philosophischen Thesen unendlich liebevoll und warmherzig verbrämt. Erst zwei Jahre später kommt er dazu, sich Amaliens Standpunkt mehr anzupassen, indem er von Unendlichkeit spricht, und Unendlichkeit mit Gott gleichsetzt. Amalie weiß Hemsterhuis immer in ihrer Nähe, weiß, daß sie sich an ihn wenden kann.

Obwohl sie schon Anfang des Jahres Fürstenberg gestanden hat, daß seine Liebe sie dem Glauben zurückgewonnen habe, kämpft sie doch noch im Sommer um ihre religiöse Gewißheit. Das zeigt sich auch im Unterricht, den sie ihren Kindern gibt. Im Katechismusunterricht kommt sie an den Begriff der Dreifaltigkeit. Sie überschlägt ihn, „weil er so verkehrt und herzlos geschrieben" ist. Als dann in der Kirchengeschichte die Sprache auf Marc Aurel und den Stoizismus kommt, versucht sie, diese stoische Philosophie mit der christlichen Anschauung in Einklang zu bringen. Am 15. Juni, also zwei Monate vor ihrer Beichte, arbeitet sie mit den Kindern in der

Psychologie über die Erscheinung der menschlichen Seele und über die Assoziationen, die sich aus dem Assoziationsgesetz herleiten lassen, wie zum Beispiel Träume. Und danach kommt der Unterricht auf das ewige, zukünftige Leben. Hier bekennt sie wieder einmal im Sinne ihrer Jugenderlebnisse: „Das Wort von der ewigen Verdammnis brachte mich in große Schwierigkeiten. Denn wenn schon das Wort ewig in der Bibel sehr zweideutig ist, so wird es doch von der Kirche in dem Sinn von „unaufhörlich“ angenommen, also eine Interpretation, die von denen, die sich der Kirche beugen, angenommen werden muß.“ Amalie will aufrichtig sein, vor allem auch der Kinder wegen. Ihr Bemühen verlangt Respekt und Anerkennung.

Auch in Fürstenbergs Briefen findet sich kein direkter Hinweis auf den bedeutenden Tag vom 28. August 1786. Um so erstaunlicher ist der Brief, den Amalie nach Hofgeismar schickt, als sie erfahren hat, daß Friedrich der Große in Berlin zehn Tage vor ihrer Beichte gestorben ist. Sie schreibt am 17. August: „Die Nachricht von Friedrichs Tod frappierte mich dergestalt, daß mir ganz kalt dabei ward. Der größte König unserer Zeiten war er immer ... Als ich sein bis ans Ende getreues Bestreben überdachte, seine Königspflichten nach seinen besten Einsichten zu erfüllen, ohne Murren und Klagen, ohne Schonung seiner selbst, da fühlte ich, es könnte doch diesem Manne in dieser Hinsicht in jener anderen Lebenssphäre (= das ist das Jenseits) nicht anders als wohl ergehen. Denn waren seine Irrtümer auch groß, und es waren Irrtümer, so war er doch dafür auch König. Ach, ein gefährliches, schlüpfriges Fahrzeug ist unbeschränkte Macht, und schon lange bete ich für Könige und Große emsiger als für gewöhnliche Menschen, deren Versuchungen mit jenen ihren nicht zu vergleichen sind. Gott segne Friedrich Wilhelmen. Er hat an seinen Sitten einen Feind mehr zu überwinden als sein Vorgänger“ [KvM, Nr. 344]. Amalie, die in ihrem Geschichtsunterricht die republikanischen Staaten der Vergangenheit als Vorbilder darstellt und ausführlich behandelt, schreibt da also eine ungewöhnliche Hymne auf den absolutistischen König von Preußen, charakterisiert ihn und deutet die Fehler seines Nachfolgers an. Knapp und klar ist sie in ihren Beurteilungen.

Fürstenberg antwortet in einer viel weicheren, ichbezogenen Weise: „Deinem Urteil über Friedrich und Könige falle ich ganz bei! Ich bin ihm für seine Gesinnungen gegen mich noch etwas schuldig" [KvM, Nr. 345]. (Fürstenberg bezieht sich hier auf den Brief, den der preußische König ihm nach dem Siebenjährigen Krieg geschrieben hatte, als er seine Talente rühmte. Aber inzwischen hat Fürstenberg erlebt, daß der König ihn bei der Coadjutor-Wahl in Münster 1780 im Stich ließ, und er trägt ihm seine damalige Niederlage nach.)

Hemsterhuis versetzt sich inniger in die Gefühle seiner in Berlin geborenen Freundin Amalie. Er nennt den König einen Großen. Er schreibt: „Die Welt ist jetzt weniger schön. Er hinterläßt eine breite und tiefe Spur!" [GN, Bd. 4, S. 361]

Über ihre Kommunion im Sommer 1786 hat Amalie erst ein Jahr später, am 27. August 1787, berichtet: Eine unbeschreibliche Harmonie habe damals ihre Seele ergriffen. Und dann zerlegt sie diese Stimmung in verstandesmäßige Überlegungen: „Ich versuchte ihn (Christus) im eigentlichsten Sinne, nachdem ich vergeblich gestrebt hatte, mir auf den gewöhnlichen Wegen die Überzeugung von der Echtheit der Religion zu verschaffen, deren erhabene Moral mein ganzes Herz zwar an sich gezogen hatte, deren Dogmen und Mysterien mir aber desto mehr widerstanden. Da ich aber in jenem Zeitpunkt schon ahndete, daß Vernunfts-Stolz sehr Vieles zu dieser Abneigung beitragen könne, so hatte ich mich, wie der Scheiternde an das letzte schwimmende Brett, an den Satz Christi gefesselt: *Versuche es, so wirst du erfahren, ob meine Lehre göttlich sei.* Ein Satz, der mir so billig und unserer Schwachheit und Stärke so angemessen schien, ein Satz, worin Christus uns selbst einladet, ihn zu versuchen, nicht wie Simon der Zauderer aus Eigennutz und Stolz, sondern aus Verlangen zum Glauben an ihn zu gelangen, so daß ich mir aus ganzer Seele vornahm, *mich allem zu unterwerfen und also auch die Sakramente zu empfangen*" [KvM, Nr. 427]. Dieses Bibel-Zitat wird nunmehr zum Leitmotiv ihres Lebens, wird zum Mittelpunkt ihrer Freundesgespräche und Bekehrungsversuche.

Sehr viel festlicher als ihre Rückkehr zu den Sakramenten begeht Amalie Anfang 1787 die Erstkommunion ihrer Kinder.

Sie hatte weitgehend die Vorbereitung selbst übernommen. Aber sie engagierte auch noch einen Geistlichen, der Mimi und Mitri vorbereiten und prüfen muß. Es ist der Franziskaner Schnösenberg, der später in Mitris Leben eine verhängnisvolle Rolle spielen wird. Dies alles geschieht nicht, um die Kinder zu quälen, sondern um ihre Seelen für die Ewigkeit zu retten. Von dieser Lebensaufgabe, die Amalie sich gestellt hat, will sie nicht einmal den Bruchteil einer Pflicht anderen allein überlassen, und seien sie auch Geistliche. Sie will die Herrin aller ihrer Beschlüsse sein. Die Erstkommunion ihrer Kinder gestaltet sie zu einem großartigen Fest. Mutter und Kinder sind weiß gekleidet und empfangen gemeinsam das Sakrament. Danach begeben sie sich in zwei Zelte, die im Garten aufgestellt und mit grünem Maien ausgeschlagen sind. Waldhörner werden geblasen. Mitri bekommt den ersten Hirschfänger seines Lebens, und eingraviert ist der Spruch: „Fürchte nicht den, der nur den Leib töten kann, sondern den, der auch die Seele töten kann." Mimi bekommt einen Ring mit der Silhouette der Mutter und dem Spruch: „Ich bin der Weg und die Wahrheit. Zum steten Andenken dieses so feierlichen Seelenfestes." Ein Fest der Freude ist quälender und tränenreicher Vorbereitung gefolgt!

Das Wende-Jahr enthält wie alle früheren Skrupel und religiöse Zweifel. Es enthält mühsames, qualvolles Forschen. Aber es ist auch der Freundschaft gewidmet. Ob in Münster oder Angelmodde. In diesem Sommer hat Amalie sich vorgenommen, den Hofmeister Haas zu einem höheren und besseren Leben zu erziehen. Der Gedanke an ihn wühlt ihr im Innersten ihrer Seele, wie es im Tagebuch heißt. Und sie verwendet viele Spaziergänge mit und ohne Flinte, viele Abendstunden darauf, ihn zu einem bewußteren Leben zu erziehen. Da ist auch Franz Kaspar Bucholtz, der gerade in diesem Sommer Amalie bittet, sie möge sich an ihren Bruder, Carl von Schmettau, wenden, damit das Ministerium in Berlin dem Philosophen Johann Georg Hamann in Königsberg endlich Urlaub und Reise nach Weimar und Münster gestatte. Sie möge auch ihre Freundin, die Prinzessin von Oranien, die Erbstatthalterin in Den Haag, veranlassen, sich in der Preußischen

Kanzlei in Berlin für den Packhofverwalter Hamann einzusetzen. Bucholtz, der acht Jahre jüngere Mann, Herr auf Welbergen, unabhängiger Gutsbesitzer und freier Schriftsteller, ist seit einem Jahr schon in angeregtem Gespräch mit Amalie. Er hat viel weniger „Respekt" vor ihr als etwa Sprickmann und Druffel oder gar Hemsterhuis. Er hat Amalie schon die Frage gestellt, ob sie nicht mehr Kopf als Herz sei, und ob sie nicht die Erziehung ihrer Kinder ganz nach dem Verstande regle.

Zu den Besuchern dieses Sommers gehört auch Matthias Sprickmann, den Amalie ja seit ihrer Ankunft in Münster gut kennt und der für sie damals den Bau der Säule überwacht hat. Sprickmann kommt auch, sobald Fürst Gallitzin abgereist ist, um vier Uhr des Tages. Amalie schickt ihre Kinder nach Angelmodde und folgt ihnen um halb sieben nach. Sprickmann begleitet sie bis zum Sternbusch.

Die Freunde kommen und gehen. Sei es, in der Grünen Gasse in Münster, oder in dem schlichten Bauernhaus, das Amalie mit ihren Kindern in Angelmodde bewohnt. Die Freunde werden beköstigt und unterhalten. Man geht auf die Jagd, schießt nach der Scheibe. In diesem Sommer badet Amalie besonders viel, oft sogar dreimal an einem Tag. Ist es das unausgesprochene Gefühl, sich von den Sünden zu reinigen?

Sie schreibt ungezählte Briefe. An Jacobi, an Fürstenberg in Hofgeismar, an Hemsterhuis. Sie ist ständig beschäftigt. Oder, wie sie später sagt, in Angelmodde muß sie ständig auf der Treppe sein der Kinder wegen, und in Münster der Pferde wegen. Sie gibt Bälle für ihre Kinder, und die Dorfkinder werden hinzugezogen. Sie geht auf der Dorfstraße spazieren, liest Thomas a Kempis' „Nachfolge Christi", wie Fürstenberg es ihr empfohlen hat, und legt sich an die Werse, um darüber nachzudenken, wartet, bis angerichtet ist. Sie macht sich Gedanken über den ihr so notwendig gewordenen Gebrauch des Laudanum und beschließt, ihn gerade im Sommer auf das Mindestmaß zu beschränken. Sie tauscht mit Fürstenberg Beobachtungen über ihre Gesundheit aus, und er tut das gleiche. Sie leidet wieder unter Kopfkrämpfen und läßt ihren Kopf mit kalten, feuchten Tüchern umwickeln, nimmt Kampfer und Schwefelpulver, schläft ein wenig, um dann wieder mit den

Kindern über das Sinnlich-Schöne, wie es im Psychologiebuch von Steinbart steht, zu arbeiten. Am 8. September berichtet Amalie nach Hofgeismar: „Vorgestern bin ich mit den Kindern nach Göttendorf geritten, um das Reiten nicht ganz zu verlernen. Es ging sehr gut. In dreiviertel Stunde ritten wir hin – aber fühlen tue ich es heute noch in den Schenkeln" [KvM, Nr. 346].

Darauf Fürstenberg voll Sorge, er hoffe sehr, daß die Bewegung zu Pferde gerade in dieser Epoque sehr nützlich gewesen sei. Hoffentlich sei sie nicht zu stark gewesen, denn dann verderbe das Echauffement mehr, als die Bewegung des Unterleibs gutmache. Er hofft, daß sie sich nicht überanstrengt habe.

Die Menschen in Münster und Angelmodde – sie sind wie der Hofstaat einer ungekrönten Königin namens Amalie. Da ist Fürstenberg: Versonnen und verträumt, beschäftigt mit großen Plänen. Da ist der Vater der Kinder, der Wissenschaftler, Fürst Dimitri, der nur einmal im Jahr auftaucht. Da ist Matthias Sprickmann, der juristische Fachmann und Schriftsteller. Da ist Bucholtz, der junge Mann, der seine Probleme zwischen Münster, Zürich und Welbergen mit sich herumschleppt. Da ist der Hofmeister Haas, den Amalie zu besseren Umgangsformen erziehen will, und der Fechtmeister Miquel, dem sie die Hühneraugen schneidet. Da sind die Diener und Dienerinnen, deren Namen nur flüchtig auftauchen, und die ungenannten Bauernkinder, für die sie Bälle gibt. Da sind auch die Forstbeamten in Wolbeck, die sich in Paderborn bei Fürstenberg beschweren, weil Amalie mit ihrem Gefolge zu viel Lärm auf der Jagd macht und die Tiere verscheucht, die aber nicht wagen, ihr selbst gegenüberzutreten, weil sie ja so „klug" sei. Und da sind natürlich auch Mimi und Mitri, die persönlich kaum zu Wort kommen. Es ist ein aufwendiges Leben, selbst wenn das Stadthaus in Münster und das Bauernhaus in Angelmodde nicht luxuriös eingerichtet sind. Fürst Dimitri Gallitzin in Den Haag, beschäftigt mit seinen wissenschaftlichen Forschungen und im Austausch mit den Gelehrten dieser Zeit, sorgt für alles – großzügiger Mäzen für eine Frau, die ihn nicht lieben kann.

Verwirrung

Fürstenberg ist seit der Jahreswende 1786/87 oft beim neuen Kurfürsten Max Franz. Er wird zu Konsultationen herangezogen. Ob der junge Kurfürst ihm nicht doch wieder das schmerzlich vermißte Ministeramt geben will, erörtert er brieflich mit seiner klugen Freundin Amalie, oder aber will „der Neue“ nur den Einfluß, den er ja kraft seiner Herkunft und seiner Verdienste noch immer in Münster hat, zu seinen Gunsten gebrauchen? Wann immer Fürstenberg vor seiner Freundin politische oder militärische Erwägungen ausbreitet, ist seine Schreibe fließend. Aber wenn es um Dinge des Herzens, um seine nie wankenden Gefühle für Amalie geht, verhaspeln sich die Worte. Ihre Freundschaft mit Franz Kaspar Bucholtz und dessen Freund Druffel beunruhigt Fürstenberg sehr. Im Februar 1787 fragt er aus Paderborn: „Guten Morgen, liebe Adelheide. Wie bist Du heute, da Du kein Opium genommen hast? Ich bin wehmütig erwacht. Unter anderem sind mir Druffel und Bucholtz durch den Sinn gegangen. Gott lohne Dir die Liebe, mit welcher Du Dich mit ihnen abgibst. Aber dennoch bitte ich Dich, auf Deiner Hut zu sein, damit sie Dir nicht auch einige Verwirrung hinterlassen“ [KvM, Nr. 370].

Verwirrung, wenn nicht Schlimmeres muß sich ereignet haben, und Amalie in ihrem schonungslosen Freimut wird es dem väterlichen Freund gestanden haben. Denn dieser klagt „nach einem harten Abend, einer schlaflosen Nacht“: „Ich war wie zugeschnürt, suchte mich zu Hause zu fassen, Dich und mich zu betrachten, diesen unglücklichen Zustand zu ändern ...“ Erst gegen vier Uhr schläft er ein und danach: „Geahnet hatte mich seit mehreren Tagen, aber so was wäre mir gar nicht eingefallen“ [KvM, Nr. 373].

So was – was war das? Hat Amalie ihm einen Treuebruch gestanden? Er bittet sie brieflich: „Fühle Dich aus, ob nicht schon einiger Widerwille, Reue, mich je geliebt zu haben, bei Dir sich eingeschlichen hat ..." Fürstenberg will auf Amalie nicht verzichten, denn von einer solchen Freundschaft hat er ja in seiner Jugend geträumt, sie für unmöglich gehalten. Und nun ist sie ihm zuteil geworden. Ungeachtet der Kälte, womit Amalie ihm begegnet, will er auf „seinen eigenen Gefühlen bis zur Hartnäckigkeit bestehen". Sie ist doch so wichtig für ihn. Sie hat ihn vor falschen politischen Spekulationen bewahrt, ihn immer wieder aus seinen Abstraktionen herabgeholt, auf den Boden der Tatsachen gestellt. Er bittet inständig: „Bleibe meine einzige, beste Adelaide. Bleibe so, wie Du warst. Laß die Hülle, die Dich verdeckt, fallen ..." [KvM, Nr. 373]. Die jungen Freunde beunruhigen den alternden Fürstenberg.

Franz Kaspar Bucholtz läßt Amalie gegenüber die weihevolle Tonart, die sie gewohnt ist, vermissen. Er ist Herr auf Welbergen, einem noch heute wunderbar gepflegten Wasserschloß bei Burgsteinfurt nahe der holländischen Grenze. Bucholtz wohnt aber viel lieber in Münster am Alten Fischmarkt. Er schreibt Beiträge für den „Vossischen Almanach" und Boies „Deutsches Museum". Zu dieser Zeit ist er auf der Suche nach einem Lehrer, der ihn in politischen Wissenschaften unterweisen würde. Aus diesem Grunde hat er seine Hochzeitsreise (1785) auch zu Lavater, dem Menschenfreund in Zürich, dem Prediger, dem Goethe-Freund, dem Verfasser der „Physiognomischen Fragmente", gemacht, und in Lyon hat er den Theosophen Saint-Martin besucht, der den deutschen Mystiker Jacob Böhme für sich entdeckt und ins Französische übersetzt hat. In die Münsterische Geschichte eingegangen ist Franz Kaspar Bucholtz als Mäzen. Ein Mäzen, der dem „Magus im Norden", Johann Georg Hamann, den letzten Urlaub seines Lebens ermöglichte. Ihm, dem hochberühmten Schriftsteller und Gelehrten in Königsberg, hatte Franz Kaspar Bucholtz 1784 viertausend Reichstaler für die Erziehung seiner vier außerehelich geborenen Kinder nach Königsberg überwiesen. Als der Überraschte bei Herder in Weimar, seinem ehemaligen Schüler, anfragt, antwortete dieser so: „Bucholtz ist reich und kann es sich leisten, seinem Geschmack zu folgen."

Ja, Bucholtz ist wohlhabend und von jünglingshafter Schönheit. So zeigt ihn das posthum von Rincklake gemalte Portrait im Landesmuseum in Münster, ein Gemälde, das alle anderen im Saal des Museums vergessen läßt: Ein griechischschöner Jünglingskopf, lockenumrahmt, mit schmaler Nase und kleinem Mund und mit funkelnden Augen. Dieser Bucholtz ist auf eine diffizile Weise krankhaft: Mehrmals am Tage wechselt er Schuhe und Strümpfe, auch auf Reisen. In jedem Zimmer müssen die Türen geschlossen sein. Vor möglicher Zugluft schützt Bucholtz sich durch Mäntel und Schals. Jacobi: „O, wie der Mensch mich tötet!" Amalie nimmt das in Kauf. Denn Bucholtz weiß so gefühlvoll, wenn auch kritisch, über ihre Seelenlagen zu sprechen. Ihm erlaubt sie sogar, Fürstenberg zu beurteilen: Daß der die Menschen und auch den früheren Kurfürsten Max Friedrich a priori beurteilt habe und deshalb von ihm hintergangen worden sei. Fürstenberg glaube auch, daß er die Jugend zur Tugend erziehen könne, alles in allem sei der Ex-Minister mehr groß nach der Welt als christlich. Bucholtz hat die Fürstin zuerst in „Sprickmanns Stube" gesehen. Bei dem Juristen, der Fürstenbergs politischer Mitarbeiter ist, und der auch Amalie in sein Leben einbezogen, sie heftig umworben hatte, sobald sie in Münster aufgetaucht war. Bucholtz gesteht, daß er zunächst nicht gut über ihre „politische Herrschsucht" gedacht habe. Jetzt aber möchte er in ihrem Garten ein Haus bauen, damit Amalie sich um die Bildung seiner Frau Marianne kümmern könne und seine Kinder dem Einfluß von Großmutter und Tanten entziehe, damit diese nicht so falsch aufwüchsen wie seine Frau Marianne. Amalie weiß den Hausbau in ihrem Garten zu verhindern. Aber sie räumt dem sensiblen, zwölf Jahre jüngeren Mann einen Platz in ihrem Herzen ein und gesteht: „Ich liebe Sie wie wenige." Er schreibt ihr in einem verkritzelten Brief, sie habe auf ihn die „wohltätige Wirkung, die der Teufel auf die Heiligen" [BuN, Nr. 168] ausübe. Eine ständige Versuchung?

Hemsterhuis akzeptiert Franz Kaspar Bucholtz und den Kanonikus J. E. Druffel bald als gute Freunde und grüßt sie in seinen Briefen an Amalie. Bucholtz breitet seine Seele vor Amalie aus, und wieder beginnt ein intensives Sich-Ausfühlen und Bewundern und Kritisieren und Analysieren. Marianne Bucholtz, geborene Detten, die junge Frau mit den schwierigen Schwangerschaften, ist natürlich mit eingeschlossen. Aber recht eigentlich ist auch diese Freundschaft ein Zwiegespräch zwischen Amalie und Bucholtz.

Beide sind im Februar in Mülheim, am Sterbebett des achtundzwanzigjährigen Thomas Wizenmann. Dieser hatte durch Jacobis Vermittlung eine Hauslehrerstelle im Rheinland bekommen, die ihm Zeit ließ für seine schriftstellerische Arbeit. Amalie hatte alle seine Schriften gelesen und mit ihm darüber korrespondiert. „Ob es wohl mehrere dergleichen Fürstinnen gibt?“, hatte Wizenmann seine Freunde gefragt. Vergeblich hatte sie ihn aber gebeten, seine Gesundheit zu schonen und ihr Gast in Hofgeismar zu sein. Wizenmann hatte sich in die Spinoza-Auseinandersetzung leidenschaftlich eingelebt. Seine „Resultate der Jacobischen und Mendelssohnschen Philosophie. Kritisch untersucht von einem Freiwilligen“ lagen nun vor, erregten Aufsehen. Jacobi fand, daß sein junger Freund eine bessere Spinoza-Interpretation geliefert hatte als er. Posthum wird er die „Resultate“ in die zweite Auflage seines Werkes aufnehmen. Nun aber war Wizenmann das geschehen, was ein Arzt Jahre zuvor Jacobi prophezeit hatte: Zuviel Beschäftigung mit dem Philosophen Spinoza würde ihn – Jacobi – krank machen.

Thomas Wizenmann war sterbenskrank. Amalie macht sich auf, ihn zu besuchen. Frühmorgens um sieben bricht sie in Münster mit ihren Kindern und Haas auf, und abends um acht sind sie in Dorsten. Nach nur vierstündiger Ruhepause fahren sie noch in der Nacht weiter und sind am nächsten Mittag um halb eins in Düsseldorf. In ihrer Chaise unterwegs hat Amalie mit den Kindern Psychologie-Lektionen durchgenommen. In Düsseldorf treffen sie Georg Arnold wieder, den Amalie jetzt wohlwollend betrachtet, und Jacobis jüngere Halbschwester Lotte. Mit ihr fahren sie dann nach Mülheim, wo sie abends um sieben ankommen. Welch eine Reise bei den schlechten Wegen!

Fritz Jacobi ist schon in Mülheim. Ihm ist es zu verdanken, daß der berühmte Dr. Wedekind sich des Kranken angenommen hat.

Jetzt sind sie alle in Trauer und Todesnähe bei dem jungen Wizenmann versammelt. Amalie sitzt auf seinem Bett, gibt ihm zu trinken, schneidet ihm die Haare, birgt eine Locke für sich, reicht ihm Medizin und liest ihm aus der Bibel vor. Wizenmann hat ihrer Einladung nach Hofgeismar nicht folgen können, und jetzt wartet er auf seinen Tod, der von allen Anwesenden gefühlt wird. Amalie läßt ihre Kinder ins Sterbezimmer kommen, damit der Sterbende sie segne. Lene Jacobi, die bis zu diesem Tag sich seiner Pflege gewidmet hat, fühlt sich durch die fürstliche Pflegerin, die jetzt Anordnungen gibt, an die Seite gedrängt. Auch Lotte ist leicht gekränkt. Nach zwei Tagen nehmen sie alle Abschied von dem Sterbenden in dem tröstlichen Gefühl, daß sie einander wiedersehen in der anderen, der jenseitigen Welt. Man fährt von Mülheim nach Düsseldorf zurück. Amalie bestimmt, daß Bucholtz, der inzwischen nachgekommen war, in dem geschlossenen Wagen mit Lotte fahren soll, damit er nicht der Zugluft in ihrer offenen Chaise ausgesetzt wäre. Auf diese Weise ist Amalie mit Fritz Jacobi in ihrer Chaise allein.

„Wir sprachen über Religion", vermerkt sie lapidar in ihrem Tagebuch. Wie könnte es auch anders sein! Sie läßt sich von dem längst gesetzten Ziel nicht ablenken, und das ist, Jacobi der katholischen Kirche oder wenigstens einer christlichen Gemeinschaft zuzuführen. Sie will nicht nur überzeugen, sie will beglücken. Alle sollen wie sie zur inneren Harmonie kommen. Sie empfiehlt Jacobi ihre Methode: „Versuchet es, so werdet Ihr finden, daß meine Lehre göttlich ist." An diesem Spruch hat sie sich emporgerankt, diesen Spruch soll jetzt auch Jacobi beherzigen. Er erwidert höflich, er fände es ebenso schwer zu glauben, wie nicht zu glauben. Jacobi sagt auch noch, er könne nicht für andere beten, er könne nur zu einem Gott beten, der sich ihm offenbare. Amalie gibt sich zunächst zufrieden, wartet dem Abend entgegen.

Unterdessen haben Mitri und Mimi mit dem Hofmeister Haas in acht Stunden den fünfstündigen Kutschenweg zu Fuß gemacht. Zum Essen werden sie ins Gasthaus geschickt, denn bei Jacobis wird erst um halb neun angerichtet. Da die Kinder sich entfernt hatten, konnte Amalie „nun recht herzlich und frei aller Empfindlichkeit" ihren Jacobi umarmen [GT, S. 97]. An diesem Abend ist das religiöse Thema, das Amalie ja so eng mit ihren ganz persönlichen Empfindungen für Jacobi verbindet, nicht zur Sprache gekommen. Aber sie gibt nicht auf. Am nächsten Morgen wartet sie ab, bis Jacobi sich hat rasieren und frisieren lassen und sein Schreiben und Diktieren beendet hat. Dann fragt sie ihn etwas, worüber sie schon auf der ganzen Kutschfahrt nachgedacht hat. Sie überfällt ihn mit der Frage, warum sich seine Liebe zu ihr in den letzten zwei Jahren so verändert habe. Jacobi sagt, es sei ihr „Spüren, Messen und Abwägen", was ihn so verletze. Amalie verspricht Besserung. Sie wolle von jetzt an nur noch danach streben, immer besser zu lieben, statt Gegebenes gegen Empfangenes aufzurechnen. Jacobi erleichtert: „Oh, wenn Sie das können, so werden Sie ein vortreffliches Wesen sein, und ich spreche Sie heilig." Einige Tage später schreibt er nach Münster: „Die Bibel weiß von keiner äußerlich sichtbaren Kirche, sondern nur von einer unsichtbaren und von einer Gemeinschaft der Heiligen. Behalten Sie mich lieb! Von ganzem Herzen, Ihr Fritz" [KvM, Nr. 386].

Jacobi ist verunsichert durch die Anwesenheit von Bucholtz, findet, daß Amalie zuviel Aufhebens von ihm macht. In Münster ist auch Fürstenberg besorgt. Die Unterhaltungen mit Bucholtz kommen ihm immer wieder in den Sinn. Er will ja nicht richten und urteilen, aber er läßt Amalie wissen, wie bedrückt er ist. Sie kündigt ihm ihren Besuch an, aber macht ihm zur Bedingung, daß sie nur kommt, wenn sie auch wieder gehen kann, wann sie will. Sie wolle nicht tun, was keinem, weder ihm noch ihr, Nutzen bringe. Sie meint wohl: Freude mache. Sie ist zu sehr mit ihren Gedanken bei Bucholtz und will Fürstenberg nicht besuchen, wenn ihre Gedanken bei jemand ganz anderem sind. Wie um Entschuldigung bittend, fügt sie hinzu: „Des Menschen Kraft ist endlich, und meine noch sehr klein." Aber immerhin fügt sie noch hinzu: „Ich danke Dir, daß Du mich so lange trugest. Du hast mir ein Beispiel der Geduld gegeben. Gott stärke uns und alles, was er uns gegeben hat“ [KvM, Nr. 391].

Zu dieser Zeit muß Fürstenberg sich wieder um seinen kranken Bruder kümmern, Clemens Lothar, den Stammherrn auf Herdringen: Die Brüder machen sich Sorge um ihn, können aber einer Entmündigung vorbeugen, da Clemens Lothar sich nach einiger Zeit sehr bessert.

Campagne Tun

Plötzlich steht diese Devise im Raum. „Mitri soll Campagne tun!“ Mitri soll auf eine militärische Laufbahn vorbereitet werden. Hat es einen Brief aus Sankt Petersburg gegeben? Einen Gestellungsbefehl? Haben die Brüder des Fürsten Gallitzin aus dem berühmten Leibregiment Ismailowski angefragt, ob Mitri, durch Geburt Kadett der Zarin, nun bereit sei, nach Rußland zu kommen? Ein solcher Brief hat sich nicht erhalten. Möglicherweise ist es wiederum Amalie, die ihrem Mann in Den Haag den Vorschlag gemacht hat. Fürst Dimitri, seinem Vaterlande sehr verbunden, wenn ihn auch die plötzliche Entlassung 1782 aus dem Diplomatendienst sehr schmerzt, eilt mit diesem Brief zu Hemsterhuis. „Voilà, Monsieur, une lettre dont le contenu m'a fait plaisir.“ Daß Mitri eine Art von Campagne machen soll, findet er eine exzellente Idee. Es werde hoffentlich keine zu ernste Sache, aber daß Mitri ein paar Schüsse und etwas Kanonendonner höre, das möge zwar etwas egoistisch gedacht sein, aber ohne so etwas gehe es nun einmal nicht in dieser Welt. Hemsterhuis schreibt dann an Amalie, der Vater sei stolz wie ein König. Der Gedanke, seinen Sohn in einer Armee zu wissen, schmeichele ihm in Anbetracht der Familientradition. Hemsterhuis kann verstehen, daß Amalie ihren Sohn bei dieser ersten Campagne begleiten will, er bedauert jedoch, daß er sich nicht anschließen kann, weil sein Alter, seine Kränklichkeiten und auch seine Philosophie ihm das nicht gestatten. Er bittet sie, dem „cher Mitri“ zu gratulieren, und ihm zu sagen, daß er, Hemsterhuis, sich jetzt schon darauf freue, Mitri im Schmuck seiner ersten Lorbeeren wiederzusehen. Er gibt auch Mitri den Rat, sich vor dem Einschlafen, sei es vor seinem Abendgebet, oder danach, immer klar zu machen, wo und in welchem Ort sich seine Einheit befindet. Das dauere nur ein paar Sekunden. Aber auf diese Weise könne kein nächtlicher Alarm ihn schrecken, wie tief auch immer seine Träume sein möchten. Und dann will er seinem „cher Mitri“ noch etwas empfehlen: Wann immer er den exzellenten General Schlieffen in der Hitze des Kampfes treffen sollte, möge er ihn auf das Beste schonen und beschützen. Und dann solle Mitri auch bedenken, daß die ersten Erfolge eines Militärs über seine zukünftige Laufbahn entscheiden. Schon jetzt wünsche er dem „cher Mitri“ alle Lorbeeren, die er verdiene. Amalie antwortet: „Mitri habe ich Ihre schönen Militär-Lektionen vorgelesen, er wünscht Vorteil daraus zu ziehen; ich glaube jedoch nicht, daß es so rasch wie ich wünsche, geschieht“ [Schl. II, S. 137].

Amalie unterbreitet Fürstenberg, der in Paderborn weilt, den Plan. Fürstenberg ist strikt dagegen. Mitri sei noch so jung, habe zu wenig Festigkeit und zu wenig Selbstvertrauen, um ihn so in die Welt zu senden. Auch würde man schwerlich einen „Mann von Christentum und Tugend finden, dem man Mitri anvertrauen“ könne. Und dann meint er: „Und auch Du, Amalie, kannst ihn da nicht beständig unter den Augen haben. Wenn Du auch mitgingest, wenn Du auch mit ins Feuer gingest, welches ich auf keine Weise raten möchte“ [KvM, Nr. 401]. Ein merkwürdiger Satz, eine merkwürdige Vorstellung: Amalie in einer Schlacht? Fürstenberg schlägt vor, da Mitri Verschiedenes gegen sich habe, müsse man ihm wenigstens andere Avantagen geben, und vor allen Dingen ein gutes, kleines Pferd verschaffen, zu Fuß würde es gar nicht gehen. Ein kleines polnisches Pferd müßte für ihn gekauft werden, aber mit Verstand, da die meisten polnischen Pferde Krüppel seien. Amalie schreibt unterdessen an ihren Bruder in preußischen Diensten, Carl von Schmettau, ob es für Mitri einen Seelsorger oder Hofmeister geben könne. Im preußischen Heere, so beschied Carl von Schmettau kurz, gebe es so etwas nicht. Daraufhin schreibt Amalie an ihren Vetter Merveldt, der in kaiserlichen Diensten steht. Auch von Merveldt kommt ein Nein. Zu dieser Zeit haben die Armeen noch keinen nationalen Stellenwert. Ob man sich preußisch, österreichisch, hessisch oder französisch einschult, für die Offiziere besteht da kaum ein Unterschied. Fürstenberg möchte die Sache überhaupt auf die lange Bank schieben, denn wenn auch Zarin Katharina gerade wieder einen Krieg gegen die Türken begonnen habe, so könne der doch lange dauern, weil man nicht wisse, wie Preußen sich einstellen würde. Amalie darauf ganz lakonisch, sie habe an den Krieg im Bückeburgischen gedacht und nicht an den russischen. Und sie sei auch nicht gewillt, Mitri so weit weg zu schicken. (Der Landgraf von Hessen war gerade in Schaumburg-Lippe eingefallen.) Damit ist die Sache zunächst abgetan. Und bis zum Ende des Jahres hört man nichts mehr über das Bemühen, Mitri eine militärische Ausbildung zukommen zu lassen.

Im Spätsommer findet im mächtigsten der geistlichen Kurfürstentümer, in Mainz, eine Coadjutor-Wahl statt. Karl Theodor von Dalberg ist der Sieger. Fürstenberg weiß, daß dieser auf politischem und vor allem militärischem Gebiet Reformen im Sinne hat. Amalie und Fürstenberg haben Dalberg auf ihrer Weimar-Reise kennengelernt. In Amalie verehrt dieser die „erhabene Freundin, deren Seele alle Fesseln der Vorurteile zerbrochen hat, deren Herz sich so ganz den heiligen Pflichten der Freundschaft und mütterlichen Liebe widmet" (Brief vom 18.7.87) [KvM, Nr. 421]. Man steht also im gegenseitigen Bewunderungsverhältnis, und die Reise zu diesem wichtigen Mann wird beschlossen.

Fürstenberg will Amalie mit ihren Kindern und Haas am 21. September in Frankfurt treffen. Falls es ihr an Geld gebreche, so möge sie sich von seinem im September fällig werdenden Quartalsgehalt ohne Bedenken so viel aushändigen lassen, wie sie wolle. Er habe noch genug Geld bei sich, um auf der Reise einige geringe Einkäufe zu machen. Am 15. September fährt Amalie mit Mitri, Mimi und Haas nach Pempelfort. Husten und Gicht plagen sie fürchterlich, so daß sie länger als vorgesehen bei Jacobi bleiben muß und das Bett hütet. Zu dieser Zeit ist auch schon Hamann dort, mit dem sie ja bereits in Münster Besuche ausgetauscht hat.

Am 19. September dann beginnt die eigentliche Reise. Sie fahren durch das Siebengebirge und freuen sich der schönen Landschaft. Am 21. September sind sie in Frankfurt. Die bestellten Hotelzimmer sind nach Amaliens Ansicht „schlimme Löcher", und sie nimmt Opium. Dann kommt Fürstenberg. Sie beschließen, in Frankfurt inkognito zu bleiben, um unliebsamen Bekanntschaften aus dem Wege zu gehen und um sich ganz den eigenen Studien widmen zu können. Sie besuchen die Messe, die keinen Eindruck auf sie macht. Sie lassen sich im Römer die Goldene Bulle zeigen, das Reichsgrundgesetz, das Karl IV. im Jahre 1354 niedergelegt hat, auf dem das Heilige Römische Reich Deutscher Nation begründet ist. (Dieses Reichsgesetz und das Reich – sie werden von diesem Zeitpunkt, 1787, aus nur noch zwanzig Jahre Bestand haben.) In Frankfurt empfängt Amalie auch Briefe von Hemsterhuis, die er an ihren Bankier geschickt hat. Briefe, ohne die sie ja nicht leben kann. Sie bewundert ihn dafür, daß er zweimal jede Woche so inhaltsreiche Briefe an sie schreiben kann. Durch diese Briefe erfährt sie von den besorgniserregenden Unruhen der revolutionären „Patrioten" in Holland und dem Einmarsch der Preußen, die Utrecht einnehmen.

In Frankfurt wohnt Goethes Mutter. Aber Amalie, die noch am 27. August dieses Jahres wieder einmal Lust hatte, an Goethe zu schreiben, verschafft sich nicht den Zutritt zu dieser temperamentvollen und geselligen Frau. Man fährt weiter nach Offenbach. Dort verbringt Amalie einen ganzen Tag mit der berühmtesten Bestseller-Autorin jener Zeit: mit Sophie von La Roche. Ihr Briefroman nach englischer Manier „Geschichte des Fräuleins von Sternheim" hatte seit 1771 bereits acht Auflagen erlebt und war ins Französische, Englische, Russische und Holländische übersetzt worden. Roman wie Autorin wurden zum Inbegriff der „Schönen Seele" – ein Ideal dieses Jahrhunderts. Berühmt war sie in den siebziger Jahren nicht nur als Autorin gewesen. Ihr eleganter Salon in Ehrenbreitstein hatte die aufstrebenden und brillanten Dichter und Literaten der Zeit angelockt. Hierher kamen die Jacobis, die Grafen Stolberg aus Holstein und die Professoren aus Göttingen. Goethe weilte so gerne hier in den siebziger Jahren und nannte die berühmte Sophie von La Roche „Mama" in seinen Briefen und flirtete lange mit ihrer ältesten Tochter, der schönen Maximiliane, ehe diese den reichen und viel älteren Kaufmann Brentano heiratete und damit Sophie La Roche zur Großmutter der aufregenden literarischen Enkel Bettina und Clemens von Brentano machte.

Aber Sophie von La Roche, 1787 in Offenbach, das ist eine von Sorgen geplagte Frau und Mutter. Ihr Mann, Geheimer Rat und Kanzler beim Kurfürsten von Trier, hatte im gleichen Jahr wie Fürstenberg in Münster und Jacobi in München sein hohes Amt verloren, weil er im Verdacht stand, politisch unliebsame Gedanken über Papst und Mönchtum geäußert zu haben. Lag es da nicht nahe, das zu erzählen, was Amalie ziemlich kaltherzig „den Roman ihres Lebens" nannte? Für Sophie von La Roche war es nun nötiger denn je, mit ihrer Feder den Lebensunterhalt zu verdienen, für den kränkelnden Mann und die Ausbildung ihrer Kinder (von acht Kindern hatten nur zwei Töchter und drei Söhne überlebt). Sie verfaßte Reisebeschreibungen und hatte eine Frauen-Zeitschrift „Pomona" herausgegeben. (Pomona, die Göttin des Herbstes, mit Anspielung auf ihr eigenes Alter!) Selbst Katharina die Große abonnierte damals über fünfhundert Exemplare.

Aus der Begegnung der beiden Frauen entwickelte sich kein Briefwechsel, wie es doch immer dann geschah, wenn Amalie Männer von Geist kennenlernte. Sophie und Amalie hätten viele Anliegen gemeinsam gehabt, zum Beispiel die Bildung und Ausbildung für Frauen. Doch beide waren so selbständig, daß sie sich nebeneinander wohl nicht dulden konnten. Sophie von La Roche war darüber hinaus ganz dem Englischen verpflichtet, Amalie dem Französischen. Sophie wurde gedruckt, für Amalie als Aristokratin war Gedrucktwerden verpönt, wenn nicht verboten. Sophie von La Roche sprach von der französischen Schriftstellerin Genlis, die damals schon eine Sammlung von pädagogischen Komödien für Kinder veröffentlicht hatte. Sophie von La Roche erzählte ihr von dem Arzt Mesmer und dem Magnetisieren, was gerade anfing, Mode zu werden. Hier hörte sie den Namen von Saint-Martin, jenem französischen Theosophen, den Bucholtz auf seiner Hochzeitsreise 1785, also zwei Jahre zuvor, besucht hatte. Trotz ihrer Zuneigung zu Bucholtz nennt Amalie die Anhänger dieses Theosophen jetzt eine larmoyante Sekte. Bei Sophie von La Roche lernt Amalie auch Elise von Bethmann kennen, die Frankfurter Bankiersgattin, und Frau von Coudenhove, Hofmeisterin des Trierer Fürstbischofs. Prinz Georg von Hessen-Darmstadt will sie sehen. Viele Einladungen warten auf Amalie. Und sie schreibt an Hemsterhuis am 6.10.1787: „Die Großen dieser Erde, deren ich gegen meinen Wunsch genoß, kamen mich anzusehen wie ein seltsames Tier, wie ich es immer für Leute dieser Art war" [Schl. II, S. 160]. Wo Amalie ist, entsteht Salon.

Amalie freut sich am meisten auf Karl Theodor von Dalberg, denn schließlich und endlich erhofft sie von ihm eine Hilfe für ihren so schmerzlich mißverstandenen Sohn Mitri. Dalberg, Grandseigneur, ist in bester Siegerlaune, denn es ist ihm gelungen, das Kurfürstentum Mainz in den deutschen Fürstenbund einzubringen. Dieser Bund war von Preußen gegründet worden, um dem Kaiser Joseph II. wirksam Widerstand leisten zu können. Denn man wußte ja, daß er mit Macht an die Schelde drängte und daß er die Habsburgischen Niederlande gegen Bayern tauschen wollte. Dalberg redet ausführlich über seinen diplomatischen Schachzug. Amalie ist enttäuscht, daß Dalberg so geschwätzig ist. Sie läßt ihn das auch wissen, und er gelobt Besserung. Dalberg spricht viel mehr über seine eigenen politischen Erfolge als über das Thema, das Amalie und auch Fürstenberg am Herzen liegt, nämlich die Ausbildung von Mitri. Natürlich habe er vor, sagt Dalberg, eine kleine Leibgarde oder auch ein Heer zu gründen, so wie es Fürstenberg in Münster vorgemacht habe. Aber, was Mitri angehe, so solle der zunächst einmal fleißig studieren: Finanzwissenschaften und Rüstungswesen, Mathematik und Kirchengeschichte, Wehrwissenschaft und Festungszeichen. Dann würde er, Dalberg, ihn eines Tages in seinen Schutz nehmen und Mitri zu seinem Reisebegleiter machen.

Das ist nicht sehr greifbar, aber man hat immerhin mit einem berühmten, einflußreichen Mann gesprochen und hofft auf das Beste. Bei Dalberg trifft man selbstverständlich auch den beliebten Arzt Dr. Hoffmann. Eben jenen Dr. Hoffmann, der für Fürstenberg in den sechziger Jahren die Medizinalverordnung für das Hochstift Münster ausgearbeitet hat, die inzwischen von manchen Staaten übernommen wurde. Er hatte Münster verlassen, weil der Mainzer Hof besser zahlen konnte. Man hatte ihn ungern aber mit Verständnis gehen lassen. Er unterhält sich mit Amalie ausführlich. Sie klagt ihm ihre vielen, vielen Leiden, und er empfiehlt ihr, nicht bis zur völligen Sättigung des Hungers zu essen, wichtiger als die Nahrungsaufnahme sei die Ausscheidung. Sie streiten auch über die nicht vorhandene Gleichheit der Menschen. Ein Prinzip, an dem Amalie immer noch festhalten will.

Die Reisegesellschaft besucht dann die Sternwarte in Mannheim. Das große Teleskop, durch das Amalie geschaut hat, wird noch heute dort im Turm aufbewahrt. In Mannheim hat Amalie wieder ein spontanes Erlebnis. Der Hofrat Lamezan zeigt ihnen die Galerie. Das nimmt ihr die Kopfschmerzen und die Hypochondrie. Am liebsten wäre sie länger geblieben. Die Tage und Stunden in Mannheim sind die schönsten dieser Reise, findet Amalie. Unter heftigen Küssen und Umarmungen verabschiedet sie sich von Lamezan, der auch ein Freund von Bucholtz ist. Sie schenkt ihm ein Federmesserchen, das sie seit Jahren bei sich trägt, zum Abschied.

Über Schwetzingen und Heidelberg geht es nach Mainz, wo die Festungsanlagen eingehend besichtigt werden. Das geschieht zwar um Mitris willen, aber auch Amalie und Fürstenberg interessieren sich für diese Festungen. (Sie können nicht ahnen, daß in weniger als fünf Jahren diese Festungen von dem Volksheer der Französischen Revolution überrannt werden.)

In Mainz nimmt Amalie mit ihrer Begleitung das Schiff, und sie sind am 13. Oktober in Pempelfort bei Jacobi.

Von dieser Reise bringt Amalie die Schriften und Gegenschriften der Illuminaten mit. Die Illuminaten, eine Gründung des Ingolstädter Professors Adam Weishaupt, sind zwar schon verboten, aber doch beschäftigt diese freimaurerähnliche Stiftung die Gemüter seit Baron Knigges erfolgreichem Werbefeldzug durch Deutschland. Amalie und Hemsterhuis werden darüber ausführlich korrespondieren und alle Freunde vor diesem Orden der Anti-Jesuiten warnen. Scharfsinnig hat Amalie erkannt, daß die Illumination sich der Regeln des 1773 aufgehobenen Ordens bedienen.

Die Reise hat fast einen Monat gedauert. Amalie ist nicht zufrieden mit dem Ergebnis. Sie schließt eine Art Strafbündnis mit Mitri: Wenn er im Unterricht versagt, soll er bestraft werden. Mitri ist einverstanden. Geschieht das, damit er um so schneller die Lernziele erreicht, die Dalberg vorgegeben hat? In einer Woche wird es dann einmal so schlimm mit dem Prügeln, daß Amalie sich sogar fürchtet, nach Hause zu gehen, länger im Hause Bucholtz verweilt, weil sie sich schämt, ihrem Sohn vor die Augen zu kommen. Auch mit Mimi ist sie nicht sehr zufrieden auf dieser Reise gewesen. Amalie findet, daß Mimi sich ohne Gott beholfen hat. Und das soll heißen, daß Mimi auf dieser Reise nicht die biblischen Sinnsprüche bedacht und mit der Mutter ausgetauscht hat, die sie sich vorgenommen hatten.

Und Haas ist unzufrieden, weil er nicht den Fürsten und nicht Dalberg vorgestellt wurde. Denn schließlich denkt auch Haas an seine Zukunft und möchte sich verbessern.

Die nächste große Etappe ihres Lebens heißt: Johann Georg Hamann.

Johann Georg Hamann: „Gott versteht mich“

„Gelobt sei der Herr! – Der Strick ist zerrissen und unsere Seele ist entrunnen, wie ein Vogel, und wir sind los. Unsere Hilfe steht im Namen des Herrn, der Himmel und Erde gemacht hat. Mein auserwählter, mein gewünschter Sohn, Ihr alter unwürdiger Vater erhält vor einer halben Stunde Resolution auf Seiner Königlichen Majestät allergnädigsten Spezialbefehl ... Urlaub zur Reise, Abschied nebst einer verhältnismäßigen Pension, und freye Vollmacht zu der gewünschten Reise und zu Ruhe zu gelangen“ [Henkel, Bd. 7, S. 189]. So schreibt der „Magus im Norden“, der Packhof-Verwalter aus Königsberg, Johann Georg Hamann, am 20.6.1787 an Franz Kaspar Bucholtz in Münster.

Fünfundzwanzig Reisetage später hält seine Kutsche am Alten Fischmarkt in Münster, und Franz Kaspar Bucholtz, Hamanns „auserwählter und gewünschter Sohn“ schließt seinen nie gesehenen „Vater“ in die Arme. Marianne Bucholtz ist im achten Monat, und die Diener eilen, ihre etwas unbeholfenen Anweisungen zu befolgen. Für den Freundeskreis in Münster ist es ein Ereignis, dem sie alle entgegengefiebert haben. Amalie kommt schon in den ersten drei Tagen mit ihren Kindern, und Hamann wundert sich, warum eine solch „erhabene Minerva sich um den allerchristlichsten Eulenspiegel“ kümmern will. Er hat gehört, daß sie ein weiblicher Goethe sei. Der Arzt Dr. Lindner, der Hamann seit dessen Ruhepause in Berlin betreut, verordnet Bettruhe und Haferschleimdiät. Amalie von Gallitzin kommt aus Angelmodde und bringt Capwein. Natürlich heißt sie Hamann mit seinem Sohn Johann Michael willkommen in der Grünen Gasse. Hamann hat es so beschrieben: „Die Fürstin führte uns in ihr schön angelegtes Hotel und den dazugehörigen Garten, der mir ebenso gefiel als mich ihre Bibliothek in Erstaunen und Entzücken versetzte. Wie sehr würden Sie, liebste Freundin und Gevatterin (Gevatterin ist Anna Elisabeth Kaufmann, Arztfrau in Winterthur), von dieser einzigen Frau ihres Geschlechts eingenommen sein, die an Leidenschaft für Größe und Güte des Herzens siech ist. Da ist ein Vorrat in allen Sprachen und Wissenschaften ..." Hamann hat im Garten der Fürstin die ersten Kirschen des Sommers genossen und die Erlaubnis erhalten, ihre Bibliothek auch in ihrer Abwesenheit zu benutzen. Er darf sich jederzeit Kaffee, Schokolade oder ein Glas Wein dazu kommen lassen. Und das ist dem Genießer, dem leichtfertigen aber begeisterten Esser besonders angenehm. Amalie schenkt Hamann alle Hemsterhuis-Schriften, die sie doppelt hat, und seinem Sohn Johann Michael einen Euklid in englischer Übersetzung.

Amalie hat sich auf diesen Besuch vorbereitet. Fleißige Schülerin und ehrgeizige Gastgeberin, die sie ist. Schon zwei Jahre zuvor hat sie sich alle Hamann-Schriften durch die Gräfin Keyserling in Königsberg besorgen lassen, hat in den „Sokratischen Denkwürdigkeiten" manches tiefe Wort gefunden, und wohl auch die „Höllenfahrt zur Selbsterkenntnis" gelesen. Aber nun, da der Mann in der braunen Kutte (Hamann hat nur ein Gewand) bei ihr ist, muß sie an Hemsterhuis schreiben, daß sie nicht sagen kann, „welche Bewandtnis es mit diesem Hamann eigentlich hat. Obschon ich ihn zweimal gesehen habe. Alles was ich von ihm weiß, ist, daß er ein großer Grieche, Hebräer, Lateiner, Orientale, ist u.s.w. – u.s.w., der manche Schriften verfaßt hat, die, mit Ausnahme einiger Stellen, für mich sehr dunkel sind" [Schl. II, S. 144]. Auch Hamann wird nicht recht klug aus Amalie. Er schreibt an seinen Berliner Freund Reichardt: „Eines Hemsterhuis Diotima ist eine so merkwürdige und einzige Erscheinung ihrer Art, daß ich armer Invalide viel Zeit nötig haben werde, den Schatz ihres Geistes und Herzens als ihrer in allen Sprachen, Wissenschaften, Künsten reiche und prächtige Sammlung zu übersehen und anzuwenden" [KvM, Nr. 424].

Amalie ist also wieder einmal mitten in der selbstgewählten Aufgabe, einen Freund zu gewinnen und damit auch in eine neue Geistes-Welt einzutauchen. Sie liest jetzt Kant, obwohl Fürstenberg sagt, das sei „Wortgeklingel, das vergeht". Sie bricht ihren Waffenstillstand mit der Philosophie, den sie nach dem Empfang der Sakramente geschlossen hatte, muß aber im Übermaß ihrer Studien Hemsterhuis zur Hilfe rufen (am 2. August): „Kant, Herder, Jacobi und durch ihre diabolische Magie Spinoza, Descartes und Leibniz usw. (die anderen ist nicht der Mühe wert zu nennen) machen in meinem Kopf ein Getöse, welches mich hindert, mich selbst zu verstehen. O Sancte Socrates, ora pro nobis" [Schl. II, S. 148]. Und dem vitalen Hamann nacheifernd, der so sehr seinen Sinnenerlebnissen zugetan ist, dem Essen und Verdauen, fügt sie in dessen Stil noch an: „Seit mehr als 14 Tagen habe ich eine anhaltende Diarrhöe. Jupiter verleihe, daß auch alle philosophischen Exkremente mit ihr sich verlieren!" [Schl. II, S. 148] Ja, Hamann, das Genie der Sprache, der Erforscher des Urbaren, der die Wurzeln von Geschlecht und Sprache und Geschichte in mystischen Tiefen sucht und sie mit biblischen oder handfesten Worten der Umgangssprache ausdrückt, hat schon auf Amalie abgefärbt. Sie bittet Sprickmann, ihr ein „besonders gutes Buch von Sprache" zu besorgen, denn sie wolle und müsse absolut sprechen und schreiben lernen. Das sei ein unentbehrlich nötiger Teil der Philosophie und Logik. Es ist erstaunlich, wie schnell sich diese Frau, die die ersten fünfundzwanzig Jahre ihres Lebens nur französisch gesprochen und geschrieben hat, sofort in Hamanns Sprache einfühlt.

Hamann, der Freund von Immanuel Kant, wenn auch sein geistiger Widerpart, der Lehrer von Herder, der von Goethe Bewunderte, war ja eigentlich nur auf der Durchreise in Münster. Sein Ziel war Weimar. Geschwächt von den Reisestrapazen, überwältigt von Gastfreundschaft, meint jedoch Hamann schon in den ersten Tagen: „Münster, nicht Weimar, soll der Herd sein, bei dem ich mich erwärmen werde." Bucholtz läßt ihn vierspännig über die Wallanlagen fahren, und Hamann empfindet „die gotischen Bogen am Prinzipalmarkt wie Säulen eines Tempels, der von innen erleuchtet ist".

Voller Ungeduld und mit kaum verhohlener Eifersucht wartet Friedrich Heinrich Jacobi in Düsseldorf auf Hamann. Er hat ihn schon seit drei Jahren mit Einladungen überschüttet, und vor allem hat er gehofft, daß auch er in ein Sohn-Vater-Verhältnis mit dem so unergründlichen Mann in Königsberg treten könne. Jacobi fühlte sich von seinem Vater zurückgesetzt und glaubte, gerade auch nach dem bitteren Verlust von Lieblingssohn und Frau im Jahre 1784, sich auf diese Weise für alle Kränkungen seines Lebens entschädigen zu können. Aber Hamann hatte ja den Sohnes-Titel schon an Franz Kaspar Bucholtz vergeben.

Wenn er auch nicht eingeladen wurde, so eilte Jacobi doch nach Münster, beschenkte Hamann mit zwei kostbaren Tabatieren, einer Schreibtafel und einem Buch. Nach einer Woche konnte er mit dem Versprechen zurückfahren, daß Hamann nach Pempelfort kommen werde. Dabei hatte Hamann ihn in zahlreichen Briefen schon davor gewarnt, daß er ein Plagegeist, ein schlechter Gast, sei und eigentlich lieber ein Gastgeber sein möchte. Aber Jacobi wollte das nicht verstehen. Hamann, der in Königsberg mit seinen vier Kindern ein Haus mit nur drei Zimmern bewohnte, und im Winter wegen mangelnder Heizung nur zwei, ist überwältigt von dem „Elysium" Pempelfort. (Hamann hatte drei Häuser von seinem Vater ererbt. Aber nachlässig, wie er war, hatte er zwei Häuser verwirtschaftet, und das dritte verkauft, ehe er Königsberg verließ.)

Der selbstverständliche unaufdringliche Reichtum irritiert ihn. Ein Flügel des Hauses allein ist mit vier Appartements und dazu gehörenden Dienerzimmern für Gäste reserviert. Ihn irritiert die umsichtige Aufmerksamkeit von Lotte und Lene. Letztere vor allem hält auf peinliche Ordnung, am strengsten aber in der umfangreichen Bibliothek, denn sie ist ja eine Mitarbeiterin ihres vergötterten Bruders. Hamann werden alle Wünsche von den Augen abgelesen. Dabei fand Hamann allein schon Blicke, die auf ihn gerichtet waren, als eine Beunruhigung. Er trug nur ein einziges Gewand, eine braune Kutte, und sehr oft ein Kopftuch, weil er in der Kindheit durch einen ansteckenden, und wie er selber schreibt, stinkenden Ausschlag alle seine Haare verloren hatte. Hamann bewundert Jacobis herrlichen Garten mit dem Ulmen-Dom, den exotischen Bäumen. Orangen und sogar Zitronen werden hier reif. Mittags füttert der Hausherr die Karpfen im selbst angelegten Teich. Für den „Magus im Norden", der die Philosophie der Armut kultiviert, ist jeder Tag eine Anstrengung. Wenn er auch an seine Tochter in Königsberg schreibt: „Die Liebe und Ehre, so Dein alter, kranker Vater in diesem ganzen Hause genießt, vom Größten bis zum Kleinsten, ist unbeschreiblich. Und ich habe Arbeit nötig gehabt, sie zu erdulden und zu erklären. Alles, was mir an den Augen anzusehen ist, dafür wird gesorgt mit ebensoviel Geschmack wie Gutmütigkeit." Ja, er war ein schwieriger Gast, um nicht zu sagen, Flegel. Die Höflichkeit der Gastgeber „scheuerte ihn wund", insbesondere die Ordnungsliebe der „beiden Amazonen, Lotte und Lene", was Hamann jedoch keineswegs davon abhielt, sich von Jacobi alle Arztbesuche und Kuren bezahlen zu lassen: Die Kalkwasser-Kur, die Kur mit Pyrmonter Wasser (31 Bouteillen, so rühmte er sich, hatte er davon genossen) und zuletzt noch die Schwefelkur.

Gegenstand ihrer Gespräche ist oft Jacobis Spinoza-Buch. Sie streiten über Aufklärer und Illuminaten, Protestantismus und Katholizismus, Atheismus und Pantheismus. Hamann ist ein gereizter Gast. Einig ist man sich nur über die Fürstin in Münster. Und das tut Jacobi so „unaussprechlich wohl". Hamann ist damit beschäftigt, sein letztes – wie er sagt – Werk fertigzustellen. Das ist „Der fliegende Brief an Niemand, den Kundbaren". Dieser „fliegende Brief" sollte ein tödlicher Fluch gegen die Modephilosophie der Aufklärung und insbesondere gegen die Aufklärer in Berlin sein.

Drei Monate bleibt Hamann in Pempelfort, in diesem großbürgerlichen Hause, das er „Zauberschloß" nennt. Er macht noch den alljährlichen Umzug in Jacobis Düsseldorfer Stadthaus mit, dann zieht er ohne Gruß und Dank und ohne Trinkgelder für die Diener von dannen. Polnischen Abschied nennt er es.

Der Hausherr Jacobi ist tief verletzt. Er fühlt sich von diesem taktlosen Gast, den er so gern zu seinem „Vater" erwählt hätte, ebenso zurückgestoßen wie von seinem eigenen Vater, der ihm den älteren, den dichtenden Bruder Johann Georg vorgezogen hatte. Jacobi schickt Hamann vorwurfsvolle Briefe nach. Und auch den Schlafpelz, den Hamann sich zu seinem 57. Geburtstag von den Geschwistern Jacobi gewünscht hatte, und die Stiefel und auch noch ein Paar Schuhe, die in der hintersten Ecke unter Hamanns Bett gefunden wurden. Jacobi läßt Hamann auch wissen, daß Lene und Lotte nicht ohne Ansprüche sind an den, der sich so oft und so schön mit einem: ‚Gott versteht mich' zu beruhigen wußte. Hamann entschuldigt sich in keiner Weise, weist vielmehr alle Schuld den „beiden Amazonen" zu, die sich ja doch eine Freude daraus gemacht hätten, ihn zu bedienen. Lene aber schreibt an Reichardt in Berlin: „Ich hätte manchmal Lust, Hamann für das traurige Beispiel zu prügeln, welches er uns gibt, daß der Mensch so sein muß, wie er ist" [nach Christ/Knoll-Katalog, S. 264]. Dieses resolute Wort ist wie ein frischer Lufthauch unter all den Huldigungen. Als Hamann das Haus Jacobi verließ, hatte er nur drei Birnen und etwas Malaga bei sich. In der Postkutsche traf er einen Fremden, einen Engländer, der ihn um eine Empfehlung an die Fürstin Gallitzin bat.

In Münster ist Hamann dann wieder zu Gast bei seinem „auserwählten und erwünschten Sohn", bei Franz Kaspar Bucholtz und seiner Frau Marianne, die inzwischen eine kleine Gertrud geboren hat. Nach Königsberg schreibt er: „Ich lebe hier im Schoße der Freunde von gleichem Schlage, von gleichem Gelichter, und die sich wie Hälften zu meinen Idealen der Seele passen, und bin meines Fundes so froh wie jener Hirte und das Weib im Evangelium" [Henkel, Bd. 7, S. 405 f.]. Hamann bleibt den ganzen November in Münster und ist natürlich auch Gast in Angelmodde. Dort ist die Erwartung groß, und wie es nicht anders sein kann: Es gibt Streit zwischen Mutter und Tochter. Amalie besteht darauf, daß Mimi nicht am Diner teilnehmen soll. Hat sie Angst vor der Konkurrenz einer schönen achtzehnjährigen Tochter? Sie sehe verweint aus und würde doch als Tochter ihrer Mutter besonders aufmerksam von Gästen betrachtet. Sie solle baden und sich dann in Mitris Zimmer aufhalten, das abgeschlossen werde. Haas macht schüchterne Einwendungen, Mitri ist stumm und traurig. Schließlich will die Mutter dann doch der Tochter die Teilnahme am Essen erlauben. Nach dem Streit steht im Tagebuch: „Ich erwartete nun ruhiger meine Gäste. Allein, es kam nur Fürstenberg" [GT, S. 263]. Man speist also ohne Hamann, und Mimi und Mitri werden mehrmals von der übelgelaunten Mutter getadelt. Der Tag ist nach dieser kalten Dusche nicht gut zu Ende gegangen. Das Tagebuch klagt über Fürstenberg, der „ein so alle Innigkeit verscheuchendes Wesen hat und sich auch wohl in dieser Beziehung nicht mehr ändern wird" [GT, S. 264]. Nicht genug damit, Fürstenberg läßt nachts auch noch seinen Pudel Fripon mit viel Lärm nach draußen, wodurch Mitri und Mutter wach werden und am anderen Morgen verärgert sind.

Erst am nächsten Tag kommen die ersehnten Gäste. „Hamann und Bucholtz waren angelangt. Während Letzerer seine Strümpfe umzog, führte ich Hamann bis zum Langen Schemm, die Gegend zu besehen" [GT, S. 265]. Das Essen verläuft freundlich, und nach dem Essen, nachdem Bucholtz noch einmal seine Strümpfe gewechselt hat, geht man in Amaliens Kabinett. Es wird gestritten. Hamann eröffnet nämlich seinem Freund Bucholtz, daß er, Hamann, nach Welbergen gehen will, und zwar allein, und auch jetzt schon, um zu arbeiten. Bucholtz ist überrascht und wehrt sich gegen diesen Plan. Er fürchtet, daß Frau Cormann, die Frau seines schriftstellernden Pächters Cormann, sich bei Hamann einschmeicheln und damit Marianne, seine Frau, aus Hamanns Gunst verdrängen könne. Amalie: „Hamann wurde nach und nach so wie Bucholtz immer hitziger. Ich setzte mich zu ihnen, küßte und herzte bald den einen und bald den anderen, sie zu besänftigen. Und es geriet mir auch immer wieder ..." Trotz dieser aufgeregten Sitzung fährt Amalie in ihrem Tagebuch fort: „Bei dieser Gelegenheit war es, daß Hamann folgende Worte sagte, die mir tief ins Herz fuhren: Wenn ich einen Samen in die Erde säe, so bleibe ich nicht stehen und horche und sehe zu, ob es auch wachse, sondern ich säe und gehe von dannen, weiter zu säen und überlasse Gott das Wachsen und Gedeihen. Ich fühlte mich in meinem Innersten durch Hamanns erhabenen

Grundsatz gerührt und getroffen, als wenn ein helles Licht in meine Seele käme und erleuchtete mit einem Male meine schon längst gefühlte dunkle Ahnung in deutlichen Worten: Unglauben ist es im Grunde, versteckter Unglaube und Genußsucht, was deine zu vielen Anstalten und Sorgen herbeiführt, um den Samen, den du säst, wachsen zu sehen. Ich war froh, diese Worte deutlich in mir zu hören" [GT, S. 268].

Dieses Hamann-Wort vom Säen und Samen begleitet Amalie fortan. Es ist wohl das zentrale Wort ihrer Erlösung. Befreiung von zu viel Nachdenken, zu viel Philosophie, von dem Getöse der Argumente in ihrem Innern, zu viel Selbstbeobachtung. Hamann, dessen Regel es ist, keine Regel zu haben, der alle seine Ungezogenheiten und Unarten mit dem Wort entschuldigt, „Gott versteht mich", löst die Verkrampfung ihrer Wissenswut und ihren Drang nach Vervollkommnung, erlöst sie von den unerbittlichen Anforderungen an sich selbst. „Gott versteht mich, weil ich aus mir selbst und nichts klug werden kann", hat Hamann über sich selbst gesagt. „Gott versteht mich", welch erlösendes Wort für Amalie, die trotz Bibellektüre, Gebet und Sakramenten-Empfang Gott noch immer wie eine strenge Instanz empfindet, der sie eine genaue Buchführung vorlegen muß. Gott ist der Unerreichbare, den sie mit dem Verstand erreichen will, dem sie sich ständig erklären will, vor dem sie ihre Kinder, die vermeintlich so verderbten Kinder, in Schutz nehmen muß, wenn sie nicht an ihnen verzweifeln soll. „Gott straft mich in meinen Kindern", ist ein Verzweiflungsruf ihrer Selbstbeobachtung.

Hamann nennt seine Briefe: „Gemälde meiner Denkungsart, die nicht zur Ruhe kommen kann ..." Schreibt nicht auch Amalie Briefe und Tagebücher, um ihrer Unruhe Herr zu werden? Ihre hingehetzten Zeilen liest sie ja selten wieder durch. Es ist immer so viel Aufruhr in ihr wie auch in Hamann, der sagt: „Ein Wald rauscht in meinen Ohren, daß ich mein eigen Wort nicht hören kann." Jetzt hat es Fürstenberg schwer, neben diesem in Urtiefen schürfenden Philosophen, dem „Magus im Norden", wie ihn ein süddeutscher Staatsmann genannt hat, zu bestehen. Er rettet sich in das, was Amalie seine „philosophische Koketterie" nennt, die immer dann erwache, wenn fremde und berühmte Gelehrte zugegen seien. Fürstenberg kann nicht zuhören. Er kann nicht schweigen. Trotzdem behauptet Fürstenberg: „Mit Hamann rede ich nicht wieder. Er läßt mich nicht zu Worte kommen“ [Liesching, S. 16]. Er sagt es in der Kutsche auf dem Weg von Angelmodde nach Münster. Amalie widerspricht ihm nicht, sie kichert nur in ihren Schal.

In Angelmodde hat das Festmahl stattgefunden, das Hamann geradezu hymnisch seinem sensiblen Freund Jacobi beschreibt: Wahrscheinlich hatte Amalie wieder einmal Kettelers Koch ausgeliehen in Anbetracht so vieler Gänge ... „Die Gerichte standen wie eine kleine Flotte ausgerüstet auf dem Tisch. Eine hungrige Muse ist nicht imstande, einen genauen Catalogum davon anzufertigen, sondern wählte sich wie der Vogel des Apolls die heilige Neunerzahl. Eine Pommersche Mandelsuppe stand neben dem Sauerkraut, wie ein Paar Zwillingsschwestern. Ich nahm dazu einen Schnitt Rindfleisch mit Weißbrot und Pfeffer gepudert, durfte nicht mehr aus Achtsamkeit des auf mich wartenden Sauerbratens. Hier trank ich, einer alten Sitte der Diät zufolge, zwei Gläser kräftigen Biers. Mein katholischer Magen ließ sich auch gelüsten, zwei Löffel eingerührte Eier zu schmecken. Ein fetter Kurren-oder Putenbraten hatte allen Reiz einer (sanften) schmachtenden Blondine in meinen Augen. Ein Pudding schwamm im roten Wein. Ein Mandelkuchen des vorigen Tages; eine Apfeltorte, die erst gebacken war. Wären wir heute gekommen, so war das dritte Gebäcknis schon bestellt. Ein Glas Bordeaux und zwei oder drei Gläser Tokaier, wovon der eine trüber und Georgii-Ausbruch, der andere klarer und feuriger war. Alles wurde mit einem Schnittchen Schwarzbrot und Butter beschlossen. Und man stand von der Tafel auf. Auf zwei Schälchen Kaffee zu einer Pfeife Knaster trank ich noch ein großes Glas mit Salzer-Wasser“ [Br. an Jacobi, 2.12.87].

Seinen unbändigen Hunger hat Hamann oft als einen Seelenhunger bezeichnet. Sein Magen und seine Verdauung, das sind bei ihm, wie bei vielen anderen Philosophen und Gelehrten dieses Jahrhunderts, vorherrschende Themen. „Ich wollte heute fasten“, schreibt er einmal, „aber ich habe gefressen wie ein Gerberhund, und eine Art von Diarrhöe den ganzen Nachmittag gehabt" [Henkel, Bd. 6, S. 391]. Er kann seinen Kopf nicht anstrengen ohne ein „sympathetisches Mitgefühl aller meiner Eingeweide". Er drückt sich derb aus und schmückt die Drastik seiner Entleerungen und seiner Verstopfungen mit biblischen Redewendungen. Auch Amalie schreibt ja gern und deutlich über die Befindlichkeiten ihres Unterleibs, wenn „er hart ist wie Stein", oder wenn „ihre schweren Tage" kommen. Sie nennt ihr Hüftleiden den „bösen Hans" und kommt immer wieder auf das einzig schmerzstillende Mittel dieser Zeit zurück, Laudanum oder Opium.

In diesem November spricht man in der Grünen Gasse oder am Alten Fischmarkt bei Bucholtz über Jacobis Spinoza-Buch. Hamann verneint, daß Spinozismus atheistischer Pantheismus sei. Aber Bucholtz nimmt Partei für den abwesenden Freund Jacobi. Man kommt über die ersten zehn Seiten nicht hinaus, denn es ist Vollmond, und man fühlt sich sehr wohl. Man spricht über abwesende Freunde: Über Professor Johann Michael Sailer, der von der Universität Dillingen vertrieben wurde, weil er ein Jahr zuvor den Tod Friedrichs des Großen in einer Predigt gewürdigt hatte. Man spricht über Claudius in Wandsbek, und man spricht über Hemsterhuis. Ob Hamann der „Durchlauchtigsten Fürstin" gestanden hat, daß er wie „die Ochsen am Berge stehe vor der Philosophie von Hemsterhuis und Jacobi"?

Hamann zieht es jetzt mit kommendem Dezember in die Einsamkeit von Welbergen, um sein letztes Werk zu vollenden. Jacobi warnt ihn vor dem „morastigen Wasserschloß", es werde seiner Gesundheit nicht guttun. Bucholtz kann sich nur sehr schwer darein schicken, daß er seinen „Vater" dort allein lassen müsse. Aber Amalie besteht darauf. Sie kämpft für die Freiheit des Schriftstellers.

Hamanns Sohn Johann Michael ist inzwischen mit Dr. Lindner nach Mainz aufgebrochen, um den befreundeten Dr. Hoffmann zu konsultieren, wie man dem stillen Leiden von Marianne Bucholtz, die sich von der Entbindung nicht erholen konnte, beikommen könne. Hamann fährt nach Welbergen, und dort kümmert sich das Ehepaar Cormann hingebungsvoll um ihn. Und der „Magus im Norden“ hier in den dämmerigen Räumen unter den ragenden Eichen, die das prächtige Welbergen umstehen, nimmt das viel geduldiger hin als die perfekte Pflege in Pempelfort. Anfang des Jahres 1788 erkrankt er schwer an einem Gallen- und Eiterungsfieber. Es bilden sich Frieseln und Geschwüre im Rücken und ein Ausschlag an den Fingern. Im Februar besteht akute Lebensgefahr, und Amalie eilt mit Kindern, Fürstenberg und Bucholtz nach Welbergen. Amalie hofft, Hamann mit Opium heilen zu können, aber ihr Allheilmittel versagt bei ihm. Drei Tage bleibt Amalie dort, und im Tagebuch vermerkt sie: „Dort ward mir an der oft übertrieben scheinenden Herabschätzung Hamanns seiner selbst manch erweckender Augenblick. Insonderheit war ich einmal so glücklich und erhaschte durch seinen Anblick das hohe Bild einer christlichen Größe in Lumpengestalt, der Stärke in der Schwäche, das meine Seele begeisterte aber auch beugte, indem ich die Kluft sah, die noch zwischen mir und dieser Größe liegt“ [GT, S. 331]. Schon hat sie sich Hamanns Denken und seine Widersprüche zu eigen gemacht. Und wenn er dann nach Münster kommt, in der Karwoche 1788, sehr schwach und leidend, da vermerkt sie im Tagebuch: „Soviel ahnet mir immer mehr, daß Hamann der wahrste Christ ist, den ich je gesehen habe. Seine dunklen Redensarten, seine anscheinenden Widersprüche rühren meistens aus der reinsten, erhabensten Quelle ... Seine Demut ist so ungekünstelt als Fürstenbergs Gerechtigkeit“ [GT, S. 350]. Im platonischen Zwiegespräch in der Laube widmete Hamann ihr noch eine Weisheit. Er sagt: „Meine einzige Regel ist, keine zu haben. Wir können nur nach Systemlosigkeit streben in dem sokratisch einfältigen hohen Bewußtsein unserer Hinfälligkeit“ [GT, S. 351] .

Die Gespräche mit Hamann beseligen Amalie, und immer wieder kehren sie zurück zur Bibel. Die war ja auch die Grundlage für das Ewigkeitserlebnis, das Hamann 1757 in London gehabt hatte. Er las im 5. Buch Moses das 5. Kapitel. Er verfiel in ein tiefes Nachdenken, dachte an Abel und an Kain, von dem Gott sagte, die Erde hat ihren Mund aufgetan, um das Blut Deines Bruders zu empfangen. Hamann hat seine

Erweckung so beschrieben: „Ich fühlte mein Herz klopfen, ich hörte eine Stimme in der Tiefe desselben seufzen und jammern, als die Stimme des Blutes, als die Stimme eines erschlagenen Bruders, der sein Blut rächen wollte, wenn ich selbiges beizeiten nicht hörte und fortführe, mein Ohr gegen selbiges zu verstopfen, daß eben dies Kain unstetig und flüchtig machte. Ich fühlte auf einmal mein Herz quillen, es ergoß sich in Tränen, und ich konnte es nicht länger meinem Gott verhehlen, daß ich der Brudermörder seines eingeborenen Sohnes war“ [Seils, S. 506].

Drei Wochen hatte Hamann in der Betrachtung dieses Erlebnisses verbracht. Dann kehrte er in seine Heimatstadt Königsberg zurück. Sein Freund Immanuel Kant und sein Jugendfreund, der wohlhabende Kaufmann Berens, versuchten vergebens, ihn in die Welt der Realität zurückzubringen. Sie verschafften Hamann, der vor seinem London-Aufenthalt Hofmeister bei baltischen Adelsfamilien gewesen war, Stellen als Redakteur, als Übersetzer. Schließlich wurde er Packhof-Verwalter in der französischen Zollregie mit viel Zeit zum Denken und Schreiben und wenig Gehalt. Damals schloß Hamann die Gewissensehe mit Anna Regina Schumacher, der Magd seines Vaters, und zeugte mit ihr vier Kinder. Niemals ließ er diese Ehe bürgerlich oder kirchlich dokumentieren, aber gebrochen hat er sie nie. Als geistig verbunden betrachtete er sich sein Leben lang mit Katharina Berens, der Schwester seines Freundes, die ihm das Jawort gegeben hatte, deren Familie ihm aber ihre Hand verweigerte.

Sah Amalie darin ein Spiegelbild ihrer Ehe, die immer noch bestand, und die sie nicht auflösen wollte? Amalie, die nach ihrem Ewigkeitserlebnis, nach ihrer Krankheit 1784, sich mit Willen und Verstand durch die Bibel gelesen hatte, versuchte nun, Hamanns mystischen, unergründlichen Aussprüchen zu folgen. Hamann, der Protestant, krempelte sie um. Er nahm keine Rücksicht auf ihre ziselierten Skrupel, ihre schwarzgeränderten Empfindlichkeiten, ihre von keiner materiellen Existenznot berührten Seelensorgen, ihre Höllenangst und ihre Jenseitsqualen. Hamann war trotz seines wachen Sündenbewußtseins davon überzeugt, daß Gott ihn verstehe. Die Hauptsache des Glaubens, so erklärte er Amalie, sei das Dulden der eigenen Nichtigkeit und das völlige Zutrauen in Gottes Barmherzigkeit. Statt Wissen Glauben. Mystisches Einfühlen in das Werden und Vergehen – überstrahlt von einem Christusbild, das er ihr in Bibelworten darzustellen wußte.

Der feinnervige Bucholtz erfühlt diese Stimmung und erschreckt Amalie eines Tages mit dem Bekenntnis: Er habe die Idee, er sei Christus, der Wiederkommen-Sollende. Ihm sei dieser Beruf hauptsächlich durch die Begegnungen mit Lavater und durch eine Stelle eines Briefes von Hamann gekommen. Beigetragen dazu habe ein inneres Selbstgefühl, indem er sich mit anderen verglichen habe und die Hauptzüge der Christusähnlichkeit, nämlich das Heldentum der Wahrhaftigkeit, nirgends so als in sich selbst zu finden meine. Diese Idee sei ihm aber dennoch bald vergangen, und eine andere sei ihr gefolgt. Er habe die Bestimmung, Hamanns Nachfolger zu sein – aber in einem verfeinerten höheren Grade. „Den Hamann sieht er nämlich als einen an, der als der Reinste und wiederum Christusähnlichste ihm nächste, einzelne Menschen durch Beispiel und Belehrung zu bessern, bestimmt sei. Nun war seine Unruhe, ob es nicht Stolz in ihm sei, sehr groß." Bucholtz erbittet von Amalie, ihn vom Stolz freizusprechen. Sie schreibt: „Das war leicht" [GT, S. 347 ff.].

Seit dem 19. März 1788 wohnt Hamann wieder in Münster bei seinem Freund Bucholtz am Alten Fischmarkt. Er ist sehr krank. Er muß über Treppen getragen werden. Er sitzt meistens in der Bibliothek, hüllt sich in den chinesischen Schlafrock, den Amalie ihm geschenkt hat. Fürstenberg schickt ihm aus Paderborn noch zwei Paar Stiefel, denn die Ödeme an Hamanns Beinen sind übergroß geworden. Trotz seiner immer mehr zunehmenden Schwäche rüstet Hamann sich zur Reise nach Weimar mit Zwischenstation in Düsseldorf. Er will am 20. Juni abreisen, dem Tag, da er seine Heimatstadt Königsberg im Jahr zuvor verlassen hat. Amalie bringt ihm am 19. Juni noch eine Pfeife mit ihrem eingravierten Namen und Futteral: „Das machte ihm eine kindliche Freude, vorzüglich freute ihn mein darauf eingegrabener Name und die Jahreszahl. Sie wollen", sagte er mit trauernden Augen, „ich soll stets Ihrer gedenken." Und sie sagt: „Beten Sie zuweilen für Ihre Tochter und nennen Sie mich, wenn Sie mir schreiben, nicht Ihro Durchlaucht." Hamann: „Nein, lieber nenne ich Sie auch Amalie." „Ich fiel auf seine Hände mit unaussprechlicher Wehmut und küßte sie lange."

Dann wünschte sich Hamann noch Korduan-Pantoffeln, weil er nur dicke Winterpantoffeln besaß. Amalie läßt den Schuster kommen und bestellt ihm zwei Paar. Sohn Johann Michael soll die neue Pfeife einrauchen, aber er macht es so ungeschickt, daß der Vater böse wird. „Bei uns", sagt Hamann, „ist alles verschwendet, wir wissen mit nichts umzugehen. Und wir sprachen noch vieles über unser Favorit-Thema, die Bibel."

Und sie sprechen auch über unwürdiges Kommunizieren und über die Parabel vom hochzeitlichen Kleid: Alles müsse uns gegeben werden, um würdig zu kommunizieren, wie den Gästen in den alten Sitten das hochzeitliche Kleid gegeben wurde. Der Wille sei das einzige, „was wir hinzutun können". Amalie bereitet Wagen, Pferde und Mantelsack vor, damit Hamann am anderen Tag um vier Uhr abreisen kann. So wollte er es. Aber es gab keinen Fuhrmann für diesen Tag, und außerdem verschlechterte sich sein Gesundheitszustand so sehr, daß sie an Jacobi eine Estafette schicken mußte. Am nächsten Morgen, den 21. Juni um vier Uhr, als sie zu ihm eilt, ist er ohne Bewußtsein. Fürstenberg, Druffel und Chavet sind an seinem Bett. „Nur durch das Aufhören des Pulses beurteilte Chavet die Zeit seines leiblichen Todes. Schon einige Stunden vorher schien seine Seele zu ihrem Gott gekehrt gewesen zu sein." Ihr ist es: „Ein unbeschreiblich süßer Gedanke, die Asche dieses Seligen, Großen, so wenig Gekannten in meinem Garten zu bewahren, einst meinen Kindern vielleicht bei diesem Grabe etwas von dem Geist des Verstorbenen einzuhauchen, mir selbst eine beständige Erweckung" [GT, S. 354 ff.].

Hamann ist tot. Gestorben im Hause Bucholtz an dem Tag, da er die Reise nach Weimar antreten wollte und Jacobis Kutsche schon in Mülheim auf ihn wartete. Hamann aus Königsberg, der Magus im Norden, der unermüdliche Sucher nach dem Urgrund von Sein und Sprache und Glauben findet seine letzte Ruhestätte im Garten der Fürstin Gallitzin, die durch ihn zu Christus kam. Die Beerdigung wurde noch am selben Tag und in aller Würde vollzogen. Fürstenberg und Overberg wickelten den Leichnam in eine Wolldecke und brachten ihn in das Haus der Fürstin, um ihn in ihrem Garten zu beerdigen. Unliebsame Auseinandersetzungen mit den Behörden gab es nicht, ein Zeichen dafür, daß Fürstenberg, der Ex-Minister, kraft seiner Person noch viel Ansehen in Münster genoß, und daß die Macht dieses Freundeskreises, der so abgekapselt von seinen Standesgenossen lebte, groß war. (Protestanten durften auf Münsters katholischen Friedhöfen nur dann beerdigt werden, wenn sie reisende Kaufleute oder Militärs waren.) Hamann ist tot und bleibt ihnen allen nahe im Garten der Fürstin.

Über ihr Tagebuch gebeugt, mit ihren Gedanken allein, versucht Amalie, sich Rechenschaft zu geben. Aber sie hat Gäste. Fürst Gallitzin, den sie jetzt „meinen Mann" nennt, ist am Tag vor Hamanns Hinscheiden zu seinem Jahresbesuch gekommen und in seiner Begleitung Hemsterhuis. Was gäbe sie nicht darum, „keine Gäste, und vor allem diese nicht, im Hause zu haben!" Sie kann „Hemsterhuisens hochtrabenden Graecismus nicht mehr ertragen." Sie bedürfe dessen ebensowenig wie eines schönen Gemäldes, schreibt sie an Fürstenberg. Und gegen den allerheterogensten, den Prinzen, empfinde sie „gar keine Atome von dergleichen Unwillen. Er trifft mit dieser Reihe von Gedanken und Empfindungen so wenig zusammen als ein Capuziner mit einem Cometen". Der Vergleich ist nicht geglückt, beweist aber gerade deshalb, wie tief verwirrt und erschüttert sie ist.

Hamann ist tot und der Freundeskreis verwaist. Der Magus im Norden, der sie alle seit Monaten in Bann gehalten hat, ist ihren Blicken und Ohren und Händen entschwunden. So beschließen sie zu reisen. Sie reisen zu Jacobi in das „gastfreieste aller Häuser". Es reisen: Franz Kaspar Bucholtz mit Frau Marianne und Baby und Amme. Es reisen: Amalie, ihre Kinder, Fürstenberg und Hemsterhuis. Jacobi „kann sie alle dachen und fachen". Es reist auch Fürst Gallitzin, der aber beim Grafen Nesselrode wohnt wie eh und je. Zu Jacobi kommt noch ein Herr von Clermont aus Vaels mit Tochter, und am 17. Juli Baron von Gleichen. Sie haben einander so viel zu sagen, und außerdem rätseln sie über „Das letzte Blatt“, das Hamann in Amaliens Stammbuch geschrieben hat: „Das Alte ist vergangen, siehe, es ist alles neu geworden. 2. Cor. V, 17, durch den, der gesagt hat: Ich bin das A und das O, Apok. XXI, 6. Prophezeiungen werden leer werden, Sprachen aufhören, Wissenschaft wird abgebaut werden, leer wird werden, was teilwirklich ist. – Nicht gibt es Jude noch Grieche, nicht Sklaven noch Freie, nicht Mann noch Weib. ALLE – EINER“ [Gründer, S. 91].

Jacobi schreibt am 23. Juli an Lavater in Zürich, daß er in diesen Tagen von fünf Uhr morgens bis Mitternacht keine einzige Stunde für sich allein gehabt hatte. Insbesondere klagt er auch über Bucholtz, dessen Wesen ihn „tötet“, und wirft die Frage auf, ob dieser Bucholtz mit seinem Geschenk von viertausend Reichstalern an Hamann nicht den Empfänger selbst getötet habe. Eine Klage übrigens, die im deutschen Literaten-Kreis später auch von anderen aufgegriffen wird.

Lotte Jacobi, die herzhafte und liebreiche Amazone, die im „Zauberschloß“ von Pempelfort mit Lene für die durchorganisierte Ordnung geradesteht, schreibt über diese Tage an ihre Cousine: „Der Köchin hat es die Imagination verdreht!“ Die Köchin hatte gekündigt.

Zurück in Münster wird Amalie Klatsch hinterbracht, und der lautet so: „Ich und Fürstenberg, wir hätten uns maskiert und so die Leiche Hamanns selbst abgeholt, allerlei Zeremonien beim Begräbnis verrichtet. Ich hätte mich, ehe der Sarg zugemacht worden, längs hin auf seinen Leichnam geworfen, denselben mit Rosen bestreut und immer wieder dann eine Schicht Erde, dann eine Schicht Rosen. Dann hätten wir allerlei Fuhren und Figuren im Garten gemacht usw“ [Liesching, S. 30]. Auch aus Weimar hört man später eine merkwürdige Interpretation: Die Fürstin habe Hamann nach Münster „gezerrt“, um ihn katholisch zu machen, und da das nicht gelungen sei, habe sie ihn in einer Ecke ihres Gartens „verscharrt“.

Ungewöhnliche Personen ziehen ungewöhnliche Interpretationen auf sich.

Lehrer der Lehrer – Overberg

Krank ist Frans Hemsterhuis aus Düsseldorf nach Münster zurückgekehrt, und seine schwere Krankheit dauert noch an. Amalie pflegt ihn mit Hingabe. Doch beim Jahresrückblick klagt sie sich an: „Im August hatte ich viel mit Hemsterhuis auszustehen und ward oft ungeduldig und lieblos gegen ihn. Mein Verlangen, daß er fortging, ward am Ende sehr ungestüm“ [GT, S. 379]. Obwohl Hemsterhuis eigentlich noch nicht genesen ist, nimmt er am 6. September Abschied von Amalie. Sie fühlen wohl beide mit Wehmut, daß dies ein Abschied für immer ist. Ein heftiges, lang anhaltendes Fieber befällt Amalie. Sie schleicht wie ein Schatten herum, ohne Appetit und ohne Schlaf. Sie ist über ihre Kinder enttäuschter denn je. Sie ist der Arbeit mit ihnen überdrüssig. Sie vermißt ihre Dienerin Marie, die im April gestorben ist: „Ehe ich glaubte, daß es geschehen würde, ward ich manchmal ungeduldig über ihre schlechte Laune“ [GT, S. 376]. Jetzt kommen neue Dienstboten, die beide ihren Ansprüchen nicht gerecht werden. Es kommen „eine plumpe, höchst dumme, gleichgültige Bauernmagd und eine halb unkluge (wohl geistig behinderte), knurrige Nähjungfer, die mich beide nicht verstanden und die ich auch nicht verstand. Was meine Kinder betraf, so waren diese beide so herabgesunken, als sie es noch nie gewesen waren. Haas war auch ärger als jemals und betrug sich lieblos“ [GT, S. 381]. Sie grämt sich über Fürst Dimitri, dessen Besuch ihr drei Monate danach immer noch Hypochondrien verursacht. Fürstenberg ist abwesend. „Überdies war er mir das auch nicht, was ich immer gehofft hatte“ [GT, S. 381]. Sie trauert um Hamann. Amalie fühlt sich verwaist. Sie sehnt sich nach einem Seelenführer, der ihrem Drang nach Vervollkommnung die Wege weist. Dabei bleibt sie sich Hamanns

Warnung bewußt, daß sie mit ihrem Überschwang in allen Dingen sich selbst gefährde. Sie sucht einen Vater, hat sie ihren leiblichen Vater doch nie gekannt. Generalfeldmarschall Samuel von Schmettau starb, als sie drei Jahre alt war. Und in ihrer Jugend, als die Wissenswut bei ihr erwachte, hatte sie immer nur in älteren Männern Zuhörer gefunden, später erst verständnisvolle Wegbegleiter wie Hemsterhuis und Fürstenberg. In Hamann war ihr nun der „wahrste Christ, den ich je gesehen habe," begegnet. Amalie, die unermüdlich nach Büchern greift, die ihr die Welt erklären, und nach Menschen sucht, die ihr helfen, sich selbst zu finden, hält Ausschau.

So schreibt sie einen Brief an ihren Beichtvater, an den Lehrer der Normalschule, an den Mitarbeiter Fürstenbergs, an den Lehrer der Lehrer: Bernard Overberg. Sie schreibt: „Ich fühle jetzt, daß ich eines geistlichen Freundes und Vaters im eigentlichen Verstande bedarf. Dem ich nicht nur meine Sünden beichten sondern dem ich mein ganzes Herz öffnen könnte ... der auch außerhalb der Beichte und unaufgefordert, wie Väter mit ihren Kindern zu tun pflegen, mich beobachten, prüfen, strafen, trösten, ermahnen, kurz: für meine Seele wie für die seinige sorgt. Diesen Mann voll Liebe und Salbung habe ich gefunden. Nicht meinem Gefühl und meiner Neigung traute ich allein in dieser wichtigen Wahl dessen, dem ich meinen Willen abzutreten entschlossen bin: Ich habe gebetet, gewartet und wieder gebetet und immer denselben Mann im Grunde meiner Seele wiedergefunden" [Krabbe, S. 183]. Sie fragt noch: „Findet dieser Mann auch etwas in seiner Seele, das ihn zur Übernahme der Sorge für die meinige geneigt macht? Wird er die Vorteile des Ranges und des Titels, die Christus nicht kennt, von sich werfen, um nur das zum Gehorsam entschlossene Kind in mir zu sehen und als solches zu behandeln?" Unterschrieben ist der Brief: „Ewig Ihre ehrfurchtsvolle Freundin und gehorsames Kind."

Dieser Brief ist keine Anfrage und auch keine Bitte: Dieser Brief ist eine Beschwörung. Kann einer, der in Münster lebt, nicht wollen, was Amalie wünscht? Vor allen Dingen, kann ein Mitarbeiter und Protegé von Fürstenberg es wagen, dieser Aufforderung nicht nachzukommen? Amalie wünscht auch, daß dieser Seelsorger unter ihrem Dache wohnt. Overberg zögert. Er weiß um die Schwierigkeiten, die ein täglicher Umgang mit einer so herrschgewohnten Frau mit sich bringt, der es ein Bedürfnis ist, die Menschen ihren Einfällen zu unterwerfen. Aber dann sagt er doch „ja“, und er zieht in die Grüne Gasse ein, unter das Dach der Fürstin.

In ihrem Brief hatte Amalie Töne angeschlagen, die ihr bisher fremd waren. Vielleicht fühlte sie wie so viele ihrer nächsten Freunde, daß ein schweres, ja gefährliches Jahrzehnt bevorsteht, daß das Jahrhundert aus den Fugen springt. Der Brief ist datiert vom 10. Januar 1789. Sieben Monate später bricht die Französische Revolution aus, die das „ancien régime“ unter sich begräbt, die die Privilegien, Denkgewohnheiten, die geographischen und sozialen Verhältnisse, die man für unumstößlich hielt, umstürzt und auflöst. Schon lange hatten Fürstenberg und Hemsterhuis in ihren Gesprächen und Briefen von jener „grande secousse“ gesprochen, die in der Luft läge. Und Fürstenberg meinte einmal: „Wenn alle Vulkane ausgebrochen sein werden, bleiben nur noch die Krater zurück ...“

Overberg ist sechs Jahre jünger als Amalie. Sie nennt ihn Vater. (Französisch: abbé! So wurden die Hausgeistlichen auf französischen Schlössern genannt.) Sie hat nun zu ihrer Hauskapelle auch den Hausgeistlichen. Am liebsten würde sie jeden Abend ihre Seele vor ihm ausbreiten. Aber Overberg bleibt fest. Zwei Abende in der Woche kann sie sich mit ihm beraten. Etwas später gibt er auch noch eine kleine Stunde nach dem Frühstück am Donnerstag zu. Das „gehorsame Kind“ des Beschwörungsbriefes schmollt: „Das väterliche Verhältnis, das allein mir am Herzen liegt, ist auch nicht mehr so, wie ich hoffte.“ Amalie besteht auch bei Overberg darauf, daß sie einander ihre Fehler sagen. Sie führt dafür ein Zeichen ein: Vier Finger in der offenen Hand, und brieflich sieht das so aus: Ein V mit einer 4 darüber: $\overset{4}{V}$. Dies ist eben die Zeit, da man symbolische Zeichen für Freundschaften, Gesinnungen und Liebe erfindet, da man einander immer wieder neue Namen gibt. Amalie wünscht, schreibt vor und befiehlt. Overberg, der bei aller Sanftmut und Herzenswärme ein ausgeglichenes Selbstwertgefühl hat, läßt sie gewähren und bestimmt den Weg. Er ist ihr Beichtvater, ihr Vertrauter, dann auch ihr Sekretär, ihr Reisebegleiter. Und er bleibt doch, was er immer sein wollte: Seelsorger für alle, für die Vielen, auch für die Namenlosen.

Im Münsterischen Hochstift ist Overberg eigentlich ein Ausländer. Denn er wurde im Osnabrückschen geboren, in der kleinen Bauernschaft Höckel bei Voltlage. Er stammt aus den allerärmsten Schichten. Sein Vater ging mit kleinem Kram über Land. Das spärliche Einkommen hielt eine Familie nur am Leben, wenn die Frau gesund blieb und wenn auch die Kinder schon früh im Feld, im Haus und beim Viehhüten halfen. Overberg hat seine bitterarme Kindheit später einmal Ludowina von Haxthausen erzählt, einer Tante der später berühmten Dichterin Annette von Droste-Hülshoff. Er erzählte ihr, wie er mit vier Jahren noch nicht laufen konnte und nicht sprechen. Da geschah es, daß die Eltern eine Wallfahrt nach Telgte machten, um das Halsgeschwür der Mutter heilen zu lassen. Als sie ihre Gebete in der Gnadenkapelle beendet hatten, suchten sie ein Gasthaus auf und vergaßen das Kind in der Kapelle. Als es ihnen wieder einfiel, spielte es bereits allein im Sand. Seine Freude, die Eltern wiederzusehen, war so groß, daß er plötzlich sprechen konnte und auf sie zulief. Es war wie ein Wunder. Overberg hat seiner staunenden Zuhörerin Ludowina auch von den Dorfschulen erzählt, die nur im Winter gehalten wurde, denn zwischen Mai und November hatten die Männer dieser Gegend Arbeit bei der Ernte oder beim Torfstechen in Holland oder in der Heimat. Die Lehrer waren meist ausgediente Soldaten, Invaliden oder Ungelernte, die einen Gelegenheitsverdienst brauchten. Der Junge erfuhr die sadistischen körperlichen Strafen am eigenen Leibe und vergaß sie nie, die Demütigungen, die Schläge auf Kopf und Hände und Rücken, das Stehen am heißen Ofen, Knien auf dreieckigen Holzscheiten und das Arbeiten unter dem Tisch. Ludowina von Haxthausen schrieb lange und in vier Fassungen über dieses Leben eines armen Jungen – waren doch seine Lebensbedingungen Lichtjahre entfernt von der Lebensweise, in die sie hineingeboren war.

Zum Abschluß seiner Studien hatte Overberg eine Arbeit über die Coadjutorwahl von 1780 geschrieben, worauf Gesandter Metternich ihm eine Karriere im Höheren Kirchendienst anbot. Overberg lehnte ab. Er wollte Priester sein und Lehrer für die Menschen, die er am besten kannte, die seine Vertrauten waren von Kindheit an: die Kleinbauern und ihre Kinder, die Menschen auf dem Lande. Overberg hat einmal geschrieben: „Man hat von dem gemeinen Mann einen zu verächtlichen Begriff, als ob es eine andere Art von Menschen wäre." Overberg meinte damit die Menschen in den armen kleinen Dörfern allüberall in Deutschland – nicht nur im Hochstift Münster. Ihr äußeres Leben und ihr ganzes Dasein war von den drei oberen Schichten weit entfernt. Sie gehörten nicht einmal dem dritten Stand an, der sich anschickte, in der Französischen Revolution seine Rechte anzumelden. Overberg wollte Kaplan sein in dem kleinen Dorf Everswinkel und wollte die Kinder unterrichten. Er hatte dabei erstaunlichen Erfolg, so daß Fürstenberg beschloß, diesen jungen Mann zu seinem Mitarbeiter, zum „Lehrer der Lehrer" zu machen. Ihm vertraute er die Normalschule an, die Lehrerbildungsstätte.

Als Overberg 1789 Hausgenosse der Fürstin wurde, hatte er schon ein Jahr an seinem bahnbrechenden Werk „Anweisung zum zweckmäßigen Schulunterricht für die Schullehrer" gearbeitet. Zunächst schrieb er die ersten Kapitel in Plattdeutsch. Er dachte an die Frauen und Männer, die in ihrem häuslichen Umkreis nur Dialekt gehört und gesprochen hatten. Sie sollten bei der Vorbereitung auf den Lehrerberuf nicht durch Begriffe und Wörter, die ihnen fremd waren, abgeschreckt werden. Dann übersetzte er das Plattdeutsche ins Hochdeutsche. Ob Amalie, die zu Plattdeutsch kein Verhältnis hatte, sich darin einzufinden wußte? („Englisch ist wie Plattdeutsch, das mit Engelszungen gesprochen wird", ist ihr Bonmot zum Dialekt. Fürstenberg sprach Plattdeutsch mit seinen Bauern.)

Wieder einmal hatte Amalie Gelegenheit, Mitarbeiterin zu sein. Sie hatte mit Hemsterhuis philosophiert, mit Jacobi übersetzt, und jetzt durfte sie an einem praktischen Lehr- und Schulbuch mitarbeiten. Sie bat sich aus, das Kapitel über die Strafen zu schreiben. Overberg mußte viel korrigieren und streichen, denn Amalie glaubte bei aller Aufgeklärtheit ja an die Macht und Kraft der Rute. Diese Mitarbeit bei Overberg war es dann auch wohl, was ihr später den Mut gab, sich bei Claudius in Wandsbek als „Schulmeisterin in Westfalen“ vorzustellen.

Overberg hatte, bevor er sich an die Arbeit machte, das überreiche pädagogische Schrifttum seiner Zeit fleißig studiert: Von Rochow und Basedow, von Salzmann und Pestalozzi bis zu Campe hin waren ihm die Ansichten und Meinungen geläufig. Vor allem aber kam ihm zugute, daß er selbst schon einige Jahre mit Dorfkindern in der Volksschule gearbeitet hatte. Als erstes Gesetz galt ihm die Anschaulichkeit. Der Lehrer müsse sich zu dem Fassungsvermögen des Kindes herunterlassen und dem Kind das Lernen angenehm machen. Er dürfe es nicht demütigen, so daß bei mangelndem Talent auch noch das Hindernis der Beschämung hinzukäme. Er will, daß die Kinder selbst denken lernen. Sie sollen nicht mehr auswendiglernen, sondern ihre Verstandeskräfte so entwickeln und ihre Erfahrungen so ausdeuten, daß sie das in eigene Worte kleiden können, was sie denken, fühlen und wollen. Overberg meinte, „derjenige, der nicht gut unterrichtet wird, bleibt meistens ebenso dumm als unwissend. Jeder Narr kann ihn betrügen und hinters Licht führen. Sieht er den Nachbarn bei größeren Erfolgen, kommt er auf den dummen Einfall, es müsse was Böses mit darunter spielen. Denn Aberglauben gesellt sich leicht zu Dummheit. Manches Stück Vieh, dem oft sehr leicht zu helfen wäre, fällt ohne Rettung dahin, weil ein Bauer in der Meinung, es wäre verhext, zu abergläubischen Dingen seine Zuflucht nimmt“ [Steinhaus, S. 118].

Overberg wußte sehr wohl, daß sich das Landvolk noch in einem vorrationalen, magischen Zustand befand. Er wußte um das Zweite Gesicht, mit dem manche Landleute in Westfalen begabt waren. Er wußte auch, daß Handwerker und Bauern von der Bibel die Geheime Offenbarung des Johannes bevorzugten, und daß sie daraus Prophezeiungen für ihren Alltag und ihre Zukunft herauslasen. Overberg, ein tiefgläubiger Mann, der die Bibel immer kniend las, bevorzugte von Heiligenbiographien die, in denen es nur wenige Wunder gab. Er wollte den Hang seiner Landsleute zum Unerklärlichen nicht noch fördern. Er kannte das Landvolk, und er lernte vor allem auch die Männer und Frauen genau kennen, die sich zu seinen Lehrer-Ausbildungskursen, die alle drei Jahre wiederholt und mit einer Prüfung abgeschlossen werden mußten, meldeten. Die Zahl der Lehrerinnen stieg in dieser Zeit sehr bald auf das Doppelte. Auch kümmerte er sich um die Ausgestaltung der Schulen, die bis dahin oft nur in Behelfsräumen, in Turmkapellen, Backhäusern oder Stallgebäuden untergebracht gewesen waren. Dem tiefgläubigen Priester Overberg gelang es, die Traditionen seines Glaubens und seiner Kirche mit dem pädagogischen Erbe der Aufklärungsepoche in seiner „Anweisung zum zweckmäßigen Schulunterricht" bruchlos zu vereinigen. Als sie 1793 erschien, fand sie hohe Anerkennung und wurde sogar in der „Jenaer Allgemeinen Literaturzeitung" besprochen. Das Werk erschien in vielen Auflagen und wurde später vom preußischen (protestantischen) Staat übernommen. Es wäre Amalie zu wünschen gewesen, daß sie diese Prinzipien vom anschaulichen und freudvollen Lernen und Lehren schon gekannt hätte, bevor sie beschloß, ihre Kinder selbst zu unterrichten. Im übrigen waren die Katechesen, die Overberg sonntags in der prachtvollen Barock-Kirche der Lotharingischen Schulschwestern hielt, gesellschaftliche Ereignisse in Münster. Dahin gingen viele Erwachsene, auch Fürstenberg und Amalie, um Lehren zu lernen.

Noch wohnt Overberg kein halbes Jahr unter dem Dach der Fürstin, da brechen Mutter und Kinder und Overberg zu einer Reise auf. Nicht nach Pempelfort-Düsseldorf geht der Weg, er geht durch Overbergs osnabrückische Heimat und dann weiter nach Norden. Vielleicht hatte die Reise ein geographisches Ziel. Oder wollte man, wie so oft, einen Philosophen, einen Schriftsteller, einen politisch einflußreichen Mann besuchen? Es geht aus den fleißigen Aufzeichnungen der gewissenhaften zwanzigjährigen Tochter Mimi nicht hervor.

Um drei Uhr morgens brachen sie von Osnabrück auf, gingen bis Kappeln vier Stunden, dort frühstückten sie. Danach waren es zwei Stunden Fußmarsch bis Bohmte, wo sie um sechs Uhr nachmittags ankamen und dann bis Mitternacht schliefen. Eine Stunde später brachen sie auf und gingen bis Lemförde, wo sie ein Frühstück einnahmen. Es folgte ein

Marsch von drei Stunden, und sie waren in Bohmte, von wo sie noch bis Diepholz vier Stunden lang gingen. Als sie in Lemförde ankamen, begaben sie sich um zweieinhalb Uhr zu Bett. Mimi hat das Programm für Fürstenberg aufgeschrieben. Wollte Amalie ihre Gicht, ihre Rheuma- und Unterleibsschmerzen auf diese Weise vertreiben, oder einfach nur vergessen? Mit ihren einundvierzig Jahren ist Amalie immer noch von großer Energie beseelt, trotz ihrer vielen Krankheiten.

Ganz geheimnisvoll aber ist die Reise, die sie ein Jahr später mit Overberg allein unternimmt. Sie bereitet sich so gründlich vor, daß die Kinder fürchten, es könne ihre letzte sein. Mimi und Mitri schicken ihr Briefe voller Angst und Schuldgefühle nach. Wenn sie stürbe auf dieser Reise, welch schreckliche Gewissensbisse sie sich dann machen müßten, daß sie der nunmehr toten Mutter nicht genug Freude bereitet hätten. Ja, daß sie, Mimi und Mitri, schuld sein könnten an ihrem Tode. Die frühen Biographen haben das Rätsel dieser Reise auch nicht gelöst. Möglicherweise ist Amalie in Overbergs Heimat gereist, um die Kindheit des Mannes kennenzulernen, den sie Vater oder Väterchen nennt.

„Glückliche Tage in Voltlage" jubelt Amalie im Tagebuch. So ist es nur folgerichtig, daß Mimi und Mitri das Sakrament der Firmung in Rheine empfangen – dort, wo Bernard Overberg zum Priester geweiht worden war. Über die Probleme der heranwachsenden Fürstenkinder urteilt der erfahrene Volkserzieher viel milder als die ungeduldige Mutter, die mit ihren Ängsten schon Fürstenberg angesteckt hat. Overberg ist ihrer beider Zuflucht, wenn Mimi „Damenstolz zeigt" und Mitri keine Fortschritte im Studium macht.

Overberg empfiehlt Amalie mehr Nachsicht auch sich selbst gegenüber. Empfiehlt ihr, nicht so oft zur Beichte zu gehen, und lehnt ihren Wunsch nach jährlicher Generalbeichte ganz ab. Ihre theologischen Gespräche münden in die praktische Arbeit an einem neuen Katechismus. Der Priester regt die Fürstin, die so gern ihr Seelenleben erläutert, dazu an, Arme und Kranke zu besuchen. Overbergs Neffe Joseph Reinermann, der einige Jahre Hausgenosse in der Grünen Gasse war, berichtet, wie die Fürstin sich seiner Mutter annahm, die nach einem Wochenbett ihren Verstand verloren hatte. Amalie holte die Kleinhändlers-Frau zu sich, damit sie in Münster bessere ärztliche Hilfe bekomme, und entzog sie damit auch der sie verwirrenden dörflichen Umgebung. „Die hohe Person (Amalie) führte meine Mutter am Arm umher und suchte auf alle Weise die starren Gedanken aus ihrem Sinn zu bringen ... Viele Last machte meine Mutter der Guten; sie hatte den Gedanken gefaßt, die Fürstin wolle sie durch das Essen vergiften. Allein die Edle ertrug alles von ihr drei Vierteljahre hindurch und gab der Familie eine verständige Mutter zurück" [Reinermann, S. 53]. Es gehört Mut dazu, sich geistig Verwirrter anzunehmen, zu jener Zeit. Amalie: „Courage – la seule chose qui ne me manque pas."

Im exklusiven Freundeskreis um Fürstenberg und Amalie von Gallitzin ist der gläubige Christ Overberg von nun an der ruhende Pol. Seine Gegenwart bedarf keiner aufgeregten Worte, er hält sich im Hintergrund. Seine Gegenwart ist immer spürbar.

Hemsterhuis nimmt Abschied

Hemsterhuis, und niemand anderer, war ausersehen, Denkmal und Inschrift für Hamanns Grab im Garten der Fürstin Gallitzin zu entwerfen. Er widmet es dem Philosophen, dem „viro philosopho". Amalie schreibt ihrem „cherissime Sokrates", daß sie „philosopho" durch „christiano" ersetzt habe, weil es graphisch besser in die Zeile passe und auch dem Verstorbenen mehr entspreche. Auch Fürstenberg und Jacobi seien dieser Meinung. Es ist kaum anzunehmen, daß der zurückhaltende Overberg auf einer solchen Änderung bestanden hätte. Hemsterhuis ist sehr krank und weiß nicht, welchen ärztlichen Ratschlägen er folgen soll, er fragt Diotima brieflich nach der Medizin, die ihm die Münsterschen Ärzte verordneten. Manchmal ist er kräftig genug, um nach Niethuis hinauszugehen, wo alles unverändert geblieben ist seit der Zeit, da Diotima es bewohnte.

Hemsterhuis überarbeitet in diesem Jahr für Amalie seinen „Brief über den Atheismus" von 1787. Amalie entnimmt den Trost daraus, daß die innere Gotterfahrung durch atheistische Weltdeutung überlagert, aber nicht zerstört werden könne. Amaliens Briefe nehmen einen beinahe zärtlichen Ton an – als ob sie sich nachträglich ihrer Ungeduld bewußt werde aus der Zeit, da Hemsterhuis krank in ihrem Hause weilte. Sie schreibt liebevoller, wenn auch das Schriftbild mit Klecksen und Durchstreichungen wirrer denn je ist.

Sie klagt über ein kaltes, nasses Frühjahr, das auch ihrer Gesundheit schade und den Umzug nach Angelmodde hinauszögere, wobei doch das Schwimmen in der Werse das einzige Heilmittel sei, das nie versage. Ausführlich auch schildert sie die Krankheit ihrer Nichte Amelie: Vereiterung der Gelenke, was in diesem Alter nicht zu operieren sei. Dem Freunde in

Den Haag berichtet sie über Fürstenberg, der beruflich nach Paderborn, Osnabrück reisen muß und dann, wie alljährlich, sich ins Bad nach Hofgeismar begibt. Jacobi bleibt auf dem Weg nach Hamburg einige Tage in Münster. Einen Brief, der an Fürst Dimitri gerichtet war, bittet Amalie an Hemsterhuis weiterzuleiten mit den besten Empfehlungen ihrer Kinder und ihrer selbst.

Auch in diesem letzten Lebensjahr von Hemsterhuis enthalten Amaliens Briefe „Aufträge" – Bestellungen von Kerzen, Schokolade, Teppichen und ähnlich alltäglich wichtigen Dingen. Da der frühere Kommissionär nicht mehr lebt, kümmert sich Hemsterhuis um diese Angelegenheiten samt Abrechnungen. Amalie wird ungeduldig und Hemsterhuis verweist es ihr. Das geht aus einem stürmischen Brief Amaliens hervor: Sie habe ihn nicht belästigen wollen. Er habe sie ja sozusagen gezwungen, seine Geschenke anzunehmen, seine Bücher, seine Kunstschätze, weil er ja alt sei und nur entfernte reiche Verwandte habe, die sein Erbe nicht schätzen würden. Nur in ihren Händen seien die schönen Dinge ihm nicht verloren. (Schon in Niethuis hatte Amalie einmal Ähnliches zu Papier gebracht.) Die zweihundert Bücher, die er ihr im Laufe der Freundschaft geschenkt habe, seien für ihre Kinder später Grundstock einer schönen und ungewöhnlichen Bibliothek. Und wenn sie Geschenke von ihm, wie zum Beispiel die zwei goldenen Uhren, weitergegeben habe, sei das doch nur zur Freude anderer geschehen. Von niemand habe sie so viele Geschenke angenommen wie von ihm, nicht einmal von Jacobi, den sie doch gern habe.

Ende 1789 schickt der Testamentsvollstrecker, Finanzminister J. C. van der Hoop, eine Kiste mit Hemsterhuis-Manuskripten und Briefen nach Münster. Amalie, so wünscht sich der Philosoph in Den Haag, möge später seine Schriften und einiges aus ihrem Briefwechsel veröffentlichen: Wohl das größte aller Geschenke, die Sokrates seiner Diotima gewidmet hat! Ein Porträt von Amalie, das aus Versehen in die Kiste gekommen war, erbittet Hemsterhuis zurück: Er wolle es bis zum letzten Augenblick seines Lebens besitzen.

Zu Anfang des Jahres 1790 hatte Amalie noch einen Brief empfangen, der so witzig war, daß er sie zum Lachen reizte und sie glauben machte, Hemsterhuis sei wieder gesund. Doch dann verschlimmerte sich sein Leiden, seine Briefe blieben aus. Und im April bat sie ihn, doch irgendjemand schreiben zu lassen, wie es ihm gehe, und sei es in holländisch. Denn ohne seine Briefe, und ohne zu wissen, wie es ihm ergehe, könne sie ja nicht leben. Im Mai schreibt Hemsterhuis, daß die Gemmensammlung sehr kostbar sei, mindestens 30.000 bis 40.000 Gulden wert. „Aus Dezenz“ habe er es bisher nie gesagt. An Daphne, nunmehr Frau Meermann, schreibt Hemsterhuis im Mai dieses Jahres: „... Ich komme von weither. Ich habe die Pforten des Jenseits gesehen ...“

Der letzte Brief an Amalie ist wohl der vom 1. Juni 1790: Die Anrede lautet diesmal „Ma toute chère Diotime, ma tendre Amie“. Er bedankt sich für einen Brief der „bezaubernden Mimi“, die ihm die Leiden ihrer Mutter geschildert hatte, was seine Leiden verdoppelt habe. Ihm gehe es nun sehr schlecht. Es gebe nur wenige Stunden, in denen er nicht hundertmal den Tod dem Leben vorziehe, „und den ich doch vergebens anrufe. Oh, warum muß man so leiden! Aber das sind die Gesetze Gottes, leiden wir also. In diesem Augenblick kommt der C. (Fürst Dimitri), um sich von mir zu verabschieden. Ihr Fürst, der Mittwoch abreist, hat die Güte gehabt, mir das Buch des Grafen Schmettau mitzubringen, und das ist das beste und interessanteste Buch in jeder Beziehung, das in diesem Jahrhundert erschienen ist. Ich stelle mir vor, mit welchem Vergnügen le grand homme, der ja Kenner dieser Materie ist, es verschlingen wird. Wie wenige Autoren gibt es doch in diesem Jahrhundert, die erstens nur über das sprechen, was sie von Grund auf kennen, und zweitens, die noch sorgfältiger denken als sie schreiben. Übrigens stimmt das Wort Diderots, daß alles, was gut gedacht ist, auch gut geschrieben ist. Und das beweist dieses Buch. Jetzt aber, meine Diotima, habe ich zu große Schmerzen, um mehr zu schreiben. Ich habe Haas kurz gesehen. Ich bewundere Sie, daß Sie aus ihm ein nützliches Werkzeug gemacht haben. Ich habe ihm meine Post mitgegeben. Und zum Schluß adieu, ma toute chère Diotime, Gott möge

Sie alle segnen“ [GN, Bd. 6, 1.6.1790]. Auch dieser Brief beginnt mit den feierlich-schwungvollen Initialen, auch in diesem letzten Brief stehen die zierlichen Buchstaben auf geraden Linien. Er hat das Buch ihres Bruders gelesen über den letzten Krieg Friedrichs des Großen 1778/79, und er weiß es mit „erstens“ und „zweitens“ zu loben. Er denkt an alle die Menschen, die Amalie nahegestanden haben: Fürst Gallitzin, Fürstenberg, Diderot und ihren Bruder Carl von Schmettau.

So oft Amalie in den letzten Monaten ihren Besuch am Krankenbett angekündigt hatte, war sie auf heftige Ablehnung gestoßen, hatte Hemsterhuis abgewehrt. Sie solle sich nicht dem schlechten Wetter aussetzen, nicht ihre eigene Krankheit verschlimmern.

Hemsterhuis stirbt am 7. Juli 1790.

Im Sommer reist Amalie nach Den Haag. Lange verweilt sie in der Wohnung ihres Freundes, Lehrers, ihres Sokrates. Sie findet noch einen Brief ohne Anschrift. Sie setzt darüber: „Sein letzter Brief“.

Der Bote – Matthias Claudius

Ende 1790 ist Amalie wieder einmal in Düsseldorf, und an der Tafel neckt man sie mit ihrem zur Schau getragenen Katholizismus: Daß sie sich vor und nach dem Tischgebet bekreuzigt, daß sie in aller Öffentlichkeit zur Messe geht. Solch öffentliches Christentum scheint den Standesgenossen eine Schmach. Deren Kritik irritiert sie sehr, besonders wenn Nesselrode dabei ist. Und einer in der Runde sagt dann, wenn sie einen heiligen Mann sehen wolle, dann müsse sie zu Claudius gehen.

Drei Monate später ist Amalie, am 6. Februar 1791, beim Wandsbecker Boten, bei Claudius – mit ihren Kindern, mit Overberg natürlich. Als Schulmeisterin in Westfalen stellt sie sich vor. Sie war nicht eingeladen, sie war nicht erwartet. Doch Claudius ist entzückt, die vielbesprochene Frau bei sich zu sehen, die Fürstin in seinem kleinen Haus Willkommen zu heißen: Wo neun Kinder Platz haben, findet auch Amalie mit den Ihren Platz. Wenn auch Schmalhans Küchenmeister ist bei Matthias Claudius und seiner tapferen Rebecca, so haben sie doch die große Gebergebärde. Matthias Claudius, der zu dieser Zeit eine Alibi-Stellung bei der Altonaer Species-Bank als Revisor hat, widmet sich der freien Schriftstellerei. Die Zeitung, die ihn berühmt machte, den „Wandsbecker Bothen", gibt es nicht mehr. Claudius hat deshalb begonnen, in den „Asmus-Bänden" seine Gedichte, seine politischen und literarkritischen Aufsätze, zu veröffentlichen. Zu seinen umfangreichen Übersetzungen gehörten Fénelon und die Bücher des französischen Theosophen Saint-Martin. (Vielleicht kannte Amalie durch Bucholtz diese Übersetzung?)

Warum hat sich Amalie auf diesen Weg gemacht? Ist es die Sorge um Mitri, für den nichts mehr getan wurde, seit die Campagne-Pläne aufgegeben wurden, fast vier Jahre zuvor?

Mitri, dessen „Seele eingeschlafen ist", wie das Tagebuch vermeldet, und der nur noch mit „Donnern" (lauter Stimme und eindringlichen Mahnworten) geistig geweckt werden kann. Sucht Amalie Rat bei Claudius? Aber Claudius, der doch die zwei Jacobi-Söhne mit nur geringem Erfolg zur Erziehung gehabt hatte, kann vielleicht gar nicht raten. Und außerdem: Amalie hat doch auch schon seit zwei Jahren den Beichtvater Overberg als ihren Ratgeber.

Der fromme Protestant Claudius und der katholische Priester Overberg verstehen sich ohne viele Worte. Amalie schreibt schwärmerisch an Fürstenberg, daß sie bei Claudius wahre Erbauungsstunden erlebt habe. Nie habe sie Gott und das wahre Christentum lebendiger gefühlt. Sie sei nirgend versucht, Gottes Sohn zu verleugnen, obwohl dies doch bei den Theologen zum Modeton der Zeit gehöre. Am tiefsten aber habe sie das „wachsende Gefühl gegenseitiger Einigkeit und Innigkeit in Gott erlebt und dadurch die Überzeugung gewonnen, daß ihnen das Kleinod einer ewigen Approximation" verliehen sei. Dies sind Gedanken, die Amalie an Hemsterhuis erinnern mögen, an Hamann auch, den Claudius verehrte. Das religiöse Erlebnis des Einzelnen, das Claudius so wichtig geworden, nachdem er die negativen Auswirkungen des Rationalismus durchschaut hatte, erkannte Amalie als einen neuen Weg für sich. Es tat ihr wohl nach all den Auseinandersetzungen mit Jacobi. Im beengten Hause Claudius beginnt der Tag stets mit Gebet und frommer Lesung. Und der Tag endet mit den Schriften des mittelalterlichen Mystikers Johannes Tauler. Dabei nimmt Vater Claudius sein schwarzes Käppi ab. Barhaupt ehrt er die Weisheit aus mittelalterlicher Tradition.

Amalie findet bei diesem Aufenthalt keine Zeit, in Hamburg auch die „Kleinode" Klopstock und Büsch zu besuchen. Klopstock ist der Dichterfürst, der über die Konfessionen hinweg Deutschland begeistert. Seinen „Messias" kennen auch diejenigen, die zu dieser Zeit kaum lesen gelernt haben, und natürlich alle Intellektuellen, vor allem aber die Freunde, die mit dem Göttinger Hain-Bund aufgewachsen sind. Sie verehren in Klopstock den Meister, der die deutsche Sprache befreit hat. Amalie erinnert sich wahrscheinlich, daß Fürstenberg seinerzeit (1775) den Hochgerühmten an die eben gegründete Universität Münster holen wollte, als „Writer in Residence".

Büsch ist der angesehene Wirtschaftspolitiker, der in Hamburg eine Handelsakademie nach englischem Vorbild begründet hatte, und die auch in Hamburg hauptsächlich von Engländern besucht wurde. Nach seinen volkswirtschaftlichen Büchern unterrichtete Amalie ihre Kinder. Sollte Mitri bei Professor Büsch alles das lernen, was Dalberg seinerzeit vorgeschlagen hatte, Wirtschafts- und Finanzwissenschaften?

Mitri erlebte im Hause Claudius ungewohntes Glück: Er wird beachtet! Claudius schenkte ihm seinen „Asmus", fünf Sammelbände waren bis jetzt erschienen. Asmus, das ist der, der alles, was er besitzt, bei sich trägt: omnia suam secum portans. Das sind die Sammelbände seiner Dichtungen, seiner Essays, seiner politischen Betrachtungen, die Claudius in Büchern zusammenfaßte, als seine journalistische Karriere und der „Wandsbecker Bothe" zusammengebrochen waren. Mitri nahm diese Bücher dankbar an, er hat sie nie aus der Hand gegeben. Sie waren die Bücher, die er in seinem Kolonistenleben im rauhen Pennsylvanien immer wieder las, in jenem Leben, wo alle Bedürfnisse auf das Wesentlichste zusammenschrumpften. Auch Mimi ist in Wandsbek glücklich. Karoline, die älteste Tochter des Hauses, befreundet sich mit ihr. Sie ist zwar vier Jahre jünger, aber doch eine herzlich kluge Gesprächs- und Briefpartnerin. Die Freundschaft umfaßt beide Generationen: Eltern und Kinder auf Jahre hinaus. Mimi wird später bei ihrer Verheiratung 1819 die Claudius-Korrespondenz mitnehmen und für die Nachwelt retten.

Amalie war über die Maßen beglückt. Im Sommer bedankte sie sich für die Wandsbeker Gastfreundschaft: Sie ließ die Droste-Vischering-Söhne eine von Dürer entworfene Luther-Medaille überbringen. Claudius schickte ihr ein Verzeichnis mit Mystiker-Schriften. Sie hatte ja um solche Brosamen gebeten, die von seinem Tische fielen: „Wir sind hungrig." Als „Brosamen" schickt Claudius ein Verzeichnis der Mystiker-Literatur von Jacob Böhme bis Angelus Silesius und „einige Lieder von Taulerus zum Behalten und Abschreiben, wie Sie wollen. Sie rechtfertigen den Satz, daß die Poesie anfänglich ein Unterricht von göttlichen Dingen gewesen sei" [ClBr., S. 341/42]. Claudius bedankt sich für die „Bekenntnisse" des Heiligen Augustinus und feiert den Jahrestag ihres ersten Besuches, dem ja noch viele folgen werden. Die Brücke zwischen Münster und Holstein ist geschlagen.

Mitri ergreift seine Chance

Overberg ist im Sommer 1792 in Rotterdam. Er begleitet die Fürstin Gallitzin und ihren Sohn Mitri ans Schiff nach Amerika. Herausgerissen aus seinem vertrauten Wirkungskreis schreibt der bedächtige Overberg in sein Tagebuch, daß er froh ist, diesen Wirrnissen der großen Welt nicht alle Tage ausgesetzt zu sein. Fürstenberg und Amalie haben beschlossen, Mitri nach Amerika zu schicken. Brosius, bisher Hausgeistlicher bei den Droste-Vischerings, wollte nach Amerika und sollte Mitri begleiten. Fürstenberg hatte ausgemacht, daß kein anderer Passagier in der Kabine aufgenommen werde, in der Brosius Mitri nach Amerika begleitet.

Will Mitri nach Amerika? Er ist wohl nicht gefragt worden. Es gibt einen Bericht über den Abschied in Rotterdam, der von den einen als fromme Legende, von den anderen als böse Erfindung gedeutet wird. Angeblich hat Mitri Jahrzehnte später seinem Biographen Heinrich Lemcke in der amerikanischen Wildnis seine Abreise so geschildert: Er betrat mit seiner Mutter den Steg, an dem das Boot anlegen würde, das sie zum Schiff „Jane" rudern sollte. Während sie noch redeten, schwankte der Steg so heftig, daß er, Mitri, ins Wasser fiel. Die Umstehenden hätten nur noch das ärgerliche Wort der Mutter gehört: „Mitri! Ich schäme mich im Grunde meiner Seele." Oder hatte sie gesagt: „Deiner Seele"? Hatte Mitri in diesem Augenblick aller Mut zur Abreise verlassen? Wollte er seiner Mutter noch etwas sagen? Aber er konnte nicht zu Worte kommen, denn im nächsten Augenblick lag er der Länge nach im Wasser. Die Matrosen fischten ihn zwar gleich wieder heraus, zogen ihn triefendnaß ins Boot und ruderten auf den Wink der Mutter lachend davon. War er gestolpert, daß er ins Wasser fiel, oder, was ihm später viel wahrscheinlicher schien, hatte die Mutter ihn mit Absicht ins Wasser gestoßen, mit einer letzten Ohrfeige? Der Stoß ins Wasser – vielleicht von der Mutter ausgeführt? Wie oft war ihr die Hand ausgerutscht, in Angelmodde, in Münster, bei dem fetten Butterbrot-Nachtisch, wie oft hatte sie ihn in die Wanne mit kaltem Wasser vor seinem Bett gestoßen, wenn er nicht schnell genug aufgestanden war! Wie oft mußte er in die Werse eingetaucht werden, wenn er beim Unterricht einschlief! Hatten sich diese Erinnerungen bei Mitri so tief eingefressen, daß sie später am anderen Ufer des Atlantik zu diesem harten und belachten Sturz zusammenflossen?

Im Umkreis der Fürstin wurde diese Geschichte mit Hochachtung weitergegeben: Dies sei ein Beispiel für die heldenhafte Mutter, die ihrer Zärtlichkeit beim langen, schweren Abschied Herr geworden sei. Die Frommen sahen darin Mitris Taufe zu einem besseren Leben, die wahre Erweckung des jetzt Zweiundzwanzigjährigen.

Als Fürst Dimitri von Amalie über das „Projekt Amerika" unterrichtet worden war, hatte er es passiver aufgenommen, als sie befürchtet hatte. Er gab zu bedenken, daß ein bürgerlicher Name Mitri bei einer solchen Reise nützlicher sein könne als sein fürstlicher Titel. Deshalb reiste Mitri als Augustin Schmitt (Schmitt – abgeleitet von Schmettau, Augustin – sein Firm-Name) in das neue Land. Onkel Carl von Schmettau wollte Mitri an George Washington empfehlen, den ersten Präsidenten der neuen Republik auf dem Boden Amerikas. Er könne dadurch weitläufige Beziehungen gewinnen und Einblicke in die republikanischen Spielregeln erhalten. Fürstenberg stemmte sich dagegen. Mitri sei zu weich und der Ruf von Präsident Washington zu imposant. Mitri würde dessen Meinungen und auch wohl Sitten aus Verehrung und Gefälligkeit möglicherweise unüberlegt annehmen. Man wisse ja die Wirkung, welche ein großer Mann auf einen jungen Menschen habe. Und wer kenne schon Washingtons religiösen und sittlichen Grundsätze, dessen politische Moral? George Washington, das war der Oberbefehlshaber eines Kolonistenheeres, das mit Hilfe europäischer Offiziere – Steuben, Lafayette –, freiwilliger Kolonisten, gepreßter Soldaten, verkaufter „Landeskinder aus Europa", innerhalb von sechs Jahren die Kolonialmacht England zur Kapitulation gezwungen hatte. Das war nun fast zehn Jahre her. 1789 hatte man George Washington einstimmig zum Präsidenten der Vereinigten Staaten gewählt.

Amerika sei für einen, meinte Fürstenberg, der jetzt mit Beobachtungsgeist reisen wolle, ein äußerst interessantes Land, was vor allem die neuartigen politischen Verhältnisse betreffe. Aber Mitri müsse sich selbst ein Urteil bilden. Er müsse so viel wie möglich selbst beobachten, selbst urteilen und aus den Tatsachen die Kausalverbindungen ableiten. Und er müsse einen zugleich vernünftigen und moralisch guten Mann als Begleiter haben, welcher für Mitris Gesundheit sorgen könne. Die Reise nach Amerika könne ein gutes Debüt für Mitri werden, welche Karriere er auch einschlagen möge. Aber, das gibt der erfahrene Staatsmann Fürstenberg ebenfalls zu bedenken, in den jetzigen Zeiten könne es auch schädlich sein, für einen Zögling von George Washington, einem Republikaner, gehalten zu werden.

Dreißig Tage bleiben sie auf dem Meer, ehe die „Jane" in Baltimore, Maryland, anlegt. Brosius eilt mit Mitri in das Kolleg von Saint-Sulpice, das von französischen Weltpriestern, Emigranten, die vor der Französischen Revolution geflüchtet waren, gegründet wurde. Hier war Mitri in einer religiösen Atmosphäre, die er aus Münster kannte, hier war er in einer französischsprachigen Umwelt, die ihm vertraut war. Seiner Freude am Lesen, am Studieren konnte er hier nachgehen. Er fühlte sich wohl. Vielleicht fühlte er sich zum erstenmal in seinem Leben frei.

Mitri faßte schon bald einen Entschluß, von dem ihn keine Versprechungen und keine Drohungen der Mutter und Verwandten abbringen konnten: Mitri beschloß, Priester zu werden. Sein Vater glaubte, er reise durch das neue Land und mache Beobachtungen naturwissenschaftlicher oder politischer Art. Das glaubte der Vater noch bis 1794. Als erstem schrieb Mitri 1792 seinem Beichtvater Schnösenberg, daß er Priester werden wolle. Er bekam nie eine Antwort auf diesen Brief. Daraus machte Overberg Mitri später den Vorwurf des

Ungehorsams: Ein so großer Entschluß müsse mit dem Beichtvater besprochen werden. Dann teilte es Mitri seiner Mutter mit. Die konnte und wollte es nicht glauben. Sie schrieb einen schrecklichen Brief an den Bischof von Baltimore, zählte alle schlechten Eigenschaften ihres Sohnes auf: Er sei zu schwach, um den Priesterberuf ausüben zu können. Sie schilderte seine Feigheit, seinen Wankelmut und auch seine begrenzte Intelligenz. In Baltimore war man erschrocken, zumal die Anklagen der Mutter Mitri in eine tiefe Verzweiflung stürzten. Daraufhin bat der Bischof die Mutter (sie hatte ja ihm, dem Vorgesetzten, nicht ihrem Sohn geschrieben), sie möge doch ihrem Sohn einen guten Brief schreiben. Amalie rafft sich zu einem kurzen Jubelbrief auf.

Doch dann geschieht etwas, an das niemand gedacht hätte: Aus Sankt Petersburg kommt ein Gestellungsbefehl für den Fähnrich Ihrer Majestät, der Zarin, datiert vom 1. Januar 1794. Diese Order kommt aus der Kanzlei der Leibgarde Ismailowski. Darin heißt es, Mitri hätte seinem Dienstalter nach am 1. Januar 1794 in den Rang eines Gardeoffiziers erhoben werden sollen. Nun setze ihm die Kaiserliche Majestät einen Termin von sechs Monaten. Falls er sich in dieser Zeit nicht beim Regiment einfinde, werde er ganz ausgeschlossen. Unterzeichnet vom Ersten Major Darbenen.

Die Überraschung beim Vater ist groß. Sofort wendet er sich an Amalie. Er will, daß Mitri unverzüglich heim nach Rußland gehe, denn sein Bruder habe ihm geschrieben, man werde Mitri, wenn er keine Lust habe, im Militärdienst zu bleiben, eine politische Karriere eröffnen, wo er wegen seines Offiziersrangs in der Garde zu einem viel höheren Rang erhoben werden könne, als sonst zu erwarten sei. Fürst Gallitzin möchte, daß der Sohn unverzüglich nach Rußland aufbreche, man könne sich diesem Ruf nicht entziehen. Da er inzwischen den anerkennenden Brief des Bischofs aus Baltimore kannte, fügte er hinzu: „Gott gebe, daß er auch in meinem Vaterlande Leute findet, die ihn mit so viel Gerechtigkeit beurteilen. Denn dort (in Rußland) wird Einfalt und Natur nicht so hoch gehalten wie in Amerika.“

Außerdem meint der Vater: „Wenn er einmal die Notwendigkeit einsieht, sich kleiden und frisieren zu lassen wie andere, so wird es ihm sehr leicht werden, sich zu produzieren“ [Lemcke, S. 116]. Der Vater, Fürst Gallitzin, der immer stolz darauf war, daß er seiner Frau Amalie nicht in die Erziehung der Kinder hineinredete, möchte nun die Zukunft seines Sohnes mitbestimmen. Dieser aber bereitet sich mit allem Ernst auf den Priesterberuf vor. Er vertieft sich in die Schriften des Thomas von Aquin und in die Bibel, studiert die Kirchengeschichte, liest eifrig die Zeitungen, um sich über den Lauf der Welt zu unterrichten. Der Vater hatte Mitris Aufenthalt in Amerika seinen russischen Freunden gegenüber als Kavaliersreise deklariert: Da das revolutionäre Europa so verderbt sei, könne man ihn dort nicht umherreisen lassen wegen der moralischen Gefahren. Da Mitri sich nicht nach Rußland aufmacht, wendet der Vater sich noch einmal an seine Gemahlin und fragt, was er denn nur dem Hofe mitteilen solle. Er könne seine dortigen Verwandten doch nicht im Ungewissen lassen. Den Bruder nicht und auch nicht die Freunde. Und im übrigen gäbe es am Petersburger Hof kein Beispiel, daß ein Mann von Gallitzins Rang Priester geworden wäre. Wohl Mönch, aber als Mönch verzichte man auf allen Besitz oder vermache ihn vorher schon dem Kloster. Mitri sei im übrigen schon dadurch enterbt, daß er ja katholischer Priester geworden sei. Noch gehöre ihm, dem Vater, aller Besitz in Rußland, und nach seinem Tode würde ihn Mimi erben. Er würde aber Mitri kein hartes Wort deswegen sagen. Wahrscheinlich sei er ja Priester geworden aus Ekstase. Aus Übertreibungen habe er die Vorschriften des Evangeliums zu ernst genommen. Es heiße da zwar, man solle Vater und Mutter verlassen und Christo nachfolgen, aber doch nicht Vater, Mutter und Schwester in Verzweiflung stürzen! Zwar halte er Mimi für so großzügig und großmütig, daß sie ihren Erbteil mit dem Bruder teilen würde. Wenn sie aber nicht das Erbe retten könne, so würden bestimmt die vielen Neffen, die er in Rußland habe, darüber herfallen. Wenn ein Edelmann seinen natürlichen Beruf hintan setze und in den Kirchendienst gehe, so könne er nur Mönch oder Missionar werden. (So dachte ja auch Maria Theresia, bevor es darum ging, ihren jüngsten Sohn Max Franz als Kurfürst und Fürstbischof in Köln und Münster wählen zu lassen.) Fürst Gallitzin bat Amalie auch, seinen Brief an Mitri weiterzuschicken, damit er es nicht müsse. Kommunikation zwischen Eltern und Kindern war und ist wohl immer schwer gewesen.

Viele vorwurfsvolle Briefe bekommt Mitri in Amerika. Briefe von Mimi, von Overberg, voller Klagen über die schweren Krankheiten der Mutter, die nur er verschuldet habe, Vorwürfe über Vorwürfe. Mitri geht seinen Weg. Im März 1795 wird er zum Subdiakon geweiht, und im Mai 1795 weiht der Bischof von Baltimore ihn zum Priester. Er ist der erste katholische Priester in Amerika, der nicht in Europa ausgebildet wurde. Möglich war das nur im Staate Maryland, den der katholische Lord Baltimore gegründet hatte.

Über diesen unwiderruflichen Schritt will Amalie ihren Gatten nur in Anwesenheit von General Carl von Schmettau und der Prinzessin Ferdinand, also in Berlin, unterrichten lassen, denn sie fürchtet seinen Zorn. So muß Mimi einen Brief an Carl von Schmettau schreiben und Mitris Berufswahl melden. Fürst Gallitzin wohnte zu dieser Zeit schon meist in Braunschweig und verkehrte am Berliner Hof. Mimi schrieb auch an den Onkel, wie leidend die Mutter sei aufgrund von Mitris Entscheidung, und daß die Mutter den Priesterwunsch nicht gebilligt habe. Deshalb müsse man die Mutter schonen, die sich nun gegen ihre vielen Feinde zu verteidigen habe. Dieser Schachzug von Amalie gelang. Fürst Dimitri A. Gallitzin blieb bei der Eröffnung ruhig. Hatte er sonst gesagt, Mitri sei „das Grab, welches den Glanz seiner Familie und alle Hoffnungen, dieselbe am Russischen Hof hoch emporzubringen, auf ewig verschlänge“, so ließ er sich jetzt überzeugen, daß der Priesterberuf in dem rauhen Amerika eine Sache der Energie und des Mutes sein müsse. Später, 1796, nach dem Tod der Zarin Katharina schrieb Fürst Gallitzin an den neuen Zar, Paul I., den er 1782 als er Gesandter in Den Haag auf dessen Staatsbesuch begleitet hatte. Er hoffte auf ein Amt bei Hofe. Gallitzin wurde keiner Antwort gewürdigt. Man hielt ihn in Sankt Petersburg für einen Anhänger der Französischen Revolution, für einen Jakobiner. Darüber war Gallitzin so verbittert, daß er endgültig die Hofleute als dumm und einfältig bezeichnete. Außerdem hatte er inzwischen auch seine Meinung über Religion geändert, da ja die Verfolgung der Priester, die Verfolgung der Kirche, so eng mit dem Sturz des Adels und aller seiner Privilegien verbunden war.

Mitris Leben in Amerika ist aus einem Guß. Es ist nicht so, wie man es sich zwischen Münster und Angelmodde vorstellte, daß er Indianer, „Wilde", hätte bekehren müssen, nein, er lebte als einfacher Priester unter den Siedlern dieser Zeit. Er folgte ihnen an die damals westlichste Grenze Amerikas, die durch das Allegheny-Gebirge gebildet wurde. Er hatte seine liebe Not mit den Schnaps trinkenden Iren und konnte viele Dialekte der Siedler, die aus deutschen Ländern kamen, nicht verstehen. Viele dieser Einwanderer sind Flüchtlinge, die Schutz suchen vor den Umwälzungen in Europa. Manche von ihnen sind Nachkommen jener gepreßten Soldaten, jener verkauften „Landeskinder", die von deutschen Duodez-Fürsten in Amerikas Freiheitskrieg geschickt worden waren. Mitri hat keine Zeit, Tagebuch zu führen und buchhalterisch über die Stufen seiner Vervollkommnung Rechenschaft zu geben. Wenn er jetzt reitet, ist es nicht, um in der Wolbecker Heide zu jagen, sondern es sind Tagesritte zu Kranken oder Sterbenden, um ihnen die Sakramente zu bringen. Mitri lebt mit den Siedlern. Er kümmert sich um die Arbeiter, die die Pennsylvania-Ohio-Railroad bauen. In Erwartung seiner Erbschaft gründet er eine Stadt, Loretto. Er baut eine Kirche, er baut eine Blockhütte für sich daneben.

Nie mehr kehrt Mitri nach Münster zurück – auch nicht 1803, als sein Vater in Braunschweig stirbt, und die Frage des russischen Erbes lebhaft erörtert wird zwischen Mutter und Mitri. Sie wünscht, daß er kommt und nach Rußland geht. Aber Mitri kann nicht einsehen, daß er als katholischer Priester in Sankt Petersburg etwas ausrichten könne. Mitri kehrt auch nicht 1806 nach Europa zurück, als die Mutter stirbt. Zwar haben Mutter und Sohn vorher Briefe gegenseitiger Verzeihung ausgetauscht, aber eigentlich, so hat Mitri später seinem Mitarbeiter Heinrich Lemcke gestanden, hat er seine Mutter erst lieben können, als sie gestorben war.

1807 bittet er das Parlament in Pennsylvanien, ihm zu gestatten, seinen wirklichen Namen, Dimitri von Gallitzin, der ja ohnehin bekannt sei, zu tragen.

Mimi begibt sich 1808 nach Rußland und bekommt von Zar Alexander I. das Erbe zugesprochen. In Erwartung dieser Summen kauft Mitri Land, um es an Siedler weiterzuverkaufen, und verschuldet sich schwer. Er läßt aber nicht ab von seiner harten Arbeit und ist als Seelsorger beliebt und anerkannt. Er soll sogar Coadjutor in Detroit werden, aber er will weder Coadjutor noch Bischof in Philadelphia, Baltimore oder Detroit werden, sondern er denkt an einen Bischofssitz in Loretto mit Seminar und Schulen für die Gemeinde. Aber daraus wurde nichts. Die großen Pläne, die seine Mutter jederzeit entwickelte, die sind auch ihm geläufig.

1836 kommt der Benediktiner Heinrich Lemcke aus Deutschland, um ihn bei seiner Arbeit zu unterstützen. Lemkke ist auch sein erster Biograph und berichtet von dem harten, aufopferungsvollen Leben des alternden Seelsorgers Dimitri. Ostern 1840 stirbt Mitri, ein Siebzigjähriger. Er stirbt bei offener Tür, sein Sterbezimmer und seine Kirche sind voller Menschen. Er wollte zwischen Kirche und Wohnhaus begraben sein. Aber die Pfarrkinder wollten es anders. Heute steht ein gewaltiges Marmor-Monument vor der Kirche in Loretto.

Einige Jahre nach seinem Tode wurde eine Stadt Gallitzin in Pennsylvanien gegründet. In diesem Jahrhundert hat ihm der Staat Pennsylvanien ein Denkmal gesetzt: hat einen riesigen Erholungspark, den „Prince Dimitri Gallitzin State Park“ nach ihm benannt. Andenken an einen Prinzen europäischen Geblüts, der früh den Weg in die Neue Welt wählte. Der ein Leben wagte, das ganz anders verlief, als ängstliche Erzieher und pessimistische Ärzte ihm prophezeit hatten.

Goethe und die Gemmen

Über Mitri wird kein Wort verloren, als Ende des Jahres 1792 Johann Wolfgang von Goethe nach Münster zu Besuch kommt. Dabei hatte Mitri doch erst ein halbes Jahr zuvor Mutter und Münster, Familie und Freunde verlassen. War es so, daß er keine fühlbare Lücke hinterließ? Wollte Amalie nicht über ihren Sohn sprechen? War die Mutter froh, daß der Sohn, dessen Seele nach ihrer Meinung ja „immer noch schlief", nicht zugegen war? Ach, Mitri hatte keine Chance in der Grünen Gasse.

In Jacobis Reisewagen und mit Diener Paul Goetze kommt Goethe am 6. Dezember 1792 spät abends in Münster an. Alle Gasthäuser sind von französischen Emigranten belegt. Auch im Hotel „Stadt London" auf der Rothenburg 2 ist kein Platz mehr frei. Goethe übernachtet auf einem Stuhl, so wie er es oft und oft während des unglückseligen Rückzugs aus dem Schlamassel von Verdun und Valmy getan hat.

Am anderen Morgen läßt Amalie bitten. Sie ist überglücklich, den hohen Gast, den umschwärmten Dichter aus Weimar, bei sich zu haben. Seit ihrem Besuch dort sind sieben Jahre vergangen. Briefe wurden nicht gewechselt, so inständig Goethe, Hemsterhuis und auch Jacobi darum baten, daß Amalie an Goethe schreiben möge. Sie hatte aber oft in ihrem Tagebuch über ihn nachgedacht: „Goethe, der einzige der berühmten Männer, der mich als Mensch wahrhaft begeistert und mein Herz berührt hatte, gab mir den schmeichelhaftesten Anlaß, in Korrespondenz mit ihm zu treten, indem er mir nach meiner Rückkehr (1785) schrieb, ich allein hätte den Schlüssel seines lange verschlossenen Herzens gefunden, mir möchte er sich ganz öffnen, nach meinem gegenseitigen Vertrauen verlange ihn. Einen ganzen Winter blieb ich im Kampf, solle ich, solle ich nicht. Aber da ich keinen wahrscheinlichen Nutzen, Zeitaufwand und vielleicht zuviel Beschäftigung für mein Herz darin muthmaßte, konnte ich mich zu keiner Antwort entschließen" [Liesching, S. 53 f.].

Jacobi hatte jedoch brieflich die Verbindung gehalten. Nun kommt Goethe in ihr Haus, in den Kreis gelehrter Männer, die ihr alle ergeben sind. Zu ihr, der Hausherrin in der Grünen Gasse, Venus Urania, Präsidentin einer Akademie sozusagen, wenn nicht Äbtissin eines halbklösterlichen Lebens. Fühlte sich Goethe erotisch beunruhigt? Fürstenberg vermutet es, und bietet seiner „liebsten Adeodata" an, er wolle „unterdessen, daß Du badest, den Goethe von Deinem Hause über den Wall am Schloß vorbei eine viertel Stunde lang spazieren fahren" [GKvM, Nr. 190]. In der Grünen Gasse wird um zwei Uhr erst gespeist.

Fürstenberg, der sich sein Leben lang für militärische Fragen interessierte, brannte wohl auch darauf, soviel wie möglich über den unglückseligen Kriegszug der alliierten Preußen, Österreicher, Sachsen und französischen Emigranten zu hören, den Goethe mitgemacht hatte, und dem Fürstenberg von vornherein keine Chance gegeben hatte. Die Brüder des französischen Königs hatten die deutschen Fürsten hart bedrängt, die Revolution in ihrer Heimat niederzuschlagen. Und die deutschen Fürsten hatten sich ein Jahr zuvor im Lustschloß der sächsischen Könige zu Pillnitz dazu verpflichtet. Während die Fürsten ihre Heere sammelten, um 1792 auf Paris zu marschieren, König Ludwig XVI. zu schützen und die Idee des Königtums überhaupt zu retten, stürmte das Volk von Paris die Gefängnisse und massakrierte wahllos die Gefangenen. Das französische Volksheer, von den Freiheitsideen der Revolution beflügelt, schlug das Koalitionsheer der deutschen Fürsten zurück. Als Goethe in Münster weilte, war der französische König mit seiner Familie schon längst gefangen und eingesperrt im Temple. Die Zeiten waren dramatisch.

Von dem schrecklichen Kriegs- und Fluchtunglück wollte Goethe jetzt in Münster nichts wissen. Er hatte als Staatsbeamter und als Freund seines Herzogs Carl August diesen Kriegszug mitgemacht und den grauenhaften Rückzug durch zerstörte Dörfer, ausgeraubte Klöster, brennende Gehöfte gesehen. Im Schlamm der Champagne starben Soldaten und Offiziere an der Ruhr, Pferde verendeten, und Habseligkeiten lagen im Schlamm. Von seinem Regiment hatte Goethe sich in Koblenz verabschiedet. War den Rhein „heruntergeschwommen", an die Freundesbrust von Fritz Heinrich Jacobi.

Und war nun in Münster – bei der Frau, die ihm so viele Rätsel aufgab. Von Politik wurde nicht gesprochen, und auch nicht von Weltgeschichte. Goethe hatte die grauenhaften Eindrücke des schmählichen Rückzugs in den vergangenen sechs Wochen bei Jacobi, im „gastfreiesten aller Häuser" wohl schon wieder zurückgedrängt. Den Überlebenden und Lebenden, wie sie da im Großen Saal der Fürstin Gallitzin versammelt waren, war wohl nicht bewußt, daß mit der „Kanonade von Valmy eine neue Epoche der Weltgeschichte begonnen hatte", so wie Goethe es dreißig Jahre später in seinen Erinnerungen schrieb.

Goethe genoß in Münster „vier sehr glückliche Tage", die er gern verlängert hätte, wenn er sich – leider – nicht schon zu Hause in Weimar (bei Christiane Vulpius) angemeldet hätte. Er genoß hier diesen Kreis „geistlicher Männer von Sinn und Verstand, heranstrebender Jünglinge, wohlgestalt und wohlerzogen, an Geist und Gesinnung vielversprechend, die gegenwärtig waren". Nur flüchtig nimmt Goethe auch Mimi wahr. „Sie war stämmiger geworden und dem halbklösterlichen Leben sich fügend und widmend." Ins Stammbuch schreibt er ihr: „Unterschieden ist nicht das Schöne vom Guten. Das Schöne ist nur das Gute, das sich lieblich verschleiert uns zeigt."

Wohnung und Hausrat fand Goethe weder „elegant noch kostbar, es sah aus, als wenn man anständig zur Miete wohnt. Fürstenberg bewohnte einen Palast, aber einen fremden, den er seinen Kindern – da er ja Zölibatär war – nicht hinterlassen sollte". Im Saal der Fürstin sieht Goethe die Büsten von jenen Männern, die Amalie verehrt: Von Homer und Alexander dem Großen, Hemsterhuis und Jacobi, Herder und Fürstenberg. Und zwischen ihnen natürlich auch seine Büste. Er mußte sich hier zu Hause fühlen: anerkannt, verehrt, geliebt – ja, auch geliebt. Ein Gedicht scheint es zu beweisen und entzieht sich doch wieder der Interpretation.

Der neue Amor

Amor, nicht das Kind, der Jüngling, der Psychen verführte,
Sah im Olympus sich um, frech und der Siege gewohnt;
Eine Göttin erblickt' er, vor allen die herrlichste Schöne
Venus Urania war's, und er entbrannte für sie.
Ach! die Heilige selbst, sie widerstand nicht dem Werben
Und der Verwegene hielt fest sie im Arme bestrickt.
Da entstand aus ihnen ein neuer lieblicher Amor,
Der dem Vater den Sinn, Sitte der Mutter verdankt.
Immer findest du ihn in holder Musen Gesellschaft
und sein reizender Pfeil stiftet die Liebe der Kunst.

Dieses Epigramm im griechischen Stil ist ein Gedicht, das der berühmte Gast im Stil der Zeit der Dame des Hauses schuldig war. Im Freundeskreis wird es aufmerksam gelesen, besprochen und mokant interpretiert.

Während das siegesgewisse französische Revolutionsheer den Rhein heraufstürmt, Speyer, Worms, Landau nimmt, Mainz belagert und besetzt, wird im Großen Saal der Fürstin Gallitzin vom Schönen und Guten gesprochen.

Goethe hätte gern über seine Farbenlehre ausführlicher geredet, denn trotz Feldzug und ungeordnetem Rückzug hat er bei Verdun etwas Aufregendes beobachtet: Wie eine Scherbe Keramik, die in einem Wassertrichter lag, in prismatischen Farben erschimmerte, und wie auch die Soldaten, die nach Fischen angelten, von dem Farbenspiel entzückt waren. Das Interesse an solchen Beobachtungen war nicht groß in der Grünen Gasse.

Amalie und ihre Freunde hätten Goethe lieber vorlesen hören. Man wußte, daß Goethe die Idylle „Luise“ von Voß leidenschaftlich gern vortrug. Aber irgendwie mochte es Goethe jetzt nicht und tat es auch nicht. Später wunderte er sich selbst über „diese unerklärliche Verstocktheit“.

Statt dessen taucht er tief in seine Erinnerungen ein und schildert die Eindrücke seiner Italienreise, die nun schon ein halbes Jahrzehnt zurücklag. Er schildert die Feierlichkeiten der Karwoche, die Osterliturgie und die großen Prozessionen an Fronleichnam und am Peter-und-Paul-Fest. Erinnernd erfreut ihn die Pferdeweihe, an der auch so viele andere Tiere teilnahmen, und natürlich vergißt er den Carneval nicht. Die Zuhörer lauschen – es verschlägt ihnen die Sprache. Goethe, der Heide, in Italien und in der Kirche! Ist er denn katholisch? – So fragt einer leise aus dem Kreis, und die Frage wird von dem preußischen Diplomaten Dohm Jacobi zugetragen. Der schmollt brieflich und schreibt an Goethe: „Etwas zu heucheln hatte ich Dir erlaubt, aber daß Du es so weit treiben würdest ...“ [GKvM, Nr. 203] Goethe beteuert ihm umgehend, daß ihm die Erinnerung in ihrer eigenen Gestalt und die Rituale in ihrem Symbolwert bewußt waren, als er das alles schilderte. Denn „jede fratzenhafte Verzerrung, wodurch sich dünkelhafte Menschen nach eigener Sinnenweise an dem Gegenstand (hier: den Ritualen der katholischen Kirche) versündigen, war mir von jeher zuwider“ [GKvM, Nr. 294]. Jacobi hat das Gedicht vom „Neuen Amor“ seinen Freunden Heinse und Nesselrode gezeigt und sich darüber lustig gemacht. Goethe weist ihn zurecht: „Das kleine Gedicht, wie überhaupt alles, was ich in meiner Art vorbrachte, hat die Fürstin mit der besten Art aufgenommen und mir ein unbegrenztes Vertrauen eingeflößt und bewiesen“ [GKvM, Nr. 200].

Das große und immer wiederkehrende Thema dieser „vier sehr glücklichen Tage“, waren die Hemsterhuis-Gemmen. Goethe hatte schon einmal, 1788, durch Jacobi anfragen lassen, ob er sie vielleicht in Abdrücken haben könne. Aber nun lagen sie vor ihm: „Die Blüte des Heidentums in einem christlichen Hause verwahrt und hochgeschätzt, in engen Räumen juwelenhaft aufgehoben“ [GKvM, Nr. 294]. Goethe ist gefesselt von diesem Reichtum der Formen und Farben: sechzig Gemmen. Er ist der Auffassung, daß man in diesen Kleinformen der Antike deren große Formen ergründen könne. Wann immer eine Lücke in der Unterhaltung entsteht, kommt er auf diesen Schatz zurück und meint Jacobi erklärend gegenüber:

„Jede Betrachtung eines würdigen Gegenstandes ist immer von einem religiösen Gefühl begleitet“ [GKvM, Nr. 294]. Es war Goethe sehr darum zu tun, daß seine Freunde die Tage von Münster nicht ins Zweifelhafte und Lächerliche zogen.

Amalie bietet Goethe an, die Gemmen mitzunehmen nach Weimar. Goethe wehrt ab. Die Zeiten seien unruhig, die Kostbarkeiten könnten ihm auf der Reise gestohlen werden. Und er denkt auch daran, daß diese Ringe, Medaillen und ungefaßten geschnittenen Steine zum Teil so ungeordnet sind, daß sie sowohl für den Eigentümer wie den Entleiher unübersichtlich bleiben. Aber Amalie drängt sie ihm förmlich auf. Sehr viel später sagt sie ihm erst, sie sei von Freundinnen gewarnt worden, daß sie die Gemmen möglicherweise nach solcher Ausleihe nie wiedersehen würde. Doch sie habe darauf geantwortet: „Glaubt ihr denn nicht, daß der Begriff, den ich von ihm habe, mir lieber sei als diese Steine? Sollt‘ ich die Meinung von ihm verlieren, so mag dieser Schatz auch hinterdrein gehen“, und sie wäre dann um eine Erfahrung reicher [GKvM, Nr. 294]. („Freundinnen“ – natürlich wurde in Münster über diesen außerordentlichen Besuch getuschelt. Insbesondere wohl von all jenen, die nicht eingeladen waren: Frauen.) Vielleicht fühlte Amalie schon jetzt, daß diese Gemmen ein Unterpfand sein könnten für eine Verbundenheit, eine Freundschaft, nach der sie sich seit ihrem Besuch in Weimar gesehnt hatte, und die sie nicht zu gestalten wußte. Gemeinsamkeit mit dem Mann, der „ihr Herz berührt“ hatte und der sich ihr in „unaussprechlich offenbarenden Stunden“ nun wieder gezeigt hatte. Genau dreißig Jahre später schilderte Goethe den Abschied so: „Die Fürstin kündigte mir an, sie wolle mich auf die nächste Station begleiten, setzte sich zu mir in den Wagen, der ihrige (mit Overberg) folgte. Die bedeutenden Punkte des Lebens und der Lehre kamen abermals zur Sprache, ich wiederholte mild und ruhig mein gewöhnliches Credo, auch sie verharrte bei dem ihrigen. Jedes zog seines Weges nach Hause. Sie mit dem nachgelassenen Wunsche: Mich wo nicht hier doch dort wiederzusehen. Diese Abschiedsformel wohldenkender, freundlicher Katholiken war mir nicht fremd, noch zuwider ... Und ich sehe nicht ein, warum ich es irgendjemand verargen sollte, der wünscht, mich in seinen Kreis zu ziehen“ [GKvM, Nr. 294].

Aber jetzt in den Dezembertagen von 1792 klingt die Erregung im Freundeskreis so schnell nicht ab. Jacobi schreibt an Goethe: „Du mußt mir noch ein Wort von Münster sagen, mir Gegenwart verleihen, Zusammenhang. Ich verlange auch ein Wort über Overberg, vornehmlich über Bucholtz, den Du doch gesehen und gesprochen haben wirst. In der Prinzessin Briefen erscheint weder menschliche Seele noch Gestalt außer ihr selbst ...“ [GKvM, Nr. 195] Jacobi will Kontrolle über die Menschen, die Amalie nahestehen: Über Overberg, ihren Beichtvater, und über Bucholtz, in dem er einen Nebenbuhler sieht, weil Amalie so viel „Wesens um ihn macht“.

Darauf geht Goethe nicht ein. Aber auch Goethe hat ein Problem. Er fragt seinen Freund in Düsseldorf-Pempelfort: „Ich wäre neugierig zu wissen, wie sie von mir dächte, wenn wir ein Jahr zusammengelebt hätten. In den ersten Tagen ist und bleibt immer viel Schein“ [GKvM, Nr. 200].

Goethe, der sich in den Frauen so gerne spiegelt, hat auf diese Frage auch keine Antwort bekommen.

Emigranten – Märtyrer

Die Septembermorde von 1792 hatten Paris in ein Blutbad getaucht. Aus Panik vor dem heranrückenden Koalitionsheer, das die französischen Emigranten den deutschen Fürsten abgetrotzt hatten, war das Volk von Paris in die Gefängnisse eingebrochen und hatte wahllos die Eingesperrten ermordet. Zu Tausenden drängten Flüchtlinge über die Grenzen, sofern sie nicht auf Schiffen zusammengepfercht im Meer versenkt worden waren. Senkrechte Vernichtung nannte man zynisch diese „Noyaden". Zu Tausenden irren Flüchtlinge über die Schweiz, Holland, Belgien, England, in das Hochstift Münster. Fast viertausend kommen und bleiben. Die meisten sind Priester, die den Eid auf die Verfassung verweigert hatten. Nur mit dem Leben waren sie davongekommen, waren ohne Kleidung, ohne Geld. Geld war ihnen an der Grenze abgenommen und durch wertloses Papiergeld, die berüchtigten Assignaten, ersetzt worden. Amalie und Fürstenberg waren unermüdlich tätig, das Los der Flüchtlinge zu bessern. Amalie sammelte Geld und Kleidung und ließ es verteilen. Sie schrieb Briefe, sie besorgte Stellen für die der deutschen Sprache nicht mächtigen Priester. Sie konnte einen Beamten der Versailler Gärten und Parks nach Rußland vermitteln. Sie sammelte Geld: 2.178 Taler hatte sie allein bis April 1795 gesammelt, und nach 1797 setzte sie ihre Sammlung fort und brachte es auf 2.261 Taler. Auf ihren Spendenlisten stehen die Namen der holsteinischen Freunde, der Reventlows und Stolbergs. Prinzessin Ferdinand gibt und selbst die Schwiegertochter der Zarin. Amalie wußte oft nicht, wohin sie mit den Lebensmitteln sollte, die die Leute freiwillig zu ihr brachten. Für die Bürger und Bauern, für die Bewohner des Hochstifts, waren diese Flüchtlinge ja Märtyrer, waren Glaubensgenossen, die wegen der ihnen gemeinsamen Religion verfolgt wurden. Kurfürst Max Franz liebte die Franzosen nicht und sprach von den Flüchtlingen als „Emigré-G'schmeiß". Dabei dachte er zwar hauptsächlich an die französischen Aristokraten, die unter Anführung der Brüder des Königs, Graf Provence und Graf Artois, sich zunächst in Koblenz breitmachten und dann in Hamm ihre Exilregierung begründeten. Mit großem Hofstaat kamen sie und führten ein prunkendes Leben, das die Einwohner in Zorn und Schrecken und Abscheu versetzte. Max Franz liebte die Franzosen nicht, weil er als junger Mann in Frankreich vom französischen Adel schlecht behandelt worden war. Er konnte sie jetzt erst recht nicht lieben, da seine Schwester, Königin Marie Antoinette, und sein Schwager, König Ludwig XVI., gefangengehalten wurden und der Guillotine ausgeliefert waren. Streng waren die Gesetze, die Max Franz für „Ankunft am Abend und Weiterreise am nächsten Morgen" erließ. Trotzdem fanden in Klöstern und Privathäusern Tausende Unterkunft und Bleibe. Amalie gelang es sogar, ein einziges Mal den Kurfürsten dazu zu bringen, eine Kollekte für die Emigranten von den Kanzeln herab aufrufen zu lassen. Sie schrieb auch an Goethe und bat ihn, den Herzog Carl August um Geld zu bitten. Und einige Zeit darauf, als sie nichts hörte, bot sie die Gemmen zum Verkauf an. Sie meinte, für 12.000 Reichstaler würde sie sie hergeben. Falls der Herzog aber schon ein Almosen für die Emigranten übersandt hätte, wolle sie sich damit begnügen. Sie wollte eine Mädchenschule gründen. Der Herzog schickt weder ein Almosen, noch kauft er die Gemmen. Die, so teilt Amalie Goethe mit, sollten, falls sie stürbe, zu Overbergs Erbe gehören. Die Gespräche mit Flüchtlingen, die von der Glaubensverfolgung in Frankreich berichten, das Nachdenken über ihre eigene Situation, lassen die religiösen Neigungen in Amalie noch stärker werden.

Am Bonner Hof werden die Archive eingepackt und nach Dorsten geschickt. Der Kurfürst kommt 1792 nach Münster, wenige Tage nach Goethes Besuch, reist aber dann wieder nach Mainz oder Bad Mergentheim, wo er als Hochmeister des Deutschen Ordens früher gewirkt hatte. Er verläßt Bonn endgültig erst im Jahre 1794. Er ist als Habsburger Erzherzog nicht zufrieden mit der Politik, die sein Neffe, Kaiser Franz II., macht: Der Wiener Hof habe diesen Krieg gegen seinen Willen angefangen. Die Revolutionsheere kommen in bedenkliche Nähe des linken Rheinufers. Fürstenberg sammelt Nachrichten aus aller Welt über Friedensverhandlungen, über Friedensschlüsse zwischen Preußen und Franzosen in Basel. Das linke Rheinufer wird genommen, und man munkelt, daß Preußen als Lohn für seine Neutralität auf dem rechten Rheinufer entschädigt werden wird. Das mag bedeuten, daß die geistlichen Fürstentümer an Preußen fallen; das Wort von der Säkularisation macht die Runde. Fürstenberg verjüngt sich in diesem Jahrzehnt, da die Politik das Schicksal der Landesbewohner in neue, unbestimmte, unbekannte Bahnen weist. Der „Militär- und Politikteufel", von dem er sich doch lösen wollte, ist wieder in ihm aufgewacht. Er denkt darüber nach, „wie wir unser verlassenes Eck retten können", und „verspricht sich von Preußen nichts". Im Domkapitel wird Flucht erwogen, eine Abstimmung findet statt: Eine Nein-Stimme entscheidet, daß das Domkapitel in Münster bleibt. Fürstenberg wünscht jedoch, daß Amalie mit Mimi und ihrer Nichte Amelie sich nach Paderborn in den Schutz seines Bruders, Fürstbischof Franz Egon, begibt. Overberg begleitet sie – beschwichtigt Ungeduld, Verzweiflung und Aufbegehren.

Drei Wochen lang wird Ende Januar in der Grünen Gasse gepackt. Amalie nennt es in ihrem Tagebuch „ein verstörtes Leben". Darf sie die fast dreitausend Flüchtlinge in Münster im Stich lassen? Sie schreibt in ihrer Unsicherheit an Goethe – das liest sich wie ein Abschiedsbrief: Sie lasse sich durch Jacobis Sticheleien nicht verunsichern, sie glaube daran, daß er Goethe, die „Urschöne in sich zu bringen strebe (Religion?)." Sein Seitenweg (Christiane Vulpius) habe sie deshalb auch nicht „scandalisiert", sie freue sich über das „Mädchen, das wert war, ihm Freundin, Gesellschafterin, Hausfrau zu werden und Liebste zu bleiben." Sie ist nun selbst eine Flüchtende und schildert ihm das „Flüchtlingselend ringsum" und empfiehlt ihm einige besonders Unglückliche. Vom 8. Februar bis 18. Juli 1795 bleibt Amalie in Neuhaus. Die Rückkehr wird immer wieder verschoben, weil Fürstenberg die Bewegung der französischen Heere mit Sorge beobachtet. Werden sie das Hochstift Münster überrennen? Amalie fühlt sich vernachlässigt und klagt, „wie wenig ich Fürstenberg jetzt bin“. Doch kann sie im Juli ihr unversehrtes Haus wieder in Besitz nehmen.

Ein Mann von Einfluß: Graf Friedrich Leopold von Stolberg zu Stolberg

Dreimal reist Amalie von Gallitzin in dem letzten Jahrzehnt dieses Jahrhunderts nach Holstein. Der Wandsbecker Bote hatte ihr den Weg gewiesen. Was mit den Erbauungsstunden im Hause von Matthias Claudius 1791 begann, gipfelt in der Konversion Friedrich Leopold von Stolbergs im Jahre 1800 – ein Ereignis, an dem sich die Geister scheiden und langjährige Freundschaften zerbrechen werden, und das zwanzig Jahre später zu einer der giftigsten Verleumdungskampagnen im literarischen und politischen Deutschland führen wird.

Die Freunde des Wandsbecker Boten, Friedrich Leopold Graf zu Stolberg und Gräfin Sophie brechen im Juli 1791 zu einer zweijährigen Italienreise auf. Claudius hat ihnen den Besuch in Münster ans Herz gelegt. Und schon schreibt Friedrich Leopold am 8. Juli aus Münster an seinen Bruder Christian: „Wenn Fénélon eine Tochter, die ihm ähnlich gewesen, zurückgelassen hätte, so müßte sie sein wie die Gallitzin. Diese Lieblichkeit, diese Erhabenheit ... Sanfte Sehnsucht nach ihr wird mich im Leben nicht verlassen. Ihre tiefe Demut ist geheiligt durch Religion“ [StBr., Nr. 288]. Dreieinhalb Tage bleiben die Stolbergs in Münster, denn Jacobi in Pempelfort erwartet sie. Mit Fürstenberg und den Kindern reist Amalie – ebenso tief von den Stolbergs beeindruckt wie die Stolbergs von ihr – ihnen nach. Man schwelgt in herrlichen Gesprächen und Gefühlen. Ob die Stolbergs Mitri mit auf die Italienreise nehmen würden? Diese Hoffnung von Amalie erfüllt sich nicht. Georg Arnold Jacobi darf den noch freien Platz im Reisewagen neben Hofmeister Nicolovius einnehmen. Amalie ist enttäuscht, fühlt sich durch Fürstenbergs Gesprächigkeit zurückgesetzt. Irgendwie war da ein Rest von Gefühlen und Fragen, die noch auszuleben waren.

1793 im Frühsommer begibt sich Amalie deshalb nach Holstein, in Begleitung von Overberg, von Mimi und Nichte Amelie. Sie sind Gast im Hause Stolberg in Eutin. Reichsgraf Friedrich Leopold von Stolberg zu Stolberg ist als Dichter und Übersetzer, als Diplomat und als hoher Beamter im Dienste des Oldenburger Herzogs, der auch gleichzeitig protestantischer Fürstbischof von Lübeck ist, in Deutschland berühmt. Amalie faßt es Fürstenberg gegenüber in den kurzen Begriff: Ein Mann von Einfluß. Und wie man weiß, sind ihr Männer, die über das Mittelmaß hinausragen, „gewaltig lieb". Goethe hat einmal von ihm gesagt: „In Stolberg war die Fülle der Menschheit, das Gemüt des Großen." (Er hatte damit auch seine achtzehn Kinder aus zwei Ehen gemeint.) Friedrich Leopold und sein zwei Jahre älterer Bruder Christian hatten in Göttingen studiert. Hatten im Göttinger „Hain-Bund" gedichtet und geschwärmt, hatten Goethe 1775 zu der berühmten Schweizer Reise eingeladen, die sie im Werther-Kostüm, im blauen Frack und gelber Weste, unternahmen. Sie begeisterten sich dort für die großartige patriarchalische Demokratie und die herrliche Natur, warfen sich nackt in die Fluten der blauen Seen und wurden wegen solcher Freizügigkeit, die in Holstein selbstverständlich war, in der calvinistischen Schweiz des Landes verwiesen. Als Goethe 1775 nach Weimar berufen wurde, hätte er Friedrich Leopold Stolberg gerne an den dortigen Hof gezogen. Aber Stolberg trat in die Dienste des Herzogs von Oldenburg, wurde Gesandter in Kopenhagen und später in Berlin. Stolz war Stolberg auf seinen Vater, weil der auf seinen Gütern in Bramstedt schon früh mit der Bauernbefreiung begonnen hatte. Seine Mutter, kaum daß sie Witwe geworden war, ließ sich in die Gemeine der Herrnhuter aufnehmen. Klopstock war Freund der Familie und Leitstern der Erziehung.

Im Dienste des dänischen Königs und des Herzogs von Oldenburg machte Stolberg Karriere. Aber berühmt in Deutschland wurde er durch sein literarisches Werk. Er hatte als erster die „Ilias" (1778) ins Deutsche übersetzt, die als die beste

Übersetzung anerkannt war. Er ist also das in Amaliens Auge das, was man einen „Griechen" nennt. Sein utopischer Roman „Die Insel", (1788) beruhte auf Ideen vom Goldenen Zeitalter im Sinne von Hemsterhuis. Stolberg hatte bereits wichtige diplomatische Missionen für seinen Landesherrn ausgeführt, 1780 zum Beispiel die Ansprüche von Holstein-Gottorp am Zarenhof in Sankt Petersburg verteidigt.

In der Französischen Revolution sah Stolberg die „Morgenröte eines neuen Tages". Und auch seine Schwägerin, Luise Stolberg, geborene Reventlow, in Holstein „La Plume" genannt, war so begeistert, daß sie an die erlösenden Ideen von Freiheit, Gleichheit und Brüderlichkeit noch glaubte, als im Januar 1793 Ludwig XVI. hingerichtet worden war. Sie meinte, die alten Stammbäume müßten nun gefällt werden: Adel könne nicht erblich, wahrer Adel könne nur Seelen-Adel sein. Sie wollte ihren eigenen Stammbaum zerhacken und ins Feuer werfen, unterließ es dann aber doch und begnügte sich mit dem schönen Begriff vom Seelen-Adel. Stolberg, der begeistert für die Ideen von Freiheit, Gleichheit und Brüderlichkeit geschwärmt hatte, glaubte nicht mehr an die „Morgenröte eines neuen Tages", nachdem er die Greuel der Revolution erfahren hatte.

Aus dem Hause Stolberg schreibt Amalie im Sommer 1793 an Fürstenberg: „Hier ist Gott noch in Mode, auch Jesus Christus." Fürstenberg will aber am liebsten über die politischen Meinungen aus Holstein unterrichtet sein. Doch Amalie muß bekennen, daß man hier nicht so sehr viel von Tagespolitik spreche. Darauf Fürstenberg: Das sei zwar sehr edel, aber die Holsteiner könnten sich wahrscheinlich nicht vorstellen, daß die „Carmagnolen" (die Jakobiner) den Rhein überschreiten und auch über den Belt bis Island vordringen könnten.

In Holstein wird Amalie zunächst als eine Frau geehrt, die „Goethe von Angesicht zu Angesicht gesehen" hat: Goethes Münster-Besuch liegt ja noch kein halbes Jahr zurück. Sie muß sehr viel von ihm erzählen. Und sie muß auch, wie sie dem hochverehrten Mann in Weimar schreibt, sein „sonderbares Wesen" ihnen erklären. Daraus schließt sie, daß er sich wohl vielen Menschen als ein Proteus zu zeigen pflegt, während er ihr doch nahegewesen sei in „jenen unvergeßlichen Stunden, wo er sich ihr ganz dargestellt" habe [GKvM, Nr. 215]. Gemeinsam mit Friedrich Leopold Stolberg schreibt sie ihm an ihrem Geburtstag einen Brief. Stolberg freut sich in diesem Brief, daß er mit Amalie nun einen gemeinsamen Freund in Weimar hat: Goethe! Sie teilen ihm mit, daß wiederum ein Sohn im Hause Stolberg geboren wurde (vierzehn Kinder gebar Sophie, geborene von Redern, die zweite Frau Stolbergs, dem Dichter) und daß Amalie natürlich wieder Patin ist, wie bei dem Kind, das auf der Italienreise der Stolbergs geboren wurde und starb. Amalie freut sich in diesem Brief ungeheuer über die Feststellung, daß Goethe am gleichen Tag wie sie Geburtstag habe. Es sei ja auch der Tag des Heiligen Augustinus, und sie fügt gleich einen Aufsatz über Liebe und Vollkommenheit aus den Schriften des großen Kirchenlehrers bei. Ihr Briefverkehr mit Goethe reißt nicht mehr ab bis zu ihrem Tode. Es sind meist hymnische Briefe, die sie an den „Planeten Goethe" schreibt. Die stolze Frau, die so gewöhnt ist, daß bedeutende Männer aus Politik und Literatur sich ihr fraglos ergeben, will Goethe erobern. Dabei weiß man nie, ob sie ihn zu Christus bekehren oder „Beschäftigung für ihr Herz" finden will.

In Holstein wurde Amalie akzeptiert. Hier war wie in Münster eine geschlossene Adelswelt. Die durch Heirat eng verbundenen Familien Stolberg, Bernstorff, Reventlow, Schimmelmann lebten einen strengen Protestantismus, dem Herrnhuterische Einflüsse nicht fremd waren. Wie Luise von Stolberg sagte, hielt Amalie sich nicht an Konventionen und erwartete auch nicht, daß man sich an solche halte. Auch Overberg, der katholische Geistliche und Amaliens Beichtvater, wird in Holstein akzeptiert. Luise von Stolberg, die im Jahr tausend Briefe zu schreiben pflegte, und deren Urteil galt, meinte, Overbergs Gesicht hätte dem Pinsel eines Raffael dienen können. Johann Heinrich Voß, der „Odyssee"-Übersetzer, nennt ihn einen „bescheidenen Zuhörer und anziehenden Kinderfreund". Ihm schenkte Overberg seine „Anweisung zum Schulunterricht", die 1793 nunmehr gedruckt herausgekommen war und selbst schon in Preußen verbreitet wurde.

Voß sah darin ein wahrhaft christkatholisches Buch, dem der protestantische Mitbruder – damit meinte Voss sich selbst – von Herzen beistimmen konnte. Voß urteilte über Amalie zu dieser Zeit auch noch achtungsvoll. Er nannte sie „eine zurückgezogene Weltdame mit noch reizendem Gesicht. Geistreich, heiter, unbefangen, gefühlvoll für alles Schöne." (Zwanzig Jahre später wird er sie eine „listige Schlange" nennen und Ärgeres.) Johann Heinrich Voß, der unvergleichliche Übersetzer der „Odyssee" war durch Friedrich Leopold Stolberg als Rektor an die Schule in Eutin berufen worden. Beide verband seit Göttinger Hainbund-Tagen eine herzliche Freundschaft.

Mittelpunkt aller Freundschaften ist die Herrin auf Emkendorf, Julia von Reventlow: Sehr schön, sehr reich und unendlich leidend. In Holsteinischen Schlössern oder Museen kann man heute noch die Repliken von jenem Porträt, das Angelika Kauffmann 1784 in Rom gemalt hat, sehen. Eine junge Frau von melancholischem Charme im duftig gerafften Kleid, Blumen im hochgekämmten, kastanienbraunen Haar über dunkelblauen Augen; eine Frau, die mit ausgebreiteten Armen auf einen Gast zuzugehen scheint. Julia von Reventlow ist die verwöhnte Tochter des genialen Finanziers und späteren dänischen Finanzministers Heinrich Carl Schimmelmann, der als Heereslieferant von Friedrich dem Großen im Siebenjährigen Krieg ein Vermögen verdient, sich als Kaufmann in Hamburg betätigt hatte und dann vom dänischen König nach Kopenhagen ins Finanzministerium berufen worden war. Im atlantischen Dreieckshandel hatte er es zu unermeßlichem Reichtum gebracht und war vom dänischen König geadelt worden. Heinrich Carl Schimmelmann besaß vier Plantagen in Dänisch-Westindien in der Karibik. Dort arbeiteten tausend Sklaven für ihn. Die Apanage, die Julia von Reventlow aus dem väterlichen Vermögen bezog, war das Vierfache von dem, was das Gut Emkendorf produzieren konnte. Trotzdem hatte Fritz von Reventlow, aus alteingesessenem Adel in Holstein, die neu geadelte Gräfin Julia von Reventlow nur gegen den Widerstand seiner Familie heiraten können. Er trug sie auf Händen. Fritz von Reventlow, der sich im letzten Jahrzehnt des Jahrhunderts insbesondere für die Rechte des deutschen Ritterstandes im dänischen Gesamtstaat mit so großer Kraft und Energie einsetzte, daß man ihn „Wauwau“ nannte, hatte für seine Frau ein unendlich geduldiges Verständnis. Er duldete es gern, daß ihre Freunde sich um ihre Krankheiten kümmerten. Julia war in diesem Kreis aus Gelehrten, Dichtern, Politikern, Aristokraten und Bürgerlichen die „Passionsblume“, die „Kanapee-Dame“, die ganze Tage leidend im Bett verbringen mußte. Ihre Gesundheit ist Gegenstand zahlloser Briefe und Anfragen weit über Holstein hinaus. Julia war für Klopstock die „Abgöttin seines Herzens“. Claudius musizierte mit ihr auf dem Spinett, und Prinz Carl von Hessen kam nach Emkendorf, um ihre Träume zu deuten. Sie sollte ihm ihre Träume und all die bösen Geister, die darin vorkamen, zuschicken, denn er besaß ein Christusbild, von dessen starken Lichtstrahlen er sich ordnende Heilkräfte versprach. (Trotz seiner mystischen Wahnideen galt dieser Schwager des dänischen Königs als tüchtiger Feldherr.)

Die kinderlose Julia von Reventlow kümmerte sich aber auch um die Kinder der Bauern, die auf ihren Ländereien arbeiteten. Sie wollte ihnen Schulmeisterin sein und verfaßte für sie kleine Bücher: „Sonntagsfreuden des Landmannes“ und „Kinderfreuden – oder: Schulunterricht in Gesprächen“ (1791 und 1792). Das war handgeschrieben und blieb handgeschrieben, denn gedruckt zu werden, das gehörte sich nicht für aristokratische Verfasserinnen. Diese Büchlein enthalten religiöse Geschichten, moralische Belehrungen und Erzählungen. Auch Gedichte von Matthias Claudius, der in Emkendorf ja sein unsterbliches Lied gedichtet haben soll: „Der Mond ist aufgegangen“ (so sagt der Volksmund, aber die Literaturhistoriker lächeln darüber). Wie Amalie nannte Julia sich Schulmeisterin, und an ihren gesunden Tagen unterrichtete sie die Bauernkinder. Wie Amalie führte sie Tagebuch. In der „Zauberwelt von Emkendorf“ – so nannte es Jacobi – schreibt Julia von Reventlow fast dieselben quälerischen Gewissensbisse nieder, wie wir sie aus Amaliens Tagebüchern kennen. Julia schreibt: „Um mich selbst zu erheben, um in einem lieblichen Licht hinzustreben, wie habe ich wieder Ehr verworfen und Herzenshurerei getrieben. Geangelt nach Worten und Blicken des Beifalls, gegrübelt, was wird dieser denken, wenn jener mich nicht klug bemerkt, wie habe ich viel zu viel Andersdenkenden nachgegeben ... Du weißt es, mein Herr und mein Gott! Wie lange ich schon nach dem Frieden, nach dem heiligen Frieden gerungen, welcher höher als alle Vernunft ist. Nur schnelle, vorübergehende Momente fühlte ich meine Seele zu Dir hingezogen. Bald aber umgaben mich wieder Schatten und oft eine gänzliche Finsternis. Mein mattes Christentum war keine Schutzwehr gegen die mich oft bestürmenden Heere von Zweifeln ...“ [Degn, S. 328]

In diesen Zeilen quälen sich die gleichen Sündenbekenntnisse und Schuldgefühle ans Licht wie in Angelmodde und Münster. Amalie erkennt in ihr eine verwandte Seele. Julia von Reventlow ist neben der Erbstatthalterin, Prinzessin Wilhelmine von Oranien, die einzige Frau, mit der Amalie von Gallitzin einen Briefwechsel eröffnet und Jahre hindurch aufrechterhält. Briefe, die heute im Archiv der Universität Münster liegen, Briefe über Heiligenverehrung und Ablaß, Zitate aus verschiedenen Katechismen, Zitate aus Sailer- und Overberg-Gesprächen. Sie sind schnell, heftig aufs Papier geworfen und enden meistens mit der Entschuldigung, daß ihr, Amalie, die Zeit fehle, das Geschriebene noch einmal zu lesen. Manche dieser Briefe hat Mimi abgeschrieben. Ihre Schrift bedeckt fleißig und gehorsam das Papier von Rand zu Rand, doch hier und da wird das Geschriebene von den kräftigen Schriftzügen ihrer Mutter überdonnert.

Wollte Amalie in Emkendorf einen „gereinigten Katholizismus“ einführen? Die Freunde von Fritz Reventlow fürchten es und warnen den Ehemann. Aber er läßt Julia und Amalie gewähren. Denn, so sagt Fritz Reventlow: „Amalie weiß Julchen unglaublich zur Ruhe und zum stillen, sanften Genuß zu stimmen“ [Brandt, S. 157].

Ein Jahr nach Amaliens mehrwöchigem Aufenthalt 1793 in Eutin reist Friedrich Leopold Stolberg nach Münster, um Amalie zu besuchen. Er genießt des „himmelvollen Weibes“ öfter, als er erwartet hatte. Hier schreibt er die „Ode an die Westhunnen“, das sind die Franzosen, die Jakobiner. Er dichtet „Kassandra“ gegen die Illuminaten, jene Geheimgesellschaft, die 1774 in Bayern gegründet worden war und zehn Jahre später schon verboten wurde. Stolberg war mit vielen anderen der Überzeugung, daß diese Illuminaten mit den Anstiftern der Französischen Revolution im Bunde gewesen seien. Aber es ist nicht nur das Interesse an der Politik, das die beiden fesselt, es ist der große Austausch der Gefühle, der Amalie so beglückt. Friedrich Leopold schreibt (August 1794): „Oh, meine Adeodata. Dein Leo ist ein Sinnensklav und kann Deine sichtbare Gegenwart eigentlich nicht entbehren!“ Adeodata, so nannte auch Fürstenberg seine Amalie, Adeodato nannte Augustinus seinen Sohn, der mit fünfzehn Jahren starb und so tief betrauert wurde. Stolberg widmet ihr zum Geburtstag (1794) ein Gedicht, in dem irdische Liebe sich zu religiöser Inbrunst steigert: „Zeuch mich Dir, geliebte Fromme, mit der Liebe Banden nach, daß ich auch zu Engeln komme, Zeuch, o Engel, Dir mich nach ...“ [StBr., Nr. 323] Stolberg bemüht auch noch die Hottentotten-Sprache, um einen Namen für die verehrte Frau in Münster zu finden: „Ilai“ nennt er sie. Das ist derjenige, der größere Liebe empfindet, als er zu zeigen vermag. Es ist ein Wort aus der Hottentotten-Sprache – kein Wunder in dieser Zeit, da Forster den „Edlen Wilden“ auf seiner Weltreise entdeckt und berühmt gemacht hatte.

Stolbergs ganz persönliche anbetende Verehrung ist für Amalie besonders wohltuend, da Jacobi sich nicht mehr mit ihr „zurechtfindet“. Der war im Mai 1794 in Münster gewesen und hatte, wie er Goethe berichtet, Amalie verändert gefunden: „Streng kirchlich in katholischer Richtung“. Aber trotz allem, was ihm an ihr nicht lieb sei, bewundere und verehre er sie dennoch. Im Oktober dieses Jahres, noch bevor Düsseldorf von der holländisch-französischen Nordarmee bombardiert wird, verläßt Jacobi das von ihm so herrlich gestaltete Pempelfort, sein Elysium, und geht mit Schwester Lene und Tochter Cläre nach Holstein, nach Emkendorf, in die „Zauberwelt“ der Julia von Reventlow. Er bleibt monatelang, ehe er sich ein Haus in Eutin kauft und Nachbar von Friedrich Leopold Stolberg wird. Beider Gärten gehen über in die großzügigen Parkanlagen des herzoglichen Schlosses.

Als Jacobi noch auf Emkendorf wohnte, hatte Julia von Reventlow versucht, Goethe nach Holstein einzuladen. Sie schrieb: „Auf meines Jacobus Geheiß werfe ich freudig meine Angel nach dem schönen Fisch aus. Aber ich fürchte, er sei sehr schwer zu fangen. Freund meines Freundes, Liebling meines Liebling. Unsere Nachtigallen sollen ihr bestes Lied Ihnen vorsingen, und alles hier soll Ihnen freundlich entgegenkommen, blühen und duften" [Lo., S. 38]. Aber Goethe kam nicht. Er fürchtete, unter die „Zuchtrute zweier frommer Damen", Julia und Amalie, zu gelangen. Auch liebte er nicht das Theaterspielen in privaten Häusern, „Mummereien", wie er das nannte. Er konnte sich außerdem von den „nordischen Sumpf- und Moornestern" keine rechte Vorstellung machen und begriff nie, daß Jacobi es so lange – im ganzen waren es dann zehn Jahre – dort oben aushielt. In Holstein las man von Goethes „Wilhelm Meister" nur das sechste Buch: „Die Bekenntnisse der schönen Seele", der Rest wurde verbrannt – man fand das alles viel zu obszön. Ob Goethe das wußte? Er wunderte sich, daß er von Amalie nie etwas über den „Wilhelm Meister" gehört habe.

Julia von Reventlow hatte eine andere große Sorge, die mit den Jahren zunahm: Das waren die Unruhen und überhaupt die Lebensbedingungen der Sklaven auf den Plantagen ihres Vaters. Darüber schrieb sie viele Briefe, quälerische Briefe an ihren Bruder Ernst Schimmelmann, der inzwischen in den Fußstapfen seines Vaters dänischer Finanzminister geworden war. Auf den Schimmelmannschen Plantagen war vieles in Unordnung: Sklaven erhoben sich oder waren krank, es gab viele Ehescheidungen, so daß die fromme Julia darüber nachdachte, wie sie die Schwarzen zu einer besseren, das hieß für sie religiösen, Lebensauffassung bringen könnte. Sie meinte sogar, man solle ihnen ihre wilden Tänze verbieten und ihnen durch englische Tanzweisen mildere Lebensformen beibringen. Sie wollte Missionare nach dort schicken, damit die Sklaven wenigstens in Religon unterrichtet würden, einmal in der

Woche. Für Unterricht in anderen Fächern war keine Zeit wegen der anfallenden Arbeit.

Zunächst begaben sich Jacobis Freunde, Marquis de La Porte und Marquis Vanderbourg, auf die Plantagen, französische Emigranten auch sie. La Porte starb nach einem Jahr, Vanderbourg kehrte nach drei Jahren zurück und ging wieder auf seine Güter in Belgien, wo er Jacobis „Woldemar" übersetzte. Später bat Julia von Reventlow ihren Freund Stolberg, in Herrnhut Missionare zu suchen. Stolberg, der durch seine Mutter mit dem „herzgefühligen Christentum" der Mährischen Brüder und ihrem Missionsagenten befreundet war, reiste mit seiner Frau Sophie 1798 vergebens nach Herrnhut: „Gemeinen, welche aus lauter Gallitzinen und Overbergen bestanden hätten, gab es gewiß nie" [StBr., Nr. 373]. Mit anderen Worten: Die Stolbergs haben keine Missionare für die Negersklaven der Westindischen Plantagen gefunden. Es bedeutet aber auch: Amalie von Gallitzin und Overberg sind in Holstein bereits zum Maßstab religiöser Lebensführung geworden.

Der Besuch in Herrnhut hatte den Stolbergs nicht das gebracht, was sie für sich selbst erwartet hatten: Klärung ihrer eigenen religiösen Zweifel und Überlegungen. Wie so viele andere in Holstein war auch Friedrich Leopold irre geworden an den starken Einbrüchen der Aufklärung, die der Protestantismus erfahren hatte, der Verwässerung der Lehre, dem Mangel an praktischer Religiosität. Stolbergs suchten religiöse Unterweisung bei einer französischen Emigrantin: Pauline Marquise de Montagu. Sie wohnte am Plöner See und später auf dem Gut Wittmold. Sophie von Stolberg, deren Mutter Französin war, hatte, als ihr Mann längere Zeit in Sankt Petersburg weilte, um dem neuen Zar Paul I. die Glückwünsche seines Landesherrn zu überbringen, sich dieser Frau anvertraut. Sophie von Stolberg war keineswegs glücklich. Sie fühlte sich ungeliebt. Sie wußte, sie sah es auch in dem großen Freundeskreis, daß Friedrich Leopold seine erste Frau Agnes von Witzleben („die Heilige, den Engel") nicht vergessen konnte. Sie war 1788 gestorben, doch noch immer feierte Friedrich Leopold ihre Gedenktage. Ihre eigene Ehe war zustande gekommen, als Friedrich Leopold kurze Zeit dänischer

Gesandter in Berlin war. Er hatte Sophie von Redern sehr schnell geheiratet, obwohl er ein „ehrenwerter, enthaltsamer Witwer" sein wollte. Er schämte sich seines übereilten Entschlusses und konnte Sophie nie so innig lieben wie seine erste Frau Agnes von Witzleben. Trotzdem schenkte seine zweite Frau ihm vierzehn Kinder in ihrer fast dreißigjährigen Ehe.

Marquise de Montagu erschütterte die Stolbergs mit der Schilderung aller Grausamkeiten der Revolution, die sich in ihrer Familie abgespielt hatten, in dem Geschlecht der Noailles, die seit Jahrhunderten in der französischen Geschichte eine große Rolle gespielt hatten. Es hörte sich an wie ein einziges Martyrologium. Besuche und Gegenbesuche zwischen Wittmold und Eutin waren Gesprächen über Glaubensfragen gewidmet. Und zweihundert Briefe schrieb Pauline de Montagu an das Ehepaar Stolberg außerdem. Sie warf sich mit ihnen auf die Knie und betete. Diese Frau hat wohl Friedrich Leopold Stolberg und seine Frau Sophie durch ihre religiöse Vitalität stark beeinflußt und bestimmt. Jedenfalls sagte er einmal, als sie wieder anfangen wollte, zu diskutieren: „Wir sind ja schon katholisch." (1798) In dieser Zeit schreibt Stolberg an den Priester Overberg: „Ich hungere und dürste nach Wahrheit" [StBr., Nr. 347]. Overberg warnt vor Übereilung, er ist der besonnene Seelenführer. Stolberg gesteht Amalie, daß seine Frau „der Überzeugung viel näher sei" als er, der sich Jacobi gegenüber als „Erzmystiker" bezeichnete. Für ihn war „die ganze Religion Mystik" [StBr., Nr. 318]. Amalie von Gallitzin wurde natürlich in die religiösen Dreier-Gespräche mit einbezogen, galt sie doch ohnehin mit Overberg als Vorbild aller katholischen Tugenden. Sie wagte es sogar, bis zu Johann Heinrich Voß in die Wohnstube vorzudringen, um ihn über katholische Dogmen zu unterrichten. Aber sie kam nicht weit mit ihren Explikationen, denn die Stolbergsche Kinderschar stürmte ins Wohnzimmer.

1797 begibt sich Amalie wieder nach Holstein, legt den größten Teil des Weges zu Fuß zurück. Die Ärzte empfehlen ihr Bewegung, Fußmärsche, um Gicht, Rheuma, Augenleiden und Kopfkrämpfe zu bekämpfen. Der Philosoph H. Steffens beschreibt ihren Auftritt in Kiel so: „Vierspännig, in einem

Wagen, der einem mächtigen militärischen Rüstwagen nicht unähnlich sah, kam sie. Eine Plane deckte ihn zu. Als diese geöffnet wurde, sah ich zu meinem Erstaunen, daß der Wagen quer durch in zwei Hälften geteilt war. Beide Räume waren mit Betten angefüllt. Aus dem ersten stieg eine lange, schlanke Dame, die nicht mehr jung war, und mit ihr ihre Begleiterin. Die Dame hatte ein durchaus gebieterisches, vornehmes Ansehen. Ihre Gesichtszüge waren geistig imponierend. Und als aus der zweiten Hälfte des Wagens zugleich mit einem Bedienten ein alter Mann heraustrat, der sich durch Ansehen sowohl als durch Tracht als katholischer Geistlicher darstellte, wußte ich, daß die berühmte Freundin Jacobis vor mir stand ... Ich hatte gehört, in welchem genauen geistigen Verhältnis diese zu Hemsterhuis gestanden hatte, und obgleich ich die Schriften dieses Philosophen nicht kannte, hatte ich doch für ihn eine große Achtung. Und die geistesverwandte Frau erschien mir als eine bedeutende, höchst würdige, geheimnisvolle Gestalt. Sie ist mir, wie sie mir entgegentrat, unvergeßlich geblieben" [Steffens, S. 49].

Amalie ist noch strenger geworden, jetzt, in der Ausübung ihrer kirchlichen Pflichten. So macht sie sich als Gast in Eutin oder Emkendorf um Mitternacht auf den Acht-Stunden-Weg, um in Lübeck am Sonntagmorgen die Messe zu besuchen. Das beeindruckt vor allem Frau Senator Rodde, geborene Dorothea Schlözer, aus Göttingen. Sie ist jene vielbesprochene erste Doktorin Deutschlands, der damals die kecke Craoline Schlegel das Schicksal voraussagte, daß „sie auch nur eine Gallitzin" werden würde. Frau Senator Rodde führt zu dieser Zeit einen bedeutenden, vielbesuchten Salon in Lübeck und spendet jetzt Silbergerät für die katholische Kapelle. Jacobi beobachtet diese Dinge mit Staunen, auch die Verehrung, die Amalie von Gallitzin gerade bei der jungen Generation, wie etwa Karoline Claudius, genießt. „Ihre Saat ist aufgegangen", bemerkt er über seine Freundin Amalie giftig. Sie begegnen sich hier, zwischen Emkendorf und Wandsbek zum letztenmal. Und auftrumpfend zur langjährigen Freundin sagt Jacobi: „Niemand hat einen Gott und kann einen haben, als der ihn sich selbst geboren hat, in dessen Brust Gott erst Mensch wurde“ [GKvM, Nr. 234]. In diesem Jahrzehnt will jeder jeden bekehren, beglücken, erlösen. In diesem Jahrzehnt predigt jeder sein eigenes Evangelium der Selbstverwirklichung und der Weltverbesserung. Und die Berliner Aufklärer sehen überall Kryptokatholizismuns und Proselytenmacherei.

Das öffentliche Ereignis

Am Pfingsttage, den 1. Juni 1800, legen Sophie und Friedrich Leopold von Stolberg in der Hauskapelle der Fürstin Gallitzin vor Overberg ihr Bekenntnis zum katholischen Glauben ab. Dieser folgenschwere Übertritt war keineswegs geplant, als die Stolbergs im Mai von Holstein aufgebrochen waren, um sich in Münster zu erholen. Ihre beiden ältesten Söhne waren zu Gast auf Darfeld bei den Vischerings. Diesen spontanen Entschluß, die „brusque Illumination", hat Friedrich Leopold von Stolberg später auf die Gebetsstürme in Münster zurückgeführt, insbesondere der Schulkinder, die zur Ersten Heiligen Kommunion gingen.

Dieser Schritt sollte zunächst geheimgehalten werden, da Sophie von Stolberg einer Niederkunft entgegensah und vor Friedrich Leopold allein nach Holstein zurückkehren würde. Ihr Gatte reiste mit den beiden Söhnen dann nach Wernigerode, wo seine fünfzehnjährige Tochter Marie Agnes mit Ferdinand von Stolberg-Wernigerode verlobt war. Obwohl die Bräutigams-Mutter, Gräfin Eleonore, einen regen Gedankenaustausch mit dem katholischen Theologen Johann Michael Sailer in Landshut seit vielen Jahren unterhielt, war die Bestürzung groß. So nahe man dem Katholizismus stand, man wollte den aufrichtig gelebten Protestantismus des Hauses nicht aufgeben. Marie Agnes ist das einzige der Stolberg-Kinder, das protestantisch blieb. Erst in Chemnitz teilte Stolberg seinen Söhnen Ernst und Andreas (17 und 14 Jahre alt) die Entscheidung ihrer Eltern mit, und daß sie wahrscheinlich von Eutin nach Münster ziehen würden. „Sie stutzten. Der Gedanke, daß sie sich von so vielen, die sie ehrten und liebten, trennen würden, machte sie traurig", schreibt Stolberg später [Eu., S. 277]. Aus Karlsbad dann, am 17. Juli 1800 erst, schreibt

Friedrich Leopold an seinen Landesherrn, den Herzog von Oldenburg, Fürstbischof von Lübeck, Peter Friedrich. Er schreibt beklommenen Herzens: „Unerschüttert in meinem Glauben an das Evangelium sah ich das System der Religionspartei, welche sich die evangelische nennet und in welcher ich geboren ward, einstürzen. Ich ward zur Prüfung des wahren Christentums veranlaßt und fand es in der katholischen Kirche. Ich habe lange geprüft, Gnädigster Herr, und spät mit vollkommenster Überzeugung und mit einer Überzeugung, welche meine Frau mit mir teilt, den großen Schritt getan, der mich zum Mitgliede dieser Kirche macht. Als solches kann und darf ich nicht Präsident eines lutherischen Consistorii, noch auch da ich verheiratet bin, Domherr bleiben. Beide Stellen, Gnädigster Herr, Ihnen persönlich zu Füßen zu legen, wollen Sie mir gnädigst erlauben, wenn ich werde zurückgekommen sein. Die Erziehung meiner Kinder macht es mir überdem zur Pflicht, nach einem anderen Wohnort hinzuziehen“ [StBr., Nr. 387].

Für den protestantischen fürstbischöflichen Landesherrn war es eine Ungeheuerlichkeit. Er wurde so krank, daß er das Bett hüten mußte. Und sehr viel später, im November erst, schrieb er an die mit ihm verschwägerte Zarin nach Petersburg: „Die Frau Gräfin Sophie von Stolberg hat bei vielen guten Eigenschaften etwas unbeschreiblich Romantisches in ihrem Geiste. Und um das Werk zu vollenden, hat ein böser Dämon sie die Bekanntschaft einer Fürstin Gallitzin, einer geborenen Schmettau, machen lassen, deren Sinnesart bekannt ist, die kokett-frömmelnd, eine Gelehrte und eine Närrin, selbst die Religion gewechselt, aus ihrem Sohn einen Missionar gemacht hat und mehr als irgend etwas anderes diese schöne Konversion fertiggebracht hat, welche die Stolbergs und ihre Kinder unglücklich und ihren Freunden den lebhaftesten Kummer macht. Man hat ihm eine ideale Religion vorgespiegelt, von derjenigen, von der er den Namen angenommen, kennt er nichts. Mit einem Wort: Man hat ihm vollständig Sinn und Auge wie durch Zauberei verdeckt.“

Aus Karlsbad hatte Stolberg auch an den Minister Holmer geschrieben und um Verständnis gebeten. Aber Minister Holmer reagierte mit ähnlichen Wutausbrüchen wie Herzog und Fürstbischof Peter Friedrich. Holmer fuhr aufs Land, um sich von dem Schock zu erholen. „Im Öffentlichen machte der Übertritt Stolbergs eine unglaubliche Sensation", schrieb Goethe. Und auch Johann Michael Sailer wußte, daß die „Konversion wie in einem Lauffeuer kund geworden". Friedrich Schlegel hielt fest: „Der Übertritt Stolbergs war für ganz Deutschland wie ein öffentliches Ereignis, das jeden berührte, der an den höheren Fragen in Kirche und Staat irgendeinen Anteil nahm" [Eu., S. 272].

Am 9. August ist Fritz Stolberg wieder in Eutin. Als erstem hat er sich seinem Bruder Christian und dessen Gattin Luise eröffnet. Die große Familie Stolberg und ihre Freunde sind von dem Schritt überrascht worden. Sie haben aber von vornherein den Willen, ihren Verwandten, ihren Freund Friedrich Leopold und seine Gattin Sophie zu verstehen. Wenn es Verzweiflung über diesen Schritt gibt, so werden diese Gedanken nur im engsten Familienkreise der Bernstorffs, Stolbergs, Schimmelmanns besprochen. Luise von Stolberg, die Schwägerin, schreibt an Nicolovius, der lange Jahre als Erzieher im Hause Stolberg gewirkt und Goethes Nichte, Luise Schlosser geheiratet hatte: „Dies große Unglück hat jede andere Empfindung verschlungen ... Der liebe Fritz! Er ist ganz in Wahrheit und Gradheit in ihr (= Amalie) Netz gelaufen. Wie kann er, der so im Geiste und in der Wahrheit leibt und lebt, wie kann er eines anderen Gewandes sich bedürftig glauben?" Und sie meint, der Urheber ihrer aller Trauer sei doch durch und durch edel, rein und wahr. „... Er bleibt unser doch mehr als derer, die ihn uns entrissen. Unser durch sein Wesen, ihnen gehört nur das Gewand, das sie ihm umhangen" [Eu., S. 279]. Die Einigkeit der Holsteinischen Standesgenossen erzürnt Johann Heinrich Voß später ganz besonders. Die Stolbergs finden einen unerschütterlichen Rückhalt in ihrer Familie.

Von allen Freunden ist es Friedrich Heinrich Jacobi, der am ärgsten gegen die Stolbergs und natürlich gegen Amalie von Gallitzin wütet; über sie bricht eine Flut von Anklagen und Beschimpfungen herein. Die Konversion der Stolbergs wurde als Skandal gesehen und Amalie als die Urheberin! Jacobi war durch Sophie von Stolberg persönlich und brieflich unterrichtet worden, noch bevor Friedrich Leopold nach Eutin zurückkehrte. Jacobi schrieb zurück: „Ich kann es unmöglich für eine redliche Überzeugung halten, wenn ein Evangelischer Papist wird." – Die Lehre von der sichtbaren Kirche sei eine grobe und die schändlichste aller Lügen. Vielmehr gebe es nur eine Gemeinschaft aller Heiligen, nur eine aber unsichtbare Kirche, zu welcher Christus, Sokrates, Fénélon, Hamann – alle Gott wahrhaft und über alles liebende Seelen – versammelt seien. Es sei aber kein unschuldiger Wahnsinn, der die Freunde befallen habe: Verderbliche Leidenschaften, (Stolberg/Amalie?) wohlgefällig gehegt und gepflegt, hätten die Verrückung ermöglicht, in der sie sich zur Zeit so wohl befänden. Er aber höre nur das Hohngelächter der Hölle, gegen das auch Sophie und Friedrich Leopold bald vergebens ihre Ohren verstopfen würden. Jacobi beschließt seinen Brief an die Konvertitin Sophie so: „Ich schreibe Ihnen einzig und allein, damit es Ihnen ebenso schauderhaft bei dem Gedanken werde, mein Angesicht wiederzusehen, als es mir schauderhaft wird bei dem Gedanken, das Ihrige und Stolbergs wiederzusehen. Ich werde fliehen ... Stolbergs Gegenwart würde mich töten." Der Brief schließt: „Wir sehen uns nicht wieder!" Jacobi machte seine Drohung wahr. Als Friedrich Leopold nach seiner Rückkehr gleich in das Haus des Freundes und Nachbarn Jacobi stürmte, verließ dieser sein Haus durch den Hintereingang und verschwand. Am Tag darauf beteuerte er noch brieflich, daß er krank sei und krank bleibe, und daß er sich jeden Besuch verbäte [Eu., S. 286].

War es männliche Eifersucht, die Jacobi so reagieren ließ? Seit Jahren hatte er mit Amalie von Gallitzin religiöse Gespräche geführt, hatte oft betont, daß er niemals historischer Christ werden könne, er sei durchaus ein Heide mit dem Verstande, mit dem ganzen Gemüte aber ein Christ. Nun hatte also sein Freund und Nachbar, Friedrich Leopold von Stolberg, den großen Schritt, den Amalie von ihm, Jacobi, ersehnt hatte, getan. Und nicht nur das: Stolberg zog nach Münster, in Amaliens unmittelbare Nähe. Ihre Saat in Holstein war also aufgegangen, wie er ihr bei der letzten Begegnung in Wandsbek drei Jahre zuvor zugezischt hatte!

Von Amalie haben wir keine Äußerungen zu den heftigen Briefwechseln in Holstein. Nur Fürstenberg schrieb an Jacobi im eigenen Namen und in dem der Fürstin Gallitzin, wie sehr ihn Jacobis Brief geschmerzt habe, ja, wie sehr er sich seiner schäme. Jener Brief an Sophie von Stolberg könne doch wohl nicht von ihm, Jacobi, stammen. Trotzdem versichere er ihn seiner unveränderten Zuneigung, Hochachtung und Liebe.

Zwei Jahre später gelangten die heftigen Briefe, die Jacobi, der Gentleman unter den Dichtern und Philosophen, an den Minister Holmer, an Sophie und Friedrich Leopold von Stolberg geschrieben hatte, in die „Neuen Theologischen Annalen". Persönliche Dinge wurden hier an das Licht gezerrt, und die alten Schmerzen lebten wieder auf. Jacobi leistete Abbitte bei Stolberg und empfand seinen Brief als Scheidebrief. Als zwei Jahre später zwei Jacobi-Söhne durch Münster kamen, nahm Stolberg sie gerne auf und hoffte, auch den Vater Jacobi „mit entflammten Wünschen hinüberzuziehen und dann ewig an mein Herz zu drücken" [StBr., Nr. 418]. Und wieder zwei Jahre später ist es Stolberg, der Jacobi, dem Freunde Amaliens, ihren Tod meldet. Jacobi versichert Stolberg der Teilnahme an dessen „namenlosem Verlust". Und der Brief schließt: „Ich umarme Dich mit unsterblicher Freundschaft" [Eu., S. 290]. Amalie trennt und verbindet Freunde.

Johann Heinrich Voß, der es abgelehnt hatte, Stolbergs Besuch in Eutin zu empfangen, sah ihm nach, als er von dannen fuhr, und weinte: „Ein Freund ist verloren. Nicht bloß abgestorben, nein, Unfreund geworden mit den Seinigen" [Eu., S. 293]. Johann Heinrich Voß steigerte sich in die Vorstellung von einem betrogen-betrügenden Stolberg hinein. Er sah überall „pfäffisches Blendwerk in Münster" und Verschwörungen des Holsteinischen „Adelsbundes". 1819 dann schrieb er die unheilvolle Schrift: „Wie ward Fritz Stolberg ein Unfreier?" und klagte gerade auch Amalie von Gallitzin und Julia von Reventlow auf das heftigste an. Nannte Amalie „listige Schlange", „weltweise Gewissensrätin", schrieb von „haßbrütender Schwüle und aus Münster herwehendem Schlangenhauch". Stolberg habe seine Beruhigung dort gesucht, wo „mit der Gallitzin ihr Fürstenberg, einst als Aufklärer berühmt, dunkelte". Emkendorf wird in dieser Haß-Schrift „eine geschäftige Schmiede für Geistesfesseln" genannt. Leibeigenschaft und das „Deutschland-Gefühl" wirft er Stolbergs und Reventlows vor und Jacobi, dem Bürgerlichen, daß er zu viele adlige Freunde gehabt habe. Stolberg schrieb eine Erwiderung: „Kurze Abfertigung der langen Schmähschrift des Herrn Hofrat Voß" und starb am 5.12.1819. (Sein Bruder Christian vollendet sie.) Sophie von Stolberg beeilte sich gütigst zu versichern, nicht der Angriff auf Stolbergs Konversion sei die Todesursache gewesen.

Voß publizierte ein Jahr später noch eine „Bestätigung der Stolbergschen Umtriebe". Aus dem öffentlichen *Ereignis*, von dem Goethe und Friedrich Schlegel gesprochen hatten, war ein *Ärgernis* geworden. Der in seinem Alter so verbitterte Johann Heinrich Voß war wohl durch die zahlreichen Konversionen, die nach den Napoleonischen Freiheitskriegen in Deutschland erfolgten, verstört. Er und seine Gesinnungsgenossen konnten nicht verstehen, daß man nach Aufklärung und Revolution sich wieder dem Mittelalter und seinen Werten zuwandte, daß man in der katholischen Kirche eine universale Lebenshaltung sah, der man sich wieder anvertraute. Amalie war eigentlich die erste dieser Konvertiten gewesen, als sie 1786 zu dem Glauben ihrer Kindheit zurückfand. Sie war Vorgängerin für die Konvertiten der Romantik, der Tieck, Schlegel, Adam Müller, Brentano und Luise Hensel.

Doch zurück zum Jahre 1800. Aus Weimar kamen natürlich auch Stellungnahmen. Die „Xenien" hatten schon in den neunziger Jahren auf Stolberg ironisch gedichtet: „Als Du die griechischen Götter geschmäht, da warf Dich Apollo von dem Parnasse, dafür gehst Du ins Himmelreich ein" [Xenien, Nr. 117]. Als Stolberg dann wirklich übergetreten war, schrieb Goethe in seine „Tag- und Jahreshefte" 1801: „Stolbergs öffentlicher Übertritt zum katholischen Kultus zerriß die schönsten früher geknüpften Bande. Ich verlor dabei nichts, denn mein näheres Verhältnis zu ihm hatte sich schon längst in allgemeines Wohlgefallen aufgelöst. Auch überrascht mich dieses

Ereignis keineswegs, ich hielt ihn längst für katholisch. Und er war es ja der Gesinnung, dem Gange, der Umgebung nach. Und so konnte ich mit Ruhe dem Tumulte zusehen, der aus einer späten Manifestation geheimer Mißverhältnisse zuletzt entspringen mußte" [GKvM, Nr. 301]. Nur Stolbergs erste Frau Agnes von Witzleben, die Goethe oft als „Engel Gracioso" in seinen Briefen bezeichnete, hätte Stolberg vor dieser Konversion bewahren können. Aber da ihre Unterstützung ihm gefehlt habe, habe sich die „schwankende Rebe ums Kreuz geschlungen". Unausgesprochen gibt er Amalie die „Schuld". Sehr viel später, 1825, hat Goethe eine soziologische Erklärung für die Feindschaft zwischen Johann Heinrich Voß und Stolberg gefunden: „Zwei gräfliche Brüder, die sich beim Studentenkaffee schon durch besseres Geschirr und Backwerk hervortun, deren Ahnenreihe sich auf mancherlei Weise im Hintergrunde hin- und herbewegt, wie kann mit solchen ein tüchtiger, derber, isolierter Autochthon (Johann Heinrich Voß war der Enkel eines Leibeigenen) in wahre, dauernde Verbindung treten? Auch ist der beiderseitige Bezug höchst lose. Eine gewisse jugendliche liberale Gutmütigkeit (Göttinger Hainbund) versammelt sie, ohne zu vereinigen. Denn was will ein bißchen Meinen und Dichten gegen angeborene Eigenheiten, Lebenswege und Zustände?" [GKvM, Nr. 302]

Herder nahm mehrfach zu Stolbergs Konversion Stellung. Er schrieb tröstend an Luise von Stolberg, Stolbergs Schwägerin: „Das brüderliche Band zwischen ihm und seinen Freunden ist gar nicht aufgelöst. Er hat ein anderes Stockwerk bezogen, wohnt aber mit ihnen in demselben Hause" [GKvM, Nr. 239]. Klopstock, Matthias Claudius und Lavater erhalten den Stolbergs ihre Freundschaft. Klopstock macht allerdings zur Bedingung, daß bei Besuchen nicht von der Konversion gesprochen werde. Matthias Claudius, der Amalie von Gallitzin in das reiche Schrifttum der Mystiker eingeführt hatte, sagte zu Stolberg: „Wir haben einen Herrn Jesus Christus und wollen gegenseitig uns auffordern, wer ihn von uns beiden am meisten liebt" [Eu., S. 283]. Aus Zürich von Lavater kommt im Oktober 1800 briefliche Ermunterung für die Stolbergs. Lavater schreibt, daß für ihn selbst ein Übertritt nie und nimmer in Betracht komme, denn für ihn sei Religion frei von Formen, eine Richtung des Herzens zu Gott in Christo. Er wünscht den Stolbergs „alle Tugenden der Gallitzin, der Drosten, der Katerkamps, der Sailers, der Fénélons."

Es ist erstaunlich, daß aus der katholischen Welt kaum eine Stellungnahme zu diesem öffentlichen Ereignis erfolgt. Man ist wohl zu der Zeit noch ohne Mut zu literarischer Äußerung. Jahrzehntelang war es selbstverständlich gewesen, auf die Katholiken herabzublicken, sie für rückständig zu halten. Deshalb hatte sich ja auch der Berliner Aufklärer Nicolai über Fürstenbergs Schulordnung 1776 so überrascht gezeigt. Daß es eine katholische Aufklärung gab, wurde einfach nicht wahrgenommen.

Amalie hat sich zu den gehässigen Briefen ehemaliger Freunde nicht geäußert. Sie fährt nach Holstein und steht dem Freunde bei, der ihr doch ihren sehnlichsten Wunsch erfüllt hat. Im Tagebuch von 1800 vermerkt sie fragmentarisch über drei Wochen hinweg:

„Mit Leo Unterhaltung in der Laube über: Wie zu beten, und die Kraft, das Erbetene auszuführen."

„Zum 7. Mal Unterhaltung von Herz zu Herz und über Verbesserung."

„Indignation ist die Frucht der Jahreszeit. Mit Indignation will ich mich nähren, müssen wir uns nähren. Des morgens Unterhaltung im Schatten am Abhang des kleinen Sees."

„Mit St. von Plato, Kunst, alten Sprachen ... Die englische ist mir, als spräche ein Engel mich auf plattdeutsch an ... Abends beim Lesen von Augustinus über die Liebe."

„Niederkunfts-Tag. Weg von Plön bis nach dem mit Haber bewachsenen Teich. Über Verhältnis des Weibes zum Manne, mit einem doppelten Corden-Instrument verglichen. Daß wesentliche Verhältnisse ewig sind."

„Auch mit Caj (von Reventlow, Kurator der Kieler Universität) und Hensler (Hausarzt der Emkendorfer). Augustinus vorgelesen ... Sophie gefiel mir diesen Abend ganz besonders, ihr schneller Takt im Auffassen des Geistigen."

„Leo zur Hypochondrie geneigt, wegen überwiegender Idee von Trennung" [GT, S. 488 ff.].

Im Spätherbst 1800 ziehen die Stolbergs nach Münster. Zunächst wohnen sie bei Amalie. Fürstenberg versucht, für Stolberg eine seinen Kenntnissen entsprechende Stellung zu finden. Es gelingt ihm nicht. Stolberg benützt jede freie Minute zum Übersetzen und zum Schreiben. Er unterrichtet auch seine Kinder selbst. Mit den Töchtern liest er Klopstocks „Messias", mit den Söhnen arbeitet er die antike Literatur durch und reitet mit ihnen aus. Erst im Jahr darauf zieht er in das „Nachtigallen-umtönte" Lütjenbek, auf halbem Wege zwischen Münster und Angelmodde. Ein Turm und Zehent-Haus standen (und stehen heute) noch von dem abgebrannten Schloß, das den Droste-Vischerings gehörte. Der Erbdroste Adolf bittet Stolberg, doch in Münsterischen Adelskreisen Visiten zu machen. Aber Stolberg antwortet ihm: „Unser Wunsch ist, nur mit unseren Freunden zu leben. Meine väterlichen Pflichten sowohl als meine Denkart sondern mich von der großen Gesellschaft ab. Aber immer werde ich mich freuen, Sie und Ihre Brüder zu sehen und Ihrer lieben Lotte die Hände zu küssen" [StBr., Nr. 395]. An Klopstock schreibt er am 27. Februar 1801: „Wir sehen täglich die Gallitzin, Fürstenberg und Overberg. Aber auch andere Freunde, und nur Freunde" [StBr., Nr. 396]. Der „Zusammenschluß der Guten" oder „Familia sacra", wie dieser Zirkel auch von Außenstehenden genannt wurde, beschäftigte sich mit religiösen und philosophischen oder naturwissenschaftlichen Fragen. Später, als die politische Landschaft sich änderte, als die Preußen kamen, geriet dieser Zirkel in Verdacht, wurde bespitzelt.

Auflösungen

Am 3. August 1802 kommen die Preußen nach Münster. Als Blücher mit seinen Roten Husaren einzieht, bleiben Fenster und Türen geschlossen, die Bewohner befürchten große Umwälzungen, und das mit Recht. Was in den Friedensschlüssen von Basel 1795 und Campo Formio 1797 beschlossen und zu dieser Zeit im Regensburger Reichstag verhandelt wurde, soll in die Tat umgesetzt werden: Verweltlichung, Säkularisierung der geistlichen Fürstentümer und Aufhebung der Klöster. Die Münsterländer sind nur mit Mühe von Gewaltanwendung zurückzuhalten. Haben sie im Jahrzehnt zuvor die französischen Emigranten mit offenen Armen und großer Zuvorkommenheit empfangen, so sehen sie jetzt in den Preußen nur die Untertanen eines lutherischen Königs und fürchten für ihre freie Religionsausübung.

Mit der Kriegs- und Domänenkammer kommt auch Oberpräsident Karl Reichsfreiherr von Stein. Er schätzt die Leistungen Fürstenbergs aus dessen Ministerzeit sehr, und eines seiner ersten Urteile lautet: „Fürstenberg hat eine große Masse gründlicher, gemeinnütziger Kenntnisse verbreitet ... Ich fand hier (im Hochstift Münster) mehr Menschen von frommen andächtigen Gefühlen, als ich anderwärts gefunden habe." Er tadelt den Zelotismus, mit dem Jacobi und Voß Stolberg gegenübergetreten sind: „Wenn Stolberg im Katholizismus seine Bestimmtheit gefunden hat, so soll man die ihm doch lassen!" [Stein an C. v. Sack, 13.11.1802] Er ist willkommener Gast bei Stolbergs, reitet mit Friedrich Leopold aus und nimmt drei- bis viermal die Woche an den Abenden bei Stolbergs teil. Einen persönlichen Zugang zu Amalie von Gallitzin findet er nicht. Er nennt sie eine „äußerst stolze, bigotte, überspannte Frau, die ihre Anhänger in einer blinden Abhängigkeit erhält"

[Stein an J. v. Sack, 5.1.1803]. Stein, schon seit 1796 Oberpräsident der Kriegs- und Domänenkammer (zunächst in Minden und Hamm), war nach eigener Aussage nach Münster entsandt worden, um das mit Milde zu tun, was zu tun sei. Er berief den Domdechant Ferdinand August von Spiegel in das Kuratorium der Universität und beriet sich auch mit Franz Wilhelm von Spiegel, den er aus gemeinsamen Studienjahren in Göttingen kannte, dem „Domherrn wider Willen", dem die kirchliche Laufbahn von der ersten Stunde an zuwider gewesen war, zu der ihn nur die prekäre finanzielle Lage seiner Familie gezwungen hatte. Die Brüder von Spiegel waren seit je die politischen Gegenspieler von Fürstenberg im Domkapitel. Sie neideten ihm seinen Einfluß und wohl auch die Freundschaft mit der so ungewöhnlichen Frau. Er hänge den „Alfanzereien der frömmelnden Fürstin an", sagten sie, und hofften, Fürstenberg in seinem Einfluß zu schmälern. Zu einer ersten Mißstimmung zwischen Fürstenberg und Stein kam es, als Fürstenberg sich weigerte, einen Meßkelch für den protestantischen Gottesdienst auszuleihen. Stein fragte empört, ob er denn glaube, daß der Meßkelch dadurch von seinem Werte verlöre. Stein war durch sein Elternhaus ein sehr religiös eingestellter Mann. Seine Mutter war mit Lavater befreundet.

In der Bevölkerung war die Mißstimmung gegen die Preußen nicht beizulegen. Blücher meinte: „Die Münsterländer sind brave Leute. Aber ein preußisches Herz bekommen sie nie!" Und einmal auch stöhnte er: „Wer erlöst mich von diesem Volk der Heiligen, wo einundvierzig Müßiggänger Tag für Tag den Schweiß der Armut unverdient verprassen!"

Mit den Müßiggängern meinte Blücher natürlich die Herren des Domkapitels. Trotzdem bemühte sich Blücher, der mit Frau und Töchtern im Schloß wohnte, in den exklusiven Club einzutreten, den Fürstenberg 1800 gegründet hatte, den „Adeligen Damenclub" (der bis heute existiert), in dem alle Domherren und viele Ritter Mitglieder unter dem Vorsitz von Sophie Alexandrine Freifrau von Droste-Vischering waren. Zu einer ernstlichen Verstimmung zwischen Stein und dem Gallitzin-Fürstenberg-Kreis kam es schon Ende des ersten Jahres, als Amelie, Amaliens so zärtlich geliebte „Kleine", die

Tochter ihres Bruders Ferdinand, Nonne werden wollte. Da die Klöster aufgelöst werden sollten, fürchtete Ameliens Familie in Berlin um Ameliens Zukunft und entsandte ihren Bruder nach Münster. Klostereintritte wie auch alle kirchlich-geistlichen Ernennungen mußten durch die Kriegs- und Domänenkammer genehmigt werden. Ameliens Bruder erhob bei dieser Behörde die Klage, die Fürstin Gallitzin habe Amelie bei Nacht und gegen deren Willen in ein Kloster gebracht. Deshalb war Stein verpflichtet, Ameliens Fall der vorgesetzten Behörde in Hildesheim vorzulegen. Er kam nun nicht mehr zu den geselligen Abenden im Hause von Stolberg. Als Stolberg versuchte, ihn auf privatem Wege zum Einlenken zu gewinnen, lehnte Stein das Gespräch ab, weil es den Dienstweg gehen müsse. Doch aus der vorgesetzten Behörde in Hildesheim schrieb Graf Schulenburg, daß man es der Gallitzin freistelle, entweder ihre Nichte aus dem Stift wieder zurück und zu sich kommen zu lassen, oder sie im Stift noch einige Zeit zu lassen, auf daß sie dort überlegen könne, ob sie noch an ihrem Entschluß, ins Kloster zu gehen, festhalte. (Amelie ist später, 1807, zur Franzosenzeit, nach Wien gegangen, Lehrerin und Ordensfrau – Salesianerin – geworden. Sie war erfüllt von ihrer pädagogischen Aufgabe.) Stolberg hatte viel Zeit darauf verwandt, diese Angelegenheit in Amaliens Sinne zu klären. Kein Wunder, daß seine Frau Sophie deshalb sich wieder einmal zurückgesetzt fühlte und über die Nichte einen recht unguten Brief an ihren Schwager Christian von Stolberg schrieb: „Die Last, welche Amalie von Gallitzin siebzehn Jahre lang an dieser Nichte hatte, welche an Seele ebenso ungestalt war als am Körper, ist unaussprechlich. Ebenso wie die unablässige Liebe, die Amalie an ihr ausgeübt hat." Sie schildert die „Leiden und Verfolgungen der Gallitzin" [Hennes, S. 160] in den lebhaftesten Farben. Amalie hat immer Freunde, die für sie kämpfen.

Sie selbst bleibt zu dieser Preußenzeit im Hintergrund, ist jedoch der Mittelpunkt des passiven Widerstandes, der gegen die gewaltsame Preußifizierung des Hochstifts Münster geleistet wurde. Einer ihrer frühen Biographen schreibt, daß an die dreißig Pamphlete in diesem Freundeskreis verfaßt wurden.

Ganz besonders heftig lehnten sich Fürstenberg und seine Freunde gegen die Aufhebung der Franziskaner- und Kapuzinerklöster auf. Aus den Gebäuden sollten Kasernen gemacht werden. Man konnte sich nicht vorstellen, daß aus den Zellen, die stiller Meditation gegolten hatten, Soldatenstuben werden sollten. Noch viel weniger konnte man sich vorstellen, wer die sozialen und seelsorgerischen Aufgaben der Mönche übernehmen könnte. Die Protestschrift unterzeichneten außer Fürstenberg, der Gallitzin und den Droste-Vischerings noch viele andere hochgestellte Bürger.

Zu einem Eklat aber kam es, als Fürstenberg sich dagegen auflehnte, daß die Universität Münster, die von ihm gegründet worden war, mit den Universitäten von Erfurt (protestantisch) und Duisburg (gemischt-konfessionell) und Paderborn (rein katholisch) zusammengelegt werden sollte. Er machte Eingaben. Er schrieb an den König nach Berlin. Aus Berlin kam aber nur seine Entlassungsurkunde: „Unter Bezeugung höchster Zufriedenheit" wurde Fürstenberg seines Postens als Kurator der Universität enthoben. Fürstenberg war nur noch „eines großen Namens Schatten", wie Stein sich bedauernd ausdrückte. Er ist jetzt sechsundsiebzig Jahre alt; dennoch trifft ihn die Entlassungsurkunde aus Berlin schmerzlich. Menschen bilden als vornehmste Aufgabe des Staates – diese Devise hatte ihn 1780, als er sein Ministeramt und die Coadjutorwahl an Max Franz verlor, ermutigt und beflügelt. Damals hatte Amalie dem „starken und tugendhaften Mann" eine Säule errichtet. Amalie steht Fürstenberg auch jetzt zur Seite, hofft mit ihm, daß ein erneuerter Katholizismus aus diesem Umsturz der Verhältnisse hervorgehen möge. Fürstenbergs Stimmung ist starken Schwankungen unterworfen. Er stemmt sich vor allem auch gegen die Berufung des freisinnigen Theologen, Professor Wecklein, und verbietet den Studenten, dessen Vorlesungen zu hören. Alles dieses erregt viel Aufsehen, und es kommt zu einer Befragung, wie der „Westfälische Anzeiger", die größte Zeitung im Münsterlande, meldet.

Clemens August von Droste-Vischering, schon Domherr zu dieser Zeit, wurde befragt, „ob nicht zwischen der Fürstin von Gallitzin, dem Freiherrn von Fürstenberg, dem Grafen von Stolberg und seinem Bruder, dem Weihbischof Caspar Max Vischering, Konferenzen bezüglich der Weckleinschen Sache stattgefunden hätten. Die inquirierende Behörde konnte jedoch von ihm weder durch Drohungen noch durch mannigfache an ihn gestellte, im Recht freilich verbotene Suggestivfragen irgendwelche Auskunft erlangen. Zweifellos ging die Behörde von der Meinung aus, als ob die genannten Mitglieder der „Familia sacra" in einer dem Staate feindlichen Absicht sich versammelt und unerlaubte Maßregeln verabredet oder bezweckt hätten. Bei Nachweis hätte man Anklage auf ein Staatsverbrechen erheben können ..." [Westfälischer Anzeiger, 5.4.1805]

Amalie und ihre Freunde wurden politisch preußenfeindlicher Gesinnungen und Aktivitäten verdächtigt! Fürstenberg, der sich zeit seines Lebens Preußen verbunden fühlte, und seine Freunde wurden verhört! Er war vom Zuschauer und Beobachter der Politik zum Opfer der Politik geworden.

Im Domkapitel machte man sich über Amalie lustig. Ferdinand August von Spiegel schrieb an seinen Bruder, den Domherrn und Universitäts-Kurator Franz Wilhelm in Bonn, daß die Fürstin Gallitzin sich „eine ganze Ladung Andachtsbücher" in den Dom nachtragen lasse und dort oft stundenlang verweile. Amalie leistete auf diese Weise passiven Widerstand gegen die gewaltsame Preußifizierung, was jenen Politikern im Domkapitel unangenehm war, die sich schnell auf die Seite der Preußen stellen wollten.

Zu dieser Zeit widmete sie sich auf Spaziergängen und in Briefen dem jungen und ungestümen Dichter Franz von Sonnenberg, Sohn eines münsterischen Offiziers. Er plant und schreibt ein Vers-Epos über das Weltende, „Donatoa". Es sollte das katholische Gegenstück zu Klopstocks „Messias" sein. Aber er rieb sich wund an seinem titanischen Plan und an einer unglücklichen Liebe zu Herders einziger Tochter. So stürzte er sich 1805 in Jena aus dem Fenster. Seine Verehrung für Amalie hatte ihn keineswegs davon abgehalten, in der westfälischen Presse das hierarchische System des Hochstifts anzuklagen und „travestierte Overbergiaden und Gallitziniaden anzuprangern". Trennungen, Umbrüche überall! Eine Zeit geht zu Ende.

Fürst Dimitri Alexejewitsch Gallitzin stirbt am 16. März 1803 in Braunschweig – sehr einsam und arm an einem überraschenden Blutsturz. Noch kurz vorher hatte er der Universität Jena seine wertvolle Mineraliensammlung vermacht. Im Nachruf der Universität hieß es: „Die Mineralogische Gesellschaft verlor ihren Präsidenten, einen angesehenen Mineralogen und vorzüglichen Menschen, der ihr unschätzbare Dienste erwiesen hatte." Die letzten Jahre hatte sich Gallitzin, da die Revolution ihn aus Holland vertrieben hatte, in Aschaffenburg bei seinem Freund Carl Theodor von Dalberg, der nunmehr von Napoleons Gnaden Erzkanzler des Deutschen Reiches war, oft aufgehalten, aber auch in Braunschweig. Gallitzin hatte bedeutende Forschungen auf dem Gebiete der Physik und Chemie und Elektrizität gemacht. Er war anerkannt von den führenden Forschern seiner Zeit, war Mitglied der Akademien von Haarlem, Sankt Petersburg, Brüssel, Berlin.

Es war eine außerordentliche Sammlung von Mineralien, die er aus Brasilien und dem Ural, aus Labrador und Transsilvanien zusammengebracht hatte. In Aschaffenburg hatte er nach Titan gegraben, das nach ihm „Dimitrit" genannt werden sollte, was er aus Bescheidenheit ablehnte. Der Wert der Sammlung wurde auf 4.000 bis 5.000 Gulden geschätzt. Goethe, der nach Gallitzin Präsident der Mineralogischen Gesellschaft werden sollte, wollte beim Auspacken dabeisein, um das „Vergnügen der ersten Überraschung" zu erleben. Auch seine wissenschaftlichen Schriften und sein Buch „De l'Esprit des Économistes" vermachte Fürst Gallitzin der Universität Jena. „De L'Esprit des Économistes" wollte beweisen, daß nicht die Physiokraten die Französische Revolution verschuldet hätten. Diese Wirtschaftswissenschaftler strebten die Veränderung des Agrarsystems an: Die Einnahmen der Landwirte sollten erhöht werden und Steuern sollten nur aus dem Reinertrag berechnet werden. Nur die landwirtschaftlich tätige Bevölkerung galt als produktive Klasse. Hatte Amalie jemals dieses Buch, in dem Gallitzin die Ursache der „bluttriefenden" Revolution auf die Prachtentfaltung, die schon mit Ludwig XIV. begonnen hatte, auf den krassen Gegensatz zwischen reich und arm zurückführte, gelesen? Die pädagogischen Themen des Buches sind dem Christentum näher als der Aufklärung.

Gallitzins Bibliothek wurde im November des gleichen Jahres in Braunschweig versteigert. Sie enthielt neben seinen eigenen Schriften über Naturwissenschaft auch die der zeitgenössischen Forscher, enthielt Werke über die Geschichte der Französischen Revolution, Memoiren und viele umfangreiche Kataloge europäischer Kunstgalerien, enthielt die französische Übersetzung von Jacobis „Woldemar", Schmettaus Schrift über den letzten Krieg Friedrichs des Großen, die Gallitzin auch Hemsterhuis Weihnachten 1789 geschenkt hatte. Amalie hatte zeit ihrer nach außen bestehenden Ehe an den naturwissenschaftlichen Forschungen ihres Mannes keinen Anteil genommen. Sie hatte sich wohl auch kaum um diese kostbare Bibliothek gekümmert. Der große Abstand zwischen Amalie und Dimitri war geblieben, trotz gemeinsamer Kuraufenthalte seit 1799 in Bad Driburg.

Ihrem Sohn in Amerika teilte Amalie den Tod des Vaters erst zwei Monate später, im Mai 1803, mit und bat ihn inständig, zu kommen, um in Sankt Petersburg sein Erbe einzuklagen, bevor des Vaters zahlreiche Verwandte dort darüber herfallen könnten. Mitri schrieb zurück, er könne nicht kommen, er könne seine Pfarrei nicht allein lassen und außerdem spreche er nicht Russisch und niemand könne ihn in Sankt Petersburg identifizieren, da niemand ihn kenne. Er sei als katholischer Priester ohnehin enterbt. Amalie schrieb noch einmal und bestand auf seinem Kommen. Vergebens! Mitri kam nicht zurück. Er erklärte, daß es ihm wichtiger sei, sich um die Seelen seiner Pfarrkinder zu kümmern, als einem unsicheren Erbe nachzujagen. Mimi nahm es auf sich, 1808 dieses Erbe für sich zu sichern und Mitri die Hälfte zu überweisen. Der Umfang dieses Erbes wird in mancherlei Akten und Dokumenten, die zum Teil in Pennsylvanien aufbewahrt werden, immer verschieden hoch beziffert.

Amalie beteuerte zwar, daß sie keine Angst habe, arm zu werden. Aber hatte sie Armut je gekannt? Die Gelder aus Lavigny, die sie in die französischen Besitzungen des Marquis von Serent investiert hatte, waren in der Revolution verlorengegangen und wurden erst nach ihrem Tod aufgewertet. Im April 1802 schrieb sie wieder an Goethe, ob er nicht die Gemmen beim Herzog von Gotha anbringen könne; eventuell würde sie den Preis herabsetzen. „Es ist hier wirklich so große Not um bares Geld“ [GKvM, Nr. 247]. Goethe antwortete ausführlich und konziliant, daß der Herzog von Gotha sich davor scheue, eine neue Liebhaberei anzufangen, und daß ja auch die Kenntnis der geschnittenen Steine überaus schwierig sei. Vielleicht würde man nach den Abdrücken eine Darstellung in einer Zeitung publizieren, „da die Menschen etwas mehr Respekt vor den Dingen haben, wenn sie in Kupfer gestochen oder im Druck irgendwo angeführt sind“. Aber er schreibt auch noch: „Wie sehr wünschte ich, da sich über ein Geschäft noch allenfalls *schreiben* läßt, mich über manches andere *mündlich* mit Ihnen zu unterhalten. Seitdem wir uns gesehen, habe ich manche Lebens- und Bildungsepochen überstanden, und auch Sie sind gewiß vorgerückt ... Doch eben bedenke ich, daß gerade in diesem Augenblick der äußere Zustand um Sie her sich völlig zu verändern droht, welches doch auch auf mancherlei Weise auf Sie einwirken muß“ [GKvM, Nr. 248].

Was hier so milde als „Veränderung“ bezeichnet wird, ist eben die Säkularisation, die für das Hochstift Münster eine große wirtschaftliche Umstellung bedeutete. Man fürchtete, daß der Preußische Staat das Domkapitel auflösen würde. Domkapitel und Klöster waren Versorgungsstätten für nachgeborene Söhne des Adels und unverheiratete Töchter. Das Domkapitel verfügte über ein Jahreseinkommen von 160.000 Reichstalern, außerdem stand ihm die Pacht aus 32.000 großen Bauernhöfen zu. Die wirtschaftliche Zukunft lag im dunkeln. Der Silberschatz des Domkapitels mußte schon 1802 nach Minden abgeliefert werden, weil das Domkapitel zu wenig dafür getan hatte, das preußische Königshaus beliebt zu machen.

Die Zeit ist voller Zukunftssorgen und Widersprüche. Auch der Briefwechsel zwischen Amalie und Fürstenberg zeigt die schwebende Stimmung der Zeit an. Da gibt es im Archiv der

Universitätsbibliothek in Münster fragmentarische Briefchen, die auf ganz dünnes, grünes, durchsichtiges Seidenpapier hingeworfen sind. Zum Teil sind sie in Neuhaus geschrieben, denn Fürstenbergs Verbindung mit seinem Bruder Franz Egon, dem Fürstbischof in Paderborn, ist in dieser Zeit des Umbruchs besonders eng. Fürstenberg schreibt einmal am 7. August 1805 an Amalie: „Neben dem Prometheus hätte man den anschmieden sollen, welcher das Krämpfe erzeugende Schreiben erfand – aber dann wäre vielleicht viel Gutes nicht entstanden, auch Dein gestriger Brief nicht. Doch will ich mit Buchstaben geizen, um weniger zu schreiben“ [GN, Kapitel 12, Bl. 129]. Es folgen wenige Buchstaben, die mit vielen Pünktchen versehen werden. Diese verwehten Zeilen erinnern an die stenographischen Aufzeichnungen im Tagebuch seiner frühen Jahre. Seine Briefe werden – im Gegensatz zu den vielen politischen Schriften dieser Zeit – religiöser. So interpretiert er Amalie das Vaterunser in fünf Punkten. Er schreibt ihr seine Morgengedanken und Abend-Gewissenserforschungen.

Ihre Freundschaft trotzt allen politischen Stürmen dieser Zeit. Amalie begleitet Fürstenberg noch 1805 auf eine Reise nach Hildesheim. Im Sommer pflegt sie in Vreden die schwer erkrankte Äbtissin Therese von Truchsess. Overberg ist bei ihr.

„Ich segne Euch Alle“

Die Aufregungen der Politik, Sorgen um die Zukunft ihrer Freunde, wirken immer bedrückender auf Amaliens Gesundheit. Nach dem 2. März 1806 kann sie ihr Krankenlager nicht mehr verlassen. Mimi wendet sich mit inständigen Briefen an Medizinalrat Franz Ferdinand Druffel. Sie schildert eigentlich nur die Krankheits-Symptome; doch diese Zeilen enthalten mehr: Den Charakter und die Stärke dieser Frau, Amalie von Gallitzin, die ihr Leben und ihr Haus in der Grünen Gasse zum Mittelpunkt von Freundschaft und Liebe machte.

Mimi schreibt:

„Lieber Herr Rath! Diese Zeilen sollen Sie nicht quälen, nur Ihnen Rapport abstatten. – Herr von Fürstenberg wird Ihnen gestern gesagt haben, daß Mama sich entschloß, vier Tage ganz allein zuzubringen und nichts von dem vielen Drückenden und Unangenehmen zu sehen und zu hören, was uns jetzt von allen Seiten umgibt und mehr als jemals auf Mama wirkt. Sie sagte uns gestern Nachmittag, als sie auf vier Tage Abschied von uns nahm, Gott werde ihr die Gnade tun, die er ihr bisher immer erzeigt habe in der Einsamkeit und Beschäftigung mit dem, was allein ihr angenehm ist, eine Fröhlichkeit wiederzufinden, die sie bei dem beständig wühlenden Schmerz in ihren Eingeweiden und der vermehrten Empfindlichkeit, die derselbe allen ihren Nerven mitteilt, gänzlich zu verlieren in Gefahr stünde. Das einzige, was mir bei ihrem Entschluß mißfällt, ist daß sie hinzusetzte, sie wolle lieber in diesen Tagen ihre Schmerzen tragen, als Opium nehmen, weil das Opium sie nur schwäche. – Die Schmerzen waren gestern so heftig, daß sie sich verschiedene Male auf die Erde legte, vor Schmerzen, und jeder Tritt eines anderen im Saal auf ihren Unterleib empfindlich wirkte. Dabei hat sie einen beständigen heftigen Durst und kann doch nichts trinken, ohne die Schmerzen gleich zu vermehren. – Diese Nacht hat sie nicht geschlafen, immer gelitten und leidet noch. – Das Wetter erscheint endlich besser werden zu wollen. Ich hoffe, lieber Herr Rath! das werde auch auf Ihre Gesundheit einen guten Einfluß haben und uns recht bald das sehnlichst verlangte Vergnügen schenken, Sie wieder zu sehen.

Am Samstag, den 12. April Ihre gehorsame Dienerin
Marianne Gallitzin

Sie werden wohl von mir denken, lieber Herr Rath! daß ich ein unausstehlicher Plagegeist bin und ich würde selbst so denken, wenn es einen anderen Gegenstand als meine Mama beträfe, aber für diese, weiß ich, ist Ihnen keine Plage unangenehm. – Sie nimmt sehr getreu die Medicin ein, die Sie ihr vorgeschrieben haben, aber ihre Schmerzen in den Eingeweiden bleiben ebenso unausgesetzt und heftig Tag und Nacht hindurch – beständiges Auflegen heißer Servietten ist die einzige und doch sehr geringe Linderung. – Mittwoch Abend hat sie eine starke Dosis Opium genommen: Die Nacht darauf schlief sie nicht, die Schmerzen hatten aber doch nachgelassen, sie fingen aber morgens gegen sieben Uhr schon wieder an und nahmen immer zu, so daß sie vom Opium auch nicht einmal ihre sonst gewohnte Schlaf-Nacht gehabt hat. Ich kann Ihnen übrigens von Mama nur so einen ungefähren Bericht geben und was ich so einzelnweise von ihr herausbringe: – Sie ist, wie Sie sie kennen, so ergeben in ihrem Leiden und hat so eine Furcht, man möchte Sie, lieber Herr Rath! beunruhigen, oder zum Ausgehen ihretwegen bestimmen, daß sie sich mit ihren Leiden sozusagen geheim hält, aber die Heftigkeit derselben verrät sie wider ihren Willen. (Vor mir) insonderheit hält sie an, weil ich meine Ungeduld, Sie, lieber Herr Rath! wieder bei uns zu sehen, einige malen ihr nicht habe verbergen können. – Doch verzeihen Sie mir dieselbe gewiß? – Nichts sollte mir leider sein, als daß Sie sich gefährdeten, aber, so bald hierüber nichts mehr zu fürchten ist, so kommen Sie ja gewiß. – Ich kann sagen, daß ich nach diesem Augenblick mit der größten

Ungeduld verlange, eine Ungeduld, die nur der Gedanken mäßiget, es würde eine Undankbarkeit gegen Gott sein, der Sie durch so viele warme Gebete unter uns erhielt, etwas zu wünschen, das Ihnen wieder schaden könnte. Es ist mir immer, als müßte es Mama besser gehen, wenn sie sie nur erst einmal wieder selbst sprechen und von Grund auf examinieren können. – Mama würde wohl selbst gerne zu ihnen gekommen sein, wenn sie nicht zu deutlich fühlte, daß der einzige Ausgang zur Kindtaufe der Gräfin Stolberg ihr ihr jetziges Leiden zugezogen hat. – Nun kann ich es nicht lassen, Ihnen noch etwas zu sagen, worüber Sie mich vielleicht auslachen werden, das schadet aber nichts.- Vorigen Montag trank Mama am Abend um sechs einige Gläser Champagner Wein, und die machten ihre Schmerzen in den Eingeweiden verschwinden, welches, wie sie mir nachmals gesagt hat, bis gegen halb zwölf in der Nacht gedauert hat, wo dann die Schmerzen wiedergekommen sind. – Dies hat mich nun auf den Gedanken gebracht, Sie zu fragen, ob nicht vielleicht der Aether, den Sie Mama mit so gutem Erfolg verschrieben haben, auch in diesem Fall gut sein möchte. – Ich fühle ganz, wie lächerlich ich sein muß, *Ihnen* eine Medizin vorzuschlagen – aber wie gesagt, es schadet auch nichts und findet doch wohl einmal eine blinde Henne eine Perle, die den besten Augen entgangen war. – Übrigens bitte ich Sie recht innigst, lieber Herr Rath! was Sie auch für Mama zu tun beschließen, es *aus sich selbst* zu tun. Sie wissen, ich habe vor Mama keine Geheimnisse – aber in diesem Fall glaube ich mich verpflichtet, ohne ihr aveu zu handeln und mit dem Wunsch, daß sie es nicht erfahre. Sie ist unbeschreiblich besorgt für diejenigen, die sie liebt (und ob Sie darunter gehören, lieber Herr Rath! wissen Sie selbst) und vergißt sich so ganz selbst, daß wenn sie wüßte, daß ich Ihnen von ihr berichte, sie würde es mir wohl am Ende verbieten, und das wäre sehr unangenehm.

Ihre gehorsame Dienerin
Marianne Gallitzin"

[Staatsarchiv Münster, Nachlaß F. K. Bucholtz, Nr. 001196]

Mimi und Amelie pflegen die Schwerkranke, weichen nicht von ihrem Krankenbett. Krämpfe im Unterleib, Wassersucht und Atemnot bedrängen die Leidende. Overberg ist immer in ihrer Nähe. Er liest in der Nacht vor ihrem Tode im Nebenzimmer die Messe, und reicht ihr die Eucharistie. Sie hatte die Hausgenossen rufen lassen und konnte nur noch stammeln: „Ich segne Euch alle."

Am Sonntag, den 27. April 1806 stirbt Amalie von Gallitzin. Es war ihr Wunsch, auf dem Dorfkirchhof in Angelmodde „auf dem Platz, wo man die Armen begräbt", beigesetzt zu werden. Ein hohes hölzernes Kreuz ragt an der Mauer der trutzigen Dorfkirche. Bis auf den heutigen Tag wird das Grab geschmückt und gepflegt. Denn unvergessen bleiben die eigenwilligen Wege der Fürstin Amalie von Gallitzin zwischen Skandal und Legende.

Nachklang

Amalie von Gallitzin, die so leidenschaftlich an allen Entwicklungen ihrer Zeit teilgenommen hat, erlebt nicht mehr das Ende des Heiligen Römischen Reiches Deutscher Nation: Vier Monate nach ihrem Tod legt Kaiser Franz II. am 6. August 1806 in Wien die römisch-deutsche Kaiserkrone nieder. Im September werden die Preußen im Hochstift Münster vom Napoleonischen Heer verdrängt. Es gibt neue Gesetze und Vorschriften. Es ist Franzosenzeit.

Marianne von Gallitzin, Mimi, bewohnt weiter das Haus in der Grünen Gasse, hat mit den Belästigungen, Kontributionen, Beschlagnahmen der neuen Besatzer zu kämpfen, begibt sich 1808 nach Sankt Petersburg, um ihre Erbangelegenheiten zu regeln: Zar Alexander I. gestattet ihr den Nießbrauch der Gallitzin-Besitzungen zwischen Moskau und Kaluga. Diese werden nach 1812, nach dem Brand von Moskau, von den zurückflutenden Heeren Napoleons schwer verwüstet. Mimis Einkünfte sind unregelmäßig und ihre Überweisungen an Bruder Mitri in Amerika ebenfalls. Mimi lebt zurückgezogen im Kreise ihrer Freunde: den Stolbergs, Droste-Vischerings. Sie kennt Annette von Droste-Hülshoff in Rüschhaus und deren Verwandte Haxthausen auf Abbenburg, ist in Verbindung mit Karoline Perthes, geborene Claudius, in Hamburg. Die Dichterin Luise Hensel, Schwägerin von Fanny Mendelssohn und Freundin von Clemens Brentano, ist ihre Gesellschafterin und Erzieherin ihrer fünf Stiefkinder, als sie 1818 den verwitweten Fürsten Salm-Reifferscheidt-Krautheim heiratet. Sie stirbt – kinderlos – 1823 in Düsseldorf.

Carl von Schmettau, Amaliens Bruder, wird als preußischer General in der Doppelschlacht von Jena und Auerstedt im Oktober 1806 schwer verwundet, rettet sich in das Haus der

Charlotte von Stein in Weimar, wird dort gepflegt, vor den plündernden französischen Soldaten zunächst gerettet, stirbt aber dann an seinen Verletzungen im Weimarer Schloß. Goethe entwirft seine Grabinschrift.

Fürstenberg ist durch den Tod Amaliens tief getroffen und wohnt noch einige Zeit bei Stolbergs im Tantenzimmer. Er erlebt die Eroberung Münsters durch die Franzosen im September 1806, die allerdings das Domkapitel nicht auflösen, wie die Preußen es wollten. Zeitgenossen schildern ihn als eine gebrechliche, fast durchsichtige Gestalt. Er wohnt weiterhin am Domplatz, reitet täglich aus und unterhält sich oft mit Studenten. 1809 schreibt er an Goethe: „In meinem 78. Jahre hab ich noch so ziemlich den Gebrauch meiner Sinne und Glieder und etwas Kopf ... Die Fürstin von Gallitzin ist tot: Wann Gott mich von der Welt abrufet, so hoffe ich, mit ihr in Ihm vereiniget zu werden. Beide werden wir gewiß nicht vergessen, was wir Ihnen so sehnlich gewünschet haben“ [GKvM, Nr. 261]. 1810 stirbt er und wird im Kreuzgang des Doms begraben: „Vater des Vaterlandes“. Viele Male hat man seine Gebeine wieder ausgegraben, auch in unserer Zeit. Am schönsten hält das Denkmal von Heinrich Fleige zwischen Pferdegasse und Domplatz neben der Universität Münster sein Andenken wach.

Overberg trauert lange. Er lehnt Einladungen ab mit der Begründung: „Sie war mir Tochter und Mutter, Schwester und Freundin. Und mein Herz ist zu schwach, um schon jetzt bei den Freunden, zu welchen ich sie zu begleiten pflegte, ihre Stelle leer zu sehen.“ Overberg wollte ihre Lebensgeschichte schreiben, übergab aber diese Aufgabe seinem Amtsbruder Katerkamp, Hausgenosse in der Grünen Gasse seit 1797, Professor der Kirchengeschichte. Overberg blieb noch einige Jahre in der Grünen Gasse wohnen, dann wurde er als Regens in das Priesterseminar berufen. Nach 1815, als Preußen das Hochstift Münster zum zweiten Mal, und endgültig, übernahm, wurde er ein hochangesehener Berater in allen Erziehungsfragen. Er bekam 1825 den preußischen Roten Adler-Orden und starb 1826.

Stolberg schreibt die „Geschichte der Religion Jesu Christi", wie Amalie es angeregt hatte. Der protestantische Verleger Perthes in Hamburg, der Schwiegersohn von Matthias Claudius, druckt die fünfzehn Bände. Der erste Band erscheint wenige Wochen nach Amaliens Tod. Im zweiten Band huldigt der Verfasser Amaliens Andenken, und im Sommer des Sterbejahres korrespondiert er mit Goethe über den Verkauf der Gemmensammlung. Er bietet eine französische Übersetzung für den Aufsatz an, den Goethe in der „Jenaischen Allgemeinen Literaturzeitung" drucken lassen will. Oft besucht Stolberg Angelmodde, lauscht den Erinnerungen der Dorfbewohner, die Amalie als Wohltäterin der Armen rühmen.

Im Jahre 1819 erst kann Mimi die kostbare Gemmen-Sammlung verkaufen: an den Spielgefährten ihrer Kindheit, König Wilhelm I. der Niederlande. Im Königlichen Pfennig-Kabinett zu Leiden werden sie heute „verwahrt und hochgeschätzt, juwelenhaft aufgehoben."

Dank

Diese Biographie wurde

angeregt	durch die drei Bände Tagebücher/Briefe der Fürstin Gallitzin (hrsg. v. Ch. B. Schlüter, 1874 u. 1876), die ich vor Jahrzehnten in einem Leipziger Antiquariat fand;
ermutigt	durch die umfangreichen Forschungen von Prof. Erich Trunz, Dr. Waltraud Loos, Dr. Siegfried Sudhof;
vertieft	durch die Gallitzin-Fürstenberg-Hemsterhuis-Nachlässe im Archiv der Universitätsbibliothek Münster und im Königlichen Archiv Den Haag;
erweitert	durch die Jacobi-Forschung von Prof. Michael Brüggen, Dr. Albert Mues, Dr. Anton Bachmair;
bereichert	durch Helmut Jacobi, Erlangen, der mir die unveröffentlichten Memoiren von Georg Arnold Jacobi zugänglich machte, und durch Hans Jürgen Warnecke im Staatsarchiv Münster, der mir Zugang zu Haus Welbergen und zum Bucholtz-Nachlaß ermöglichte.

Bibliotheksamtsrätin Irmgard Kießling (Münster) hat mich angeregt, auch verwischten Spuren von Dokumenten nachzugehen. Mary Camper-Titsingh (New York), die den Nachlaß ihres Vorfahren, Petrus Camper, der Universität Groningen übergab, hat mich mit der holländischen Gallitzin-Forschung in Verbindung gebracht, mit Dr. A. M. Luyendijk-Elshout (Leiden) und Dr. L. de Gou (Lemiers), der mir aus seiner Privatsammlung Quellen zugänglich machte, die die Bedeutung des Fürsten Gallitzin als Diplomat und Kunstkenner erhellten.

Prof. Grant K. Zwerawa (Boksitogorsk), der die Biographie des Wissenschaftlers D. A. Gallitzin geschrieben hat (St. Petersburg 1985), übermittelte mir mit seinem Werk das einzig erhaltene Porträt des Fürsten: einen Scherenschnitt. Elke Vogel habe ich für ihre Übersetzung aus dem Russischen zu danken.

In einem Claudius-Seminar der Akademie Nordelbien erhielt ich wichtige Informationen von den Professoren Franz Georg Friemel, Christian Degn, Karlfried Gründer, Martin Seils und Barbara Becker-Cantarino; in einem Hemsterhuis-Seminar in Leiden, von Dr. Waltraud Loos, Dr. Renate Knoll und Prof. Dr. Klaus Hammacher. Prof. emer. Marcel F. Fresco (Leiden) ermöglichte die Besichtigung der Gallitzin-Gemmen im Koninkl. Penning-Kabinet.

Prof. Dr. Alwin Hanschmidt verdanke ich die Einsicht in noch unveröffentlichtes Quellenmaterial. Dr. Helmut Engelhart überließ mir sein Manuskript über den Restbestand der Fürstin-Gallitzin-Bibliothek noch vor der Veröffentlichung in „Westfalen 71“.

Dr. Walter Göddens Publikationen über westfälische Literatur und Dr. Hildegard Westhoff-Krummachers Interpretation westfälischer Porträtmalerei waren für mich bestimmend. Wichtig war Paul Reisers Führung durch Angelmodde und das dort entstehende Gallitzin-Haus.

Meine Tochter Gabriele und mein Sohn Benedikt haben mich wie immer durch ihr stetes Interesse an meiner Arbeit ermutigt. Großen Dank schulde ich Luise Friemel (Lüdinghausen), die mit ihren verständnisvollen Informationen über das heutige westfälische Kulturleben der vergangenen Gallitzin-Zeit Gegenwartsnähe verlieh.

Anne Martinsen hat den Text verläßlich und kritisch dem Computer eingegeben und allen Neu-Fassungen mit freundlicher Geduld standgehalten.

München, im Sommer 1993

Zeittafel

1748: Am 28. August wird Amalie von Schmettau in Berlin geboren.
Vater: Feldmarschall Samuel von Schmettau (1684-1751).
Mutter: Maria Johanna von Rüffer (1718-1771)
Paten: Prinzessin Amalie, Prinz Heinrich, Prinz Ferdinand – Geschwister Friedrichs d. Gr.

1753: Amalie wird zu den Ursulinen nach Breslau gebracht. Die Mutter holt sie nach etwa neun Jahren wieder nach Berlin. Sie bekommt noch „Nachhilfe“-Unterricht bei dem Aufklärer Pierre La Gray de Prémontval, um französische Konversation, griechische Mythologie, Tanz und Musik zu lernen. Wohnt bei der Mutter, die ein aufwendiges Leben führt.

1766: Amalie wird verlobt mit einem Herrn von Gersdorff zu Rettkau. Die Verlobung wird nach wenigen Monaten rückgängig gemacht wegen zu großer Schulden des Bräutigams. Amalie wird Hofdame bei Prinzessin Ferdinand, geb. Luise von Brandenburg-Schwedt.

1768: Als Hofdame begleitet sie die Prinzessin ins Bad nach Aachen, lernt den russischen Fürsten Dimitri Aleksejewitsch Gallitzin kennen, den Zarin Katharina d. Gr. von seinem Diplomaten-Posten in Paris abberufen hat. Gallitzin macht der Komteß Schmettau einen Heiratsantrag.
Blitzhochzeit in Aachen am 14. August. Hochzeitsreise dauert zwei Jahre: Spa – Wien – Prag – Dresden – Berlin – St. Petersburg.

1769: Katharina d. Gr. ernennt Fürst Gallitzin zum Gesandten in Den Haag. Rückreise über Berlin.
Tochter Marianne wird am 7. Dezember in Berlin geboren, Mimi genannt. Amalie wird gefeiert. Der Chronist des Berliner Hofes wundert sich, daß ein so besonnener Mann wie Gallitzin so leichtfertig heiraten konnte.

1770: Im März überreicht Fürst Gallitzin sein Beglaubigungsschreiben dem Erbstatthalter Wilhelm von Oranien.
22. 12.: Sohn Dimitri wird geboren, Mitri genannt. Die Gallitzins wohnen in der Kneuterdijk, im vornehmen Gesandtschaftsviertel, verkehren freundschaftlich am Hofe und mit Wissenschaftlern und Künstlern, französischen Enzyklopädisten.

1773: Denis Diderot macht bei den Gallitzins in Den Haag Station auf seiner Reise nach St. Petersburg. Schwärmt für die musikalische Amalie, rühmt ihre Talente.

1774: Diderot ist auf der Rückreise in Den Haag wieder bei den Gallitzins, bemerkt Amaliens ernsthaftes Interesse für die Wissenschaft.

1775: Amalie lernt den Philosophen und Staatsbeamten Frans Hemsterhuis (1721-1790) kennen und nimmt bei ihm Unterricht, mietet Zimmer in einem Landhaus, wo sie nur für ihre Kinder und wenige Freunde zu sprechen sein will. Sie nennt es „Niethuis“.

1776: Amalie und Hemsterhuis studieren Platon, nennen einander „Diotima“ und „Sokrates“ und unterrichten mit P. Dentan die Kinder.

1778: Amalie möchte in die Schweiz ziehen, das Geburtsland großer Pädagogen und Rousseaus. Dentan wird geschickt, ein Haus zu suchen und zu kaufen. Er findet Schloß Lavigny im Waadtland, kauft es für 100. 000 Livres. Es wird aber ein Jahr später mit Verlust wieder verkauft (40. 000).

1779: Amalie fährt mit Hemsterhuis nach Münster, um das Schulsystem des Ministers und Domherrn Freiherr Franz von Fürstenberg (1729-1810) kennenzulernen. Fürstenberg beeindruckt sie sehr. Sie gibt ihren Schweizer Plan auf und kehrt nach Den Haag zurück, um ihre Kinder abzuholen. Amalie trennt sich von ihrem Mann und geht mit ihren Kindern Anfang August nach Münster und bleibt dort bis zu ihrem Tod 1806.

1780: Amalie kauft ein Haus in der Grünen Gasse, mietet später einen Gutshof in Angelmodde. Hemsterhuis bleibt in Den Haag.
Amalie nimmt lebhaften Anteil an der Coadjutor-Wahl, die

Fürstenberg verliert. Sie widmet ihm dennoch eine ehrende Säule – nach antiker Manier.
Friedrich Heinrich Jacobi kommt auf seiner Reise zu Lessing und Claudius durch Münster. Amalie bietet ihm an, seinen Sohn Georg Arnold zur Erziehung zu übernehmen. Er kommt im November.

1781: Amalie reist mit Fürstenberg und den Kindern nach Göttingen, besucht Vorlesungen über mittelalterliche Reichsgeschichte. Caroline Michaelis (später Schlegel-Schelling) wundert sich über Amaliens Auftreten und Kleidung, ihr Schwimmen in der Leine.

1782: Amalie macht in Holland die Honneurs für ihren Mann, der den russischen Großfürsten auf Staatsbesuch begleiten muß. Fürst Gallitzin wird als Gesandter abberufen, soll nach Turin versetzt werden, quittiert den Dienst und widmet sich fortan seinen naturwissenschaftlichen Forschungen. Besucht einmal im Jahr seine Familie in Münster.

1783: Amalie übersetzt Hemsterhuis, schreibt Briefe, unterrichtet ihre Kinder, entwickelt Entwürfe für Frauenbildung, liest Platon und besucht mit Fürstenberg, ihren Kindern und Georg Arnold die Jacobi-Familie in Düsseldorf zu Weihnachten.

1784: In Düsseldorf stirbt im Januar der zehnjährige Jacobi-Sohn, im Februar Betty Jacobi, geb. von Clermont. Amalie wird gefährlich krank, macht ein Testament und wird wieder gesund. Amalie reist zur Erholung nach Bad Hofgeismar und von dort mit den Kindern in die Bergwerke von Clausthal. Georg Arnold Jacobi kehrt nach Düsseldorf zurück.

1785: Amalie reist in Begleitung von Fürstenberg, Hemsterhuis, Sprickmann und ihren Kindern nach Weimar und Dresden, besucht Goethe und Herder und begegnet Charlotte von Stein.

1786: Amalie geht an ihrem Geburtstag, 28. August, zum erstenmal nach langen Jahren zur Beichte, später zur Kommunion, bereitet ihre Kinder auf deren Erstkommunion (1787) vor. Sie bemüht sich in Berlin, für Johann Georg Hamann (1730-1788) Erlaubnis für Urlaub und Weimar-Reise zu erwirken. Beginn ihrer Freundschaft mit Franz Kaspar Bucholtz.

1787: Amalie reist mit ihren Kindern über Düsseldorf an das Sterbebett des jungen Theologen Wizenmann in Mülheim. Hamann kommt im Juli nach Münster, wohnt bei Bucholtz am Alten Fischmarkt, besucht Amalie in der Grünen Gasse und in Angelmodde. Mitri soll Campagne tun, und Amalie reist mit Fürstenberg, Hofmeister und Kindern zu Karl Theodor Dalberg, der Coadjutor des mächtigen Mainzer Kurfürsten wurde. Amalie begegnet Sophie von La Roche.

1788: Amalie besucht mit Fürstenberg, Bucholtz und ihren Kindern den in Welbergen schwerkrank darniederliegenden Hamann. Hamann kommt Ostern nach Münster, führt dort und in Angelmodde religiöse Gespräche mit Amalie, bestärkt sie in christlicher Religionsauffassung. Hamann stirbt in Münster am 21. 6. und wird in Amaliens Garten beerdigt. Hemsterhuis und Fürst Gallitzin sind zu Besuch in Münster, alle reisen zu Jacobi. Danach bleibt Hemsterhuis – noch bis 6. September – in Münster. Amalie pflegt ihn in seiner Krankheit.

1789: Amalie fühlt sich nach Hamanns Tod „verwaist“ und schreibt einen Brief an Overberg. Overberg wird ihr Seelenführer, nimmt in der Grünen Gasse Wohnung.

1790: Hemsterhuis stirbt in Den Haag am 7. Juli.

1791: Amalie besucht Matthias Claudius in Wandsbek mit Overberg und ihren Kindern und wird in das Schrifttum der mittelalterlichen Mystik eingeführt.

1791: Friedrich Leopold Graf Stolberg und Gräfin Sophie besuchen Amalie in Münster, bevor sie nach Italien weiterreisen. Spontane Freundschaft. Aber nicht Mitri, sondern Georg Arnold Jacobi darf mit nach Italien.

1792: Mitri reist nach Amerika, wohnt in Baltimore bei französischen Weltpriestern, die vor der Revolution geflohen sind. Er wird Priester und kehrt nicht mehr nach Münster zurück. Französische Emigranten kommen in großer Zahl ins Hochstift Münster. Fürstenberg und Amalie nehmen sich ihrer tatkräftig an.
Goethe kommt im Dezember nach Münster, ist Gast in der Grünen Gasse, Amalie gibt ihm die Hemsterhuis-Gemmen zum Studium mit nach Weimar.

1793: Amalie reist nach Holstein, ist Gast bei Stolbergs in Eutin und bei Julia Reventlow auf Emkendorf.

1794: Mitri bekommt einen Gestellungsbefehl aus St. Petersburg. Vater und Mutter beraten brieflich die Konsequenzen. Mitri bleibt bei seinen Pfarrkindern in Pennsylvanien.
Friedrich Leopold Stolberg besucht Amalie im Sommer in Münster. Jacobi verläßt Pempelfort, bevor die französische Armee Düsseldorf bombardiert. Er wohnt zunächst in Emkendorf, dann wird er Stolbergs Nachbar in Eutin.

1795: Amalie „flieht" auf Wunsch von Fürstenberg mit Tochter und Nichte, von Overberg begleitet, nach Neuhaus/Paderborn, kann aber im Juli in ihr Haus zurückkehren. Es blieb unversehrt.

1797: Amalie mit Mimi und Overberg wieder in Holstein. Jacobi: „Ihre Saat ist aufgegangen".

1797/99: Napoleonische Kriegszüge und Friedensschlüsse erschüttern die Welt. Das Wort von der Säkularisation geht um. Stolberg findet, daß Amalie sehr altere, Fürstenberg verjünge sich durch die politische Unruhe.

1800: Das Ehepaar Stolberg legt am 1. 6. in Amaliens Hauskapelle das Bekenntnis zum katholischen Glauben ab, Amalie wird daraufhin angefeindet. Stolbergs ziehen nach Münster, wohnen zunächst bei Amalie und dann in Lütjenbeck. Fürstenberg versucht vergeblich, Stolberg eine Pfründe zu besorgen.

1802: Die Preußen kommen. Die Kriegs- und Domänenkammer mit Reichsfreiherr von Stein führt die Säkularisation durch. Amalie ist Mittelpunkt des passiven Widerstands gegen radikale Preußifizierung, wird bespitzelt.

1803: Fürst D. A. Gallitzin stirbt in Braunschweig, hat seine kostbare Mineraliensammlung und Bücher der Universität Jena vermacht. Mitri kommt nicht, um sein russisches Erbe in Anspruch zu nehmen, Mimi wird sich erst 1808 darum kümmern können.

1805: Amalie reist mit Fürstenberg nach Hildesheim, macht später mit Overberg Krankenbesuch bei der Äbtissin von Vreden.

1806: Amalie stirbt am 27. April und wird, wie sie es gewünscht hat, in Angelmodde beerdigt, „an dem Platz, wo man die Armen begräbt".

1810: Franz Freiherr von Fürstenberg stirbt.

1828: Erste Biographie der Fürstin. Verfasser Theodor Katerkamp.

Abkürzungen:

BMHr.	Heinrich Boies Briefwechsel mit Luise Mejer, München 1971.
Bra	Brachin, Pierre: Le Cercle de Münster. Paris 1952.
BuN	Bucholtz-Nachlaß im Staatsarchiv Münster/Westf.
ClBr.	Claudius, Matthias: Briefe an Freunde. Berlin 1937.
Eu	Euphorion. Zeitschrift für Literaturgeschichte. 50. Band. Heidelberg 1956.
FT	Fürstenberg-Tagebuch im Gallitzin-Nachlaß der Universitätsbibliothek Münster/Westf.
GKvM	Trunz, Erich / Loos, Waltraud (Hrsg.): Goethe und der Kreis von Münster. Münster 1971.
GN	Gallitzin-Nachlaß in der Universitätsbibliothek Münster/Westf.
Goltz	Nachlaß Goltz, Nr. 88. Universitätsbibliothek Greifswald.
GT	Gallitzin-Tagebuch: Briefwechsel und Tagebücher der Fürstin Amalie von Gallitzin, Neue Folge. 1876 Münster. Hrsg. C. B. Schlüter.
JB	Friedrich Heinrich Jacobi. Briefwechsel. Hrsg.: Brüggen, Michael, Bd. 3, Reihe I. Stuttgart 1987.
KB	De Koninklijke Bibliotheek, Den Haag.
KvM	Sudhof, Siegfried: Der Kreis von Münster. Münster 1962-64.
Lo.	Lohmeier, Dieter / Müller, Wolfgang J.: Emkendorf und Knoop. Kiel 1984.
LV	Diderot, Denis: Lettres à Sophie Volland. Hrsg.: Babelon, André. Paris 1938.
Ms. H. Jacobi	Familienarchiv Jacobi, Erlangen
Schl. I	Briefwechsel und Tagebücher der Fürstin Amalie von Gallitzin. Ungedruckte Briefe. Münster 1874.
Schl. II	Briefe der Fürstin an den Philosophen Franz Hemsterhuys. Münster 1876.
StBr.	Stolberg, Friedrich Leopold Graf. Briefe. Hrsg.: Behrens, Jürgen, Neumünster 1966.

Quellen- und Literaturverzeichnis

I. Ungedruckte Quellen:

Briefe und Schriften aus folgenden literarischen Nachlässen:

Bucholtz-Nachlaß – Staatsarchiv Münster/Westf.
Gallitzin-Nachlaß – Universitätsbibliothek Münster/Westf.
Sprickmann-Nachlaß – Universitätsbibliothek Münster/Westf.
Familien-Archiv Helmut Jacobi, Erlangen
De Koninklijke Bibliotheek, Den Haag

II. Gedruckte Quellen und Literatur:

Andernach, Norbert u. a.:
Fürstenbergsche Geschichte im 18. Jahrhundert. Münster 1979.
Baston, Guillaume:
Mémoires de l'abbé Baston, chanoine de Rome. Paris 1897-99.
Behrens, Jürgen (Hrsg.):
Stolberg, Friedrich Leopold Graf. Briefe. Kieler Studien zur Literaturgeschichte. Bd. 5. Neumünster 1966.
Boie, Heinrich Ch.:
Ich war wohl klug, daß ich dich fand. Dtsch. Briefe. München 1971. Heinrich Boies Briefwechsel mit Luise Mejer.
Brachin, Pierre:
Le Cercle de Münster 1779-1806 et La Penée Religieuse de F. L. Stolberg. Lyon, Paris 1952.
Brandt, Otto:
Geistesleben und Politik in Schleswig-Holstein um die Wende des 18. Jahrhunderts. 2. Aufl. Stuttgart 1927.
Braubach, Max:
Die vier letzten Kurfürsten von Köln. Bonn 1931.
Braubach, Max:
Die Lebenschronik des Freiherrn Franz von Spiegel zum Diesenberg. Münster 1952.
Braubach, Max:
Max Franz, letzter Kurfürst von Köln und Fürstbischof von Münster. Wien/München 1961.

Braubach, Max:
Diplomatie und geistiges Leben im 17. und 18. Jahrhundert. Bonner historische Forschungen. Bonn 1969.
Brentano, Hanny:
Amalie Fürstin von Gallitzin. 2. und 3. Aufl. Freiburg/Br. 1920
Bruford, Walter H.:
Kultur und Gesellschaft im klassischen Weimar. Göttingen 1966.
Bruford, Walter H.:
Fürstin Gallitzin und Goethe. Das Selbstvervollkommnungsideal und seine Grenzen. Köln/Opl. 1957.
Brüggen, Michael (Hrsg.):
Friedrich Heinrich Jacobi. Briefwechsel. Bd. 1, 2, 3. Stuttgart 1981, 1983, 1987.
Brummel, Leendert:
Frans Hemsterhuis. Een philosophen leben. Haarlem 1925.
Christ, Kurt:
Johann Georg Hamann. Eine Porträtskizze nach hypochondrischen Briefen. In: Renate Knoll: Georg Hamann. Katalog. Bonn 1988.
Christ, Kurt:
Jacobi und Mendelssohn. Eine Analyse des Spinoza-Streites. Hrsg. v. Jörn Göres. Würzburg 1988.
Claudius, Matthias:
Briefe an Freunde. Hrsg. von Hans Jessen. Berlin 1937.
Degn, Christian:
Die Schimmelmanns im atlantischen Dreieckshandel. Gewinn und Gewissen. Neumünster 1914.
d'Ester, Carl:
Das Zeitungswesen in Westfalen von den ersten Anfängen bis zum Jahre 1813. (Münstersche Beiträge zur neueren Literaturgeschichte. I. u. II. Heft) Münster 1907.
de Gou, L:
Prins Dimitri A. Gallitzin 1738-1803. Uit de jaarrede op 15 mei 1982. Privatdruck. Haarlem/Holland 1982.
Deyks, Ferdinand:
Friedrich Heinrich Jacobi im Verhältnis zu seinen Zeitgenossen. Frankfurt/M. 1848.
Diderot, Denis:
Lettres à Sophie Volland par André Babelon. Paris 1938.
Dischner, Gisela:
Caroline und der Jenaer Kreis. Ein Leben zwischen bürgerlicher Vereinzelung und romantischer Gesellschaft. Berlin 1979.
Dohm C. W.:
Denkwürdigkeiten meiner Zeit. Lemgo 1814.

Easum, Chester Verne:
Prince Henry of Prussia, brother of Frederic the Great. Westport/Conn. 1971.
Engel, Gustav:
Politische Geschichte Westfalens. 4. Aufl. Köln 1980.
Esser, Wilhelm:
Franz von Fürstenberg. Dessen Leben und Wirken nebst seinen Schriften über Erziehung und Unterricht. Münster 1842.
Fraatz, Paul:
Briefe Chr. Ludwig Hoffmanns an seine Patientin, die Fürstin Adelheid Amalie v. Gallitzin, aus den Jahren 1781-93. In: Westfälische Zeitschrift, Bd. 96, 1940.
Fraatz, Paul:
Tatsachenbericht über die gesundheitliche Beschaffenheit der Fürstin Gallitzin. In: Sudhofs Archiv für Geschichte d. Med. und d. Naturwissenschaften, Bd. 32, Heft 1 und 2. Leipzig 1939.
Friemel, Franz Georg:
Johann Michael Sailer und das Problem der Konfession. Erfurter theol. Schriften. Leipzig 1972.
Galland, Joseph:
Die Fürstin Amalia von Gallitzin und ihre Freunde. Köln 1880.
Galland, Joseph:
Zeit- und Lebensbilder aus der neueren Geschichte des Münsterlandes. (Nach gedruckten und ungedruckten Quellen) Hist.-pol. Blätter Bd. 82 und 83. München 1878 und 1879.
Galland, Joseph:
Preußischer „Culturkampf" im Münsterlande in den Jahren 1802-1806. Hist.-pol. Blätter Bd. 86. München 1880.
Galland, Joseph:
Die Familia Sacra in Münster. Hist.-pol. Blätter Bd. 85. München 1880.
Galland, Joseph:
Overberg und seine Schriften. Hist.-pol. Bl. Bd. 83. München 1879.
Gallitzin:
Mitteilungen aus dem Tagebuch und Briefwechsel der Fürstin Gallitzin. Stuttgart 1868. (Liesching)
Gödden, Walter / Nölle-Hornkamp, Iris:
Als Westfalen lesen lernte: „Von den Musen wachgeküßt ..." Paderborn 1990
Golicyn, Dimitri A.:
De l'esprit des économistes ou les économistes justifiés d'avoir posé par leurs principes les bases de la Révolution française. Brunsvik 1796.
Golicyn, Dimitri A.:
Verzeichnis der von dem Fürsten D. (A.) Gallitzin hinterlassenen Bücher-Sammlung. Braunschweig 1803.

Grimm, Friedrich:
Paris zündet die Lichter an. München 1977.
Gründer, Karlfried:
Hamann in Münster. Quellen und Forschungen. Hrsg. E. Trunz. Münster, 1955.
Hamann, Joh. Georg:
Aus dem Briefwechsel des „Magus im Norden“ an Fr. K. Buchholtz. Münster 1917.
Hamann, Joh. Georg:
Entkleidung und Verklärung. Aus Schriften und Briefen des „Magus im Norden“. Hrsg. Martin Seils, Berlin 1955.
Hammacher, Klaus:
Unmittelbarkeit und Kritik bei Hemsterhuis. München 1971.
Hanschmidt, Alwin:
Bernard Overberg und die Reform des Elementarschulwesens im Fürstbistum Münster. Ibbenbüren 1992.
Hanschmidt, Alwin:
Franz von Fürstenberg als Staatsmann. Münster 1969.
Hanschmidt, Alwin:
Lehrerexistenz und Heils- und Gemeinwohlverantwortung zum Lehrerbild Bernard Overbergs in: Dem Evangelium verpflichtet. Kevelaer 1992.
Hanschmidt, Alwin:
Der Steinbildhauer Heinrich Fleige in: „Auf Roter Erde“. Münster 1991
Hemsterhuis, François:
Lettre sur l'homme et ses rapports. New Haven, 1964.
Henkel, Arthur (Hrsg.):
Johann Georg Hamann Briefwechsel. Frankfurt am Main 1955-1979.
Hennes, Joh. Heinr.:
Friedrich Leopold Graf zu Stolberg und Herzog Peter Friedrich von Oldenburg. Aus ihren Briefen und anderen archivalischen Quellen. Mainz 1870.
Hennes, Joh. Heinr.:
Stolberg in den zwei letzten Jahrzehnten seines Lebens. Mainz 1875.
Herbst, Wilhelm:
Matthias Claudius, der Wandsbecker Bote. 4. Aufl. Gotha 1878.
Heuveldop, Helene:
Leben und Wirken Bernard Overbergs im Rahmen der Zeit-und Ortsgeschichte. Münster 1933.
Heyderhoff, Julius (Hrsg.):
Die Hausgeister von Pempelfort. Düsseldorf 1939.
Hoffmann, Hans:
Bernard Overberg. Sein Wirken und seine Zeit. 1. Aufl. München 1940.
Janssen, Joh.:
Neue Mittheilungen über die Fürstin Gallitzin und den Grafen Friedrich Leopold von Stolberg. Der Katholik, 52. Jg. Mainz 1872.

Jessen, Hans (Hrsg.):
Briefe an Freunde. Matthias Claudius. Berlin 1938
Katerkamp, Theodor:
Denkwürdigkeiten aus dem Leben der Fürstin Amalia von Gallitzin geborene Gräfin von Schmettau mit besonderer Rücksicht auf ihre nächsten Verbindungen: Hemsterhuys, Fürstenberg, Overberg und Stolberg. Münster 1828.
Kayser, Rudolf:
Geistig-religiöses Leben auf Schloß Emkendorf. (Zur Vorgeschichte der dt. Restaurationsperiode). Preußische Jahrbücher, Bd. 143, Berlin 1911.
Knoll, Renate:
Johann G. Hamann. Quellen und Forschungen. Katalog. Münster 1988.
Köhler, Benedikt:
Ästhetik der Politik. Adam Müller und die politische Romantik. Stuttgart 1980.
Korff, H. A.:
Geist der Goethezeit. I. Teil: Sturm und Drang. Leipzig 1923.
Krabbe, C. F.:
Leben Bernard Overbergs. 2. Aufl. Münster 1846.
Krabbel, Gerda:
Fürstin Amalie Gallitzin's Weg zum Glauben. In: Christliche Verwirklichung. Romano Guardini zum 50. Geburtstag (Hrsg. v. Schmidthüs). Rothenfels/Main, 1935.
Krüger, Paul:
Aus dem Tagebuch einer großen Seele, Bernard Overberg. Kevelaer 1937.
Lang, Berthold:
Bischof Sailer und seine Zeitgenossen. Regensburg 1932.
Lavater, Joh. Caspar:
Physiognomische Fragmente zur Menschenkenntnis und Menschenliebe. Zürich 1968.
Lehndorff, Reichsgraf Ernst Ahasverus Heinrich:
Des Reichsgrafen E. A. H. Tagebücher und seine Kammerherrenzeit. Bearbeitet von K. E. Schmidt-Lötzen. Gotha 1921.
Lemcke, P. Heinrich:
Das Leben des Prinzen Demetrius von Gallitzin. Münster 1861.
Liesching:
Mitteilungen aus dem Tagebuch und Briefwechsel der Fürstin Adelheid Amalie von Gallitzin. Stuttgart 1868.
Lohmeier, D. und Müller, W. G.:
Emkendorf und Knoop. Kiel 1984
Martini, Fritz:
Die Goethezeit. Stuttgart 1949.
Menge, Theodor:
Der Graf Fr. Leop. Stolberg und seine Zeitgenossen. Bd. 1 u. 2. Gotha 1862.

Meyboom, L. S. P.:
Franziskus Hemsterhuis. œuvres philosoph. de François Hemsterhuis. Leuwaarden 1846-50.
Müller, Hans:
Säkularisation und Öffentlichkeitsarbeit am Beispiel Westfalen. Münster 1971.
Nadler, Josef:
J. G. Hamann 1730-1788. Der Zeuge des Corpus mysticum. Salzburg 1949.
Nettesheim, Josefine:
Luise Hensel und Ch. B. Schlüter. Briefe aus dem deutschen Biedermeier. Münster 1962.
Noailles, Anna P.:
Marquise von Montagu. Ein Lebensbild. Münster 1871.
Oer, Marie von:
Das Tagebuch meiner Mutter. Freiburg 1919.
Oer, Rudolfine von:
Die Säkularisation 1803. Vorbereitung, Diskussion, Durchführung. Göttingen 1970.
Overberg, Bernard:
Anweisung zum zweckmäßigen Schulunterricht. Paderborn 1912.
Overberg, Bernard:
Vollendung des Laufes der Geliebten Fürstin Amalie von Gallitzin, gebornen Gräfin von Schmettau. Athanasia, neue Folge Bd. 10. Würzburg 1839.
Overberg, Bernard:
Bernard Overberg als pädagogischer Führer seiner Zeit. Festschrift zum 100. Todestag. Münster 1926.
Palmer, Alan:
Alexander I., Tsar of war and peace. London 1974.
Perthes, Agnes:
Erinnerungen an Matthias Claudius. München 1978.
Perthes, Clem. Theodor:
Politische Zustände in Deutschland zur Zeit der französischen Herrschaft. Gotha 1862.
Pieper, Anton:
Zur Geschichte der geistlichen Emigranten im Fürstbistum Münster. Westf. Zeitschr. Bd. 62. Münster 1904.
Rasch, Wolfdietrich:
Freundschaftskult und Freundschaftsdichtung im deutschen Schrifttum des 18. Jahrhunderts. Halle 1936.
Raumer, Kurt (Hrsg.):
Freiherr vom Stein: Autobiographie. Münster 1955.
Reif, Heinz:
Westfälischer Adel 1770-1860. Bielefeld 1979.

Reinermann, Jos.:
Bernard Overberg, in seinem Leben und Wirken, dargestellt von einem seiner Angehörigen. Münster 1829.
Reinhard, Ewald:
Die Münsterische „Familia Sacra". Kreis um Fürstin Gallitzin. Münster 1953.
Reinhard, Ewald:
Der Siegeszug der katholischen Kirche in den letzten hundert Jahren. Die Konversionsbewegung in Deutschland in den den letzten hundert Jahren. Dortmund 1920.
Ritter, Gerhard:
Freiherr vom Stein. Frankfurt 1983.
Rowland, Herbert:
Matthias Claudius. München 1991.
Sahner, Wilh.:
Die Fürstin Amalie von Gallitzin als Erzieherin und Schulmeisterin ihrer Kinder. Gelsenkirchen-Buer 1946.
Salomon, Johanna:
Geschichte der Societät für die gesamte Mineralogie unter ihrem Gründer J. G. Lenz und ihrem Präsidenten J. W. v. Goethe. Jena 1957.
Schlüter C. B. (Hrsg.):
Briefwechsel und Tagebücher der Fürstin Amalie von Gallitzin, enthaltend bisher ungedruckte Briefe der Fürstin, ihrer Kinder, Fürstenberg's, Stolberg's Overberg's, der Grafen Romanzoff u. A. Münster 1874.
(= Schl. I)
Schlüter C. B. (Hrsg.):
Briefwechsel und Tagebücher der Fürstin Amalie von Gallitzin. Briefe der Fürstin an den Philosophen Franz Hemsterhuys. Münster 1876. (= Schl. II)
Schlüter C. B. (Hrsg.):
Briefwechsel und Tagebücher der Fürstin Amalie von Gallitzin, Neue Folge. Tagebücher der Fürstin aus den Jahren 1783 bis bis 1800 enthaltend. Münster 1876.
Schlüter, C. B. / Hensel, Luise:
Briefe aus dem deutschen Biedermeier. Hrsg. v. J. Nettesheim. Münster 1962.
Schmettow, Matthias:
Schmettau und Schmettow. Geschichte eines Geschlechts aus Schlesien. Düsseldorf 1961.
Schmidt, E. (Hrsg.):
Caroline. Briefe aus der Frühromatik. Leipzig 1913.
Schmitz-Kallenberg, L. (Hrsg.):
Aus dem Briefwechsel des „Magus im Norden". Joh. Gg. Hamann an F. Kasp. Bucholtz 1784-1788. Münster 1917.

Schulte, Wilhelm:
Westfälische Köpfe. 300 Lebensbilder bedeutender Westfalen. Münster 1963.
Schumann, Detlev W.:
Aufnahme und Wirkung von Stolbergs Übertritt zur Katholischen Kirche. Euphorion Bd. 50. Heidelberg 1956.
Schücking, Levin:
Die Fürstin Gallitzin und ihre Freunde. Rheinisches Jahrbuch für Kunst und Poesie. 1. Jg. Köln 1840.
Seils, Martin:
Grundlagen v. J. G. Hamanns „Letztem Blatt" im Stammbuch der Fürstin Gallitzin. In: Forschungen und Fortschritte. Bd. 29. Berlin 1955.
Sonnenberg, Franz von:
Frankreich und Deutschland. (Aufzeichnungen und Oden) Eingeleitet, erläutert u. hrsg. v. Hellmut Draws-Tychsen. Wien 1940.
Stapper, Richard:
Bernh. Overberg als pädag. Führer seiner Zeit. Festschrift zum Jahrhundertgedächtnis seines Todestages. Münster 1926.
Steffens, Henrik:
Lebenserinnerungen an den Kreis der Romantik. Jena 1908.
Steinhaus, Hubert:
Bernard Overberg. „Anweisungen zum zweckmäßigen Schulunterricht für die Schullehrer 1793". Paderborn 1987.
Stolberg, Friedrich Leopold:
Streitschriften über Stolbergs Konversion. Bern, Frankfurt/M. 1973.
Sudhof, Siegfried:
Der zweite Aufenthalt der Fürstin Gallitzin in Weimar. In: Euphorion, 50. Heidelberg 1956.
Sudhof, Siegfried:
Von der Aufklärung zur Romantik. Hab. Schrift. Berlin 1973.
Sudhof, Siegfried:
Franz Kasp. Bucholtz. Studien zu einem Porträt. In: „Westfalen" 54. Münster 1976.
Sudhof, Siegfried:
Der Kreis von Münster. Veröffentlichung d. Historischen Kommission. In: „Westfalen", XIX, Bd. 5. Münster 1962-64.
Sudhof, Siegfried:
Klopstock und der Kreis von Münster. In: „Westfalen" 34. Münster 1956.
Sudhof, Siegfried (Hrsg.):
Fürstenberg, Franz: Schulordnung. Münster 1960.
Sudhof, Siegfried:
Merkwürdigkeiten um eine Rezension. Zu Hamanns Urteil über Th. Wizenmanns Buch „Resultate". Jahrbuch der Sammlung Kippenberg. N.F. 3, Düsseldorf 1974.

Sudhof, Siegfried:
Siegfried Sudhof zu Gedenken. Sonderheft 15 a. Hrsg. von Peter-Paul Schneider. Lübeck 1981.
Trunz, Erich (Hrsg.):
Fürstenberg, Fürstin Gallitzin und ihr Kreis. Münster 1955.
Trunz, Erich / Loos, Waltraud (Hrsg.):
Goethe und der Kreis von Münster. Münster 1971.
Peter Veddeler:
Französische Emigranten in Westfalen. 1792-1802. Münster 1989.
Voß, Johann Heinrich:
Wie ward Fritz Stolberg ein Unfreier? In: Sophronizon, 3. Heft. Frankfurt 1819.
Voß, Johann Heinrich:
Bestätigung der Stolbergischen Umtriebe, nebst einem Anhang über persönliche Verhältnisse. Stuttgart 1820.
Wukadinovic, Spiridion:
Franz von Sonnenberg. Halle 1927.
Wende, Peter:
Die geistlichen Staaten und ihre Auflösung. (Historische Studien) Lübeck, Hamburg 1966.
Westhoff-Krummacher, Hildegard:
J. C. Rincklake. Münster 1984.
Westhoff-Krummacher, Hildegard:
Georg Oswald May – Ein Wandermaler aus Westfalen. In: Westfalen Nr. 57. Münster 1979.
Wiese, Benno von:
Novalis und die romantischen Konvertiten. In: Romantik-Forschungen (Bd. 16 der Buchreihe der Dt. Vierteljahrsschr.). Halle 1929.
Wiese, Benno von:
Friedrich Schlegel. Ein Beitrag zur Geschichte der romantischen Konversionen (Philosophische Forschungen, hrsg. v. Karl Jaspers, 6. Heft). Berlin 1927.
Wolf, Ottmar:
Die Fürstin Gallitzin und F. L. Stolberg. Würzburg 1952.
Zwerawa, G. K.:
(Biographie des Wissenschaftlers Dimitri A. Gallitzin) in russischer Sprache. Leningrad 1985. (Übersetzt durch: Elke Vogel)

Bildnachweis

Die Quellen und Leihgeber der Abbildungen werden in der Reihenfolge des Bildteils angegeben:

1. Eintrag ins Taufregister (Evangelisches Zentralarchiv Berlin)
2. Amalie Fürstin Gallitzin. Zeichnung von Frans Hemsterhuis (Aschendorff-Verlag, Münster: Fürstenberg, Fürstin Gallitzin und ihr Kreis, hrsg. v. E. Trunz, 1955, Tafel Nr. 12)
3. Gallitzin-Porträt von B. Pepinghege, 1961 (Heimatfreunde e.V.)
4. Silhouette und Wappen des Fürsten Dimitri A. Gallitzin (Archiv G. K. Zwerawa)
5. Gallitzin-Porträt von G. O. May, 1783 (Westfälisches Amt für Denkmalpflege, Münster)
6. Fürstenberg-Porträt von G. O. May (Westfälisches Amt für Denkmalpflege, Münster)
7. F. H. Jacobi, Stich von C. E. C. Heß nach einer Zeichnung von F. Hemsterhuis (H. Jacobi)
8. Billet Fürstenbergs an Fürstin Gallitzin (Aschendorff-Verlag, Münster: Fürstenberg, Fürstin Gallitzin und ihr Kreis, a.a.O., Tafel Nr. 8)
9. F. Hemsterhuis, Büste von G. M. Klauer, 1785 (Aschendorff-Verlag, Münster: Goethe und der Kreis von Münster, hrsg. v. E. Trunz, 2. Auflage 1974, Tafel Nr. 19)
10. Hamann-Porträt (Westfälisches Amt für Denkmalpflege, Münster)
11. F. K. Bucholtz, Porträt von J. Chr. Rincklake, 1812 (Westfälisches Landesmuseum für Kunst und Kulturgeschichte, Münster)
12. Marianne Bucholtz, Porträt von J. Chr. Rincklake, um 1812 (Westfälisches Landesmuseum für Kunst und Kulturgeschichte, Münster)
13. Porträts der Kurfürsten Max Franz und Max Friedrich (Westfälisches Amt für Denkmalpflege, Münster)
14. Hinterglasbild. Fürstin Gallitzin mit ihren Kindern und Fürstenberg, 1782 (Stadtmuseum Münster)
15. Porzellandeckelvase mit den Porträts von Hamann und der Fürstin Gallitzin (Dauerleihgabe aus Privatbesitz an das Goethe-Museum Düsseldorf)
16. Handschriftliche Eintragung Goethes in das Stammbuch der Prinzessin Marianne Gallitzin (Aschendorff-Verlag, Münster: Goethe und der Kreis von Münster, a.a.O., S. 85)

17. Fürstin Gallitzin zeigt Goethe die Sammlung der Gemmen, Gemälde von Th. von Oer, 1860/65 (Westfälisches Amt für Denkmalpflege, Münster)

18. Luxemburger Landschaft mit „Freiheitsbaum“, Aquarell über Bleistift und Tuschfeder von Johann Wolfgang von Goethe, 1792 (Goethe-Museum, Düsseldorf)

19. Stahlstich: Prinz Demetrius A. Gallitzin im Schlitten (aus: H. Lemcke: Leben und Wirken des Prinzen Demetrius Augustin Gallitzin, Münster 1861)

20. Friedrich Leopold Graf zu Stolberg, Porträt von J. Chr. Rincklake (Stadtmuseum Münster)

21. Bernard Overberg, Porträt von J. Chr. Rincklake (Stadtmuseum Münster)

22. Julia Gräfin Reventlow, Gemälde von Angelika Kauffmann, 1784 (Schleswig-Holsteinisches Landesmuseum, Schloß Gottorf)

23. Haus in der Grünen Gasse (Aschendorff-Verlag, Münster: Goethe und der Kreis von Münster, a.a.O., Tafel Nr. 5)

24. Schloß Welbergen (Aschendorff-Verlag, Münster: Fürstenberg, Fürstin Gallitzin und ihr Kreis, a.a.O., Tafel Nr. 20)

25. Titelblatt und Frontispiz der Fürstin in der ersten Biographie von Th. Katerkamp von 1839 (Universitätsbibliothek Münster)

26. Fürstin Gallitzin im Kreis ihrer Freunde, Gemälde von Th. v. Oer, 1863 (Westfälisches Amt für Denkmalpflege, Münster)

27. Fürstenberg-Denkmal (Archiv M. Köhler)

Namenregister

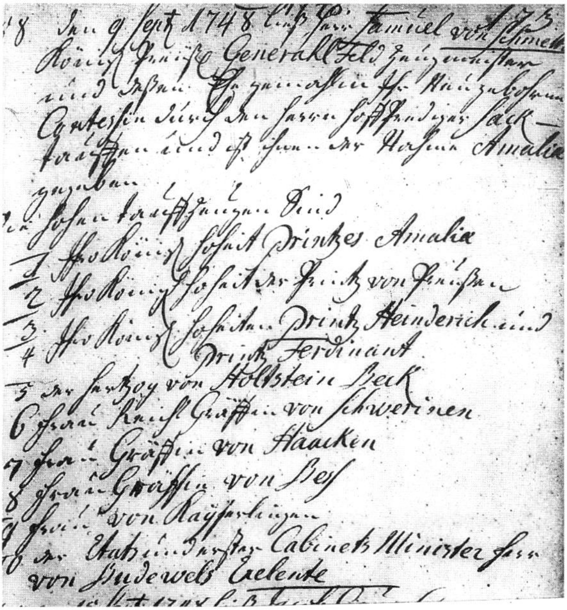

Taufregister △

Getauft wurde die kleine Komteß von Schmettau protestantisch. Prinzessin Amalie, Schwester Friedrichs d. Gr., gab ihr den Namen. Prinz Heinrich und Prinz Ferdinand, die jüngsten Brüder des Königs, waren ihre Taufpaten. Berühmte Namen aus preußischer Geschichte verzeichnet die Urkunde.

Helmzeichnung

In die Welt des klassischen Altertums wurde Amalie von Gallitzin durch ihren Philosophie-Lehrer Frans Hemsterhuis eingeführt. So zeichnete Hemsterhuis die bewunderte Schülerin unter dem Helm der Pallas Athene. ▷

◁ Als Schulmeisterin in Westfalen sah die Fürstin sich gern. Als solche malte B. Pepinghege sie 1961 für die Gallitzin-Volksschule in Angelmodde. Bei Auflösung dieser Volksschule kam das Bild in die Wolbecker Realschule. Heute hängt es im Gallitzin-Haus Münster/Angelmodde.

Fürst Gallitzin und Wappen

Fürst D. A. Gallitzin entstammte einem der ranghöchsten Fürstengeschlechter in Rußland. Als Diplomat in Katharinas d. Gr. Diensten in Paris und Den Haag erwies er sich als Kunstkenner von hohen Graden. Trotz seiner Künstlerfreundschaften ließ er sich nie malen. Diese Silhouette ist das einzige Porträt, das von ihm existiert. (Besorgt durch G. K. Zwerawa) ▽

◁ Amalie von Gallitzin

So sah Amalie von Gallitzin 1783 aus: Ein Wandermaler vom Main, G. O. May, malte das wohl einzige realistische Bild von ihr. 1783 war eines ihrer besten Jahre: Sie hatte sich in Münster eingelebt und ihre Verbindungen nach Düsseldorf, Göttingen, Kassel und Holland waren lebhaft. Sie weiß um ihre „Vereinzelung" in Münster und akzeptiert das. Sie entwirft einen Plan für Frauenbildung und besucht im Spätsommer regelmäßig das Bad von Hofgeismar. Frauen dieser Zeit werden mit streng hochgekämmtem Haar gemalt: Aber Amaliens Locken umfließen üppig ihr Gesicht, fallen in den Nacken.

Fürstenberg

Fürstenberg ist zu dieser Zeit nicht mehr Minister, aber sein persönlicher Einfluß ist noch immer sehr groß. Als Kurator der Universität Münster kann er seinem Grundsatz nachgehen, daß Menschenbilden die höchste Aufgabe des Staates ist. Er reitet täglich eines seiner acht Pferde aus, er gibt Mitri und Mimi Reitunterricht, empfängt Besuche, Briefe, Informationen von den tonangebenden Persönlichkeiten der Zeit. G. O. May hat seine sonst so tiefen, scharfgeschnittenen Falten gemildert. Das Auge ist offen, keine Perükke preßt die Stirne ein, die Haare sind ungepudert. ▷

◁ Jacobi-Porträt

Friedrich Heinrich Jacobi – Kaufmannssohn, der in die Politik ging, Schriftsteller wurde, Verfasser der beiden ersten philosophischen Romane in deutscher Sprache, Philosoph, der als erster das Wort vom Nihilismus prägte. Friedrich Heinrich Jacobi, Grandseigneur.

Dieses Bild hat ein Bewunderer gezeichnet: Frans Hemsterhuis, den Amalie 1781 zu Jacobi führte: Bewunderung schwingt in der Zeichnung mit für einen noblen Großbürger, einen Skeptiker mit sehr gerader Haltung. Ein Profil wie gemeißelt. Aus dem sinnenden Auge verliert sich der Blick ins Weite. Das spitzenbesetzte Jabot, die erlesene Kleidung lassen hohe Ansprüche selbstverständlich erscheinen. Der Kupferstecher Heß hat diese Zeichnung so oft nachgestochen, daß sie als das gültige Jacobi-Bild erscheint.

Fürstenbergs Billet an Fürstin Gallitzin

Goethe, der Viel- und Weitgereiste, kommt am 6. Dezember 1792 nach Münster, um den Besuch der Fürstin zu erwidern (1785 in Weimar).

Fürstenberg ist beunruhigt. Er bietet sich an, Goethe abzuholen und ihn auf der Promenade spazierenzufahren. Ob die Spazierfahrt stattgefunden hat, ist nicht überliefert. ▽

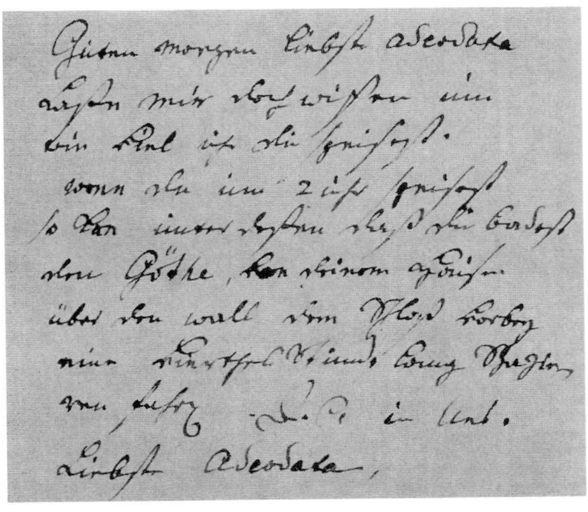
Guten morgen liebste Adeodata

den Göthe,

liebste Adeodata,

Klauers Hemsterhuis-Büste

Als Amalie endlich 1785 nach Weimar aufbrechen konnte, war Hemsterhuis dabei. Wie Fürstenberg wurde Hemsterhuis von Hofbildhauer Klauer zur Sitzung gebeten. Klauer modellierte die Büste des holländischen Staatsmannes und Philosophen mit einer Andeutung von griechischer Drapierung, ohne modische Perücke, natürlich, so wie Amalie ihn ja immer gern hatte. Es ist überliefert, daß Hemsterhuis diese seine Büste nicht mochte und daß er Fürstenbergs Büste viel besser getroffen fand. ▷

◁ Hamann-Porträt

Das Porträt von einem unbekannten Maler zeigt den „Magus des Nordens" als jungen Mann. In vielen Bildern seiner frühen Jahre wird er mit einem karierten Kopftuch abgebildet – oder mit einer anderen Kopfbedeckung. Als Kind litt er an einer hartnäckigen Flechte, die seine Mutter geduldig pflegte. Als er in Münster-Düsseldorf war (1787/88), nahm Amalie keinen Anstoß an seiner braunen Kutte, dem einzigen Kleidungsstück, das er damals besaß.

◁ Franz Kaspar Bucholtz

Rincklake, der berühmte Porträtist im Westfalen des 18. Jahrhunderts, hat ihn gemalt: Franz Kaspar Bucholtz, den „auserwählten und gewünschten Sohn" des Johann Georg Hamann. Es ist das Antlitz eines sensiblen Mannes, verträumt und sehr edel, ein schmales Gesicht unter gebändigten, dunklen Locken. Geschwungene Augenbrauen, tiefliegende Augen. Der Nasenrücken hoch und lang wie bei Adelsporträts. Er schickt Hamann 4000 Reichstaler zur Erziehung seiner vier Kinder, aber als Hamann in Münster stirbt, wird die Frage laut, ob diese großzügige Spende nicht Hamanns Tod verursacht habe.

Marianne Bucholtz ▷

Marianne Bucholtz, geb. Detten, hat Rincklake in einem schon fast biedermeierlichen, roten Kleide gemalt, mit deftigen aufgebauschten Puffärmeln. Marianne war langmütig genug, die extravaganten Gewohnheiten ihres Mannes zu ertragen. Auf der Hochzeitsreise besucht sie mit ihm den französischen Theosophen Saint-Martin, den Entdecker von Jakob Böhme. Mit ihm reist sie zu Lavater, dem Seelenberater all der schwierigen Naturen dieses Übergangszeitalters. Franz Kaspar hingegen möchte sich ihretwegen ein Haus in Amaliens Garten bauen, damit ihre Kinder nicht so unselbständig werden wie seine Frau Marianne.

Max Franz v. Österreich
Maximilian Friedrich v. Königsegg

Porträts der beiden letzten Kurfürsten

Max Friedrich hatte sich gegen einen Coadjutor vergebens gewehrt: Max Franz gewann 1780 die Wahl, besiegte Fürstenberg und folgte dem verstorbenen Vorgänger 1784.

Fürstin Gallitzin und ihre Kinder (Schattenbild)

„Es ist ein liebes, liebes Bild“, lobte F. H. Jacobi das Schattenbild aus Münster: Mitri steht vor der energisch lehrenden Mutter, Fürstenberg legt ermutigend seine Hand auf die Schulter des zwölfjährigen Knaben. Mimi wartet ab – Hausunterricht en famille! ▽

△ Vase in Düsseldorf

Hamanns Besuch in Münster verewigt eine Deckelvase im Düsseldorfer Goethe-Museum. Wer hat sie in Auftrag gegeben, welche Manufaktur hat sie geformt? Man weiß es nicht. Nirgendwo hat man das Bildnis der Fürstin lieblicher gesehen.

Stammbuch von Mimi

Goethe nahm Mimis Stammbuch mit nach Weimar. Mimi hatte es 1787 von ihrer Mutter geschenkt bekommen. Es enthält zumeist Bibelsprüche. Nun setzte Goethe sein Weimarisch aufgeklärt ästhetisches Bekenntnis dagegen. ▽

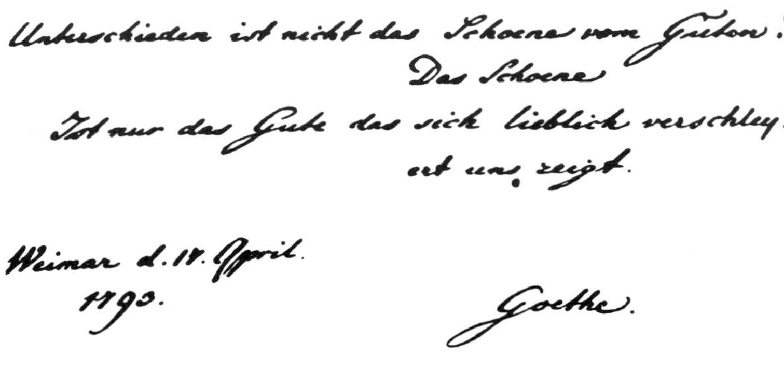

Unterschieden ist nicht das Schoene vom Guten!
Das Schoene
Ist nur das Gute das sich lieblich verschley-
ert uns zeigt.

Weimar d. 14. April.
1790.

Goethe.

Gemmenbild
Im Hause der Fürstin konnte Goethe endlich die berühmten Hemsterhuis-Gemmen betrachten. Amalie bestand darauf, daß er sie zum Studium mitnehme nach Weimar. Goethe schickte sie fünf Jahre später versichert zurück.

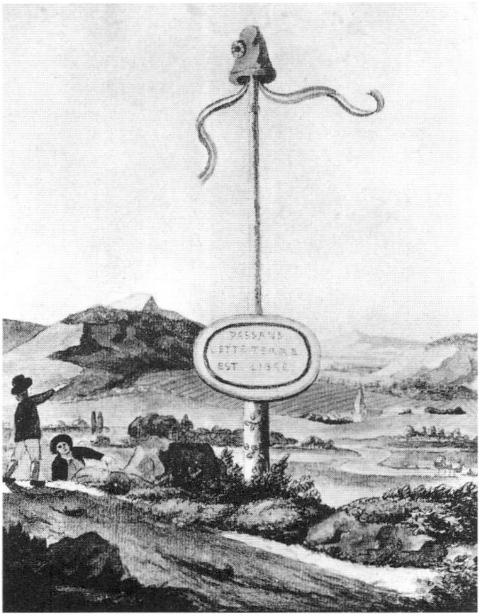

◁ Freiheitsbaum: Goethe-Zeichnung

Bäume mit der Jakobiner-Mütze gekrönt wurden von den französischen Revolutionären überall gepflanzt. Im Schlamassel von Valmy hat Goethe einen gezeichnet. Gastgeschenk für seinen Freund Jacobi.

Mitri im „Schlitten"

Mitri hat seine Freiheit in der amerikanischen Wildnis gefunden. Als Seelsorger lebt er unter den Kolonisten. Als Krankheit und Alter dem fast Siebzigjährigen das Reiten unmöglich machen, läßt er sich für die ungerodeten Wege ein schlittenähnliches Gefährt bauen. ▽

Friedrich Leopold Graf Stolberg zu Stolberg

„Ein Mann von Einfluß". So hatte Amalie den Grafen Stolberg charakterisiert, als sie aus Eutin an Fürstenberg schrieb. So hat auch der bedeutende westfälische Maler Rincklake ihn dargestellt, den Dichter, Übersetzer, den Diplomaten in dänischen oder deutschen Diensten, den Hofbeamten des Herzogs von Oldenburg. Mit seiner Frau Sophie, geb. von Redern, konvertierte er in der Hauskapelle der Fürstin Gallitzin. Es wurde „ein öffentliches Ereignis" genannt. Die Stolbergs zogen mit ihrer Familie nach Münster, wo Stolberg seine Kinder selbst unterrichtete und sich zur 15bändigen „Geschichte der Religion Jesu Christi" inspirieren ließ. ▷

◁ Bernard Overberg

„Nichts übereilen", pflegte Bernard Overberg, der Lehrer der Lehrer, dem Grafen Stolberg zu raten, wenn der überschwenglich und begeistert von Konversion sprach. Der charismatische Volkserzieher Overberg kam aus ärmlichsten Verhältnissen, doch seine Lebenserfahrung, seine Unterrichts-Technik machten ihn zum begehrten Lehrer. Seine Bücher erlebten hohe Auflagen bis in unser Jahrhundert hinein. Rincklake malte ihn mit geneigtem Kopf als einen Lauschenden, einen Zuhörer, der Schüler zu Wort kommen und ausreden läßt. Amalie erwählte ihn zu ihrem Seelenführer, Beichtvater.

Julia Reventlow

Julia v. Reventlow, Herrin auf Emkendorf, ließ sich auf ihrer ersten Italienreise 1784 in Rom von Angelika Kauffmann malen.

Haus in der Grünen Gasse ▷

Ein langgestrecktes Haus mit Mittelgiebel in der Grünen Gasse bezog Amalie schon bald nach ihrer Ankunft in Münster 1779. 1944 wurde es von Bomben zerstört. An dieser Stelle steht heute das Annette-von-Droste-Hülshoff-Gymnasium.

Schloß Welbergen.

Franz Kaspar Bucholtz war Herr auf dem prachtvollen Wasserschloß Welbergen, doch wohnte er lieber am Alten Fischmarkt in Münster. Den Magus des Nordens zog es hierher zum stillen Arbeiten. Die Bertha-Jordaan-van-Heek-Stiftung erhält das Schloß, so wie es 1787 war. ▽

Titelblatt der ersten Biographie ▷

„Denkwürdigkeiten aus dem Leben der Fürstin Amalie von Gallitzin geborenen Gräfin Schmettau" hat als erster der Kirchenhistoriker Prof. Katerkamp 1828 (zweite Auflage: 1838) aufgezeichnet. Materialien dafür bekam er von Bernard Overberg. Es ist ein ehrfurchtsvolles Buch, das ihr Streben nach Vollkommenheit aufzeigt, und sie vor all den (meist unausgesprochenen) Vorwürfen ihres Umkreises in Schutz nahm. Das Titelblatt zeigt auch das Siegel der Fürstin: den Schmetterling, der sich der Raupe entwindet und der Sonne zufliegt. Den Spruch „Sume, Psyche, immortalis esto" hatte Hemsterhuis im klassischen Märchen von Amor und Psyche gefunden. Katerkamp schickte das Buch an Goethe. Dessen Sohn August dankte für die Zusendung und vermeldete des Vaters lebhaftes Erinnern an eine „solche Frau".

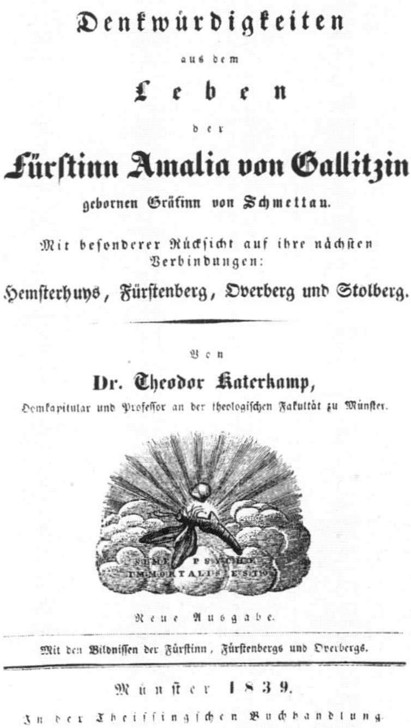

Denkwürdigkeiten

aus dem

Leben

der

Fürstinn Amalia von Gallitzin

gebornen Gräfinn von Schmettau.

Mit besonderer Rücksicht auf ihre nächsten Verbindungen:

Hemsterhuys, Fürstenberg, Overberg und Stolberg.

Von

Dr. Theodor Katerkamp,

Domkapitular und Professor an der theologischen Fakultät zu Münster.

Neue Ausgabe.

Mit den Bildnissen der Fürstinn, Fürstenbergs und Overbergs.

Münster 1839.

In der Theissingschen Buchhandlung.

◁ Frontispiz der Fürstin

Katerkamp wählte das von Hemsterhuis gezeichnete Porträt für seine „Denkwürdigkeiten": Amalie ist eine kraftvolle junge Frau in der Blüte ihrer Jahre. Vergessen das abgeschorene Haar. Üppige Locken, die bis in den Nacken fallen, rahmen das gutgeschnittene Gesicht mit den großen weitgeöffneten Augen unter geschwungenen Brauen. Das in Scherenschnitten oft sehr betonte Kinn tritt hier eher zurück, mildert die Kraft der Persönlichkeit.

„Die Fürstin im Kreis ihrer Freunde“ wurde erst ein halbes Jahrhundert nach ihrem Tod gemalt (Th.v. Oer). Der westfälische und rheinische Adel hatte es in Zeiten scharfer politisch-weltanschaulicher Auseinandersetzungen in Auftrag gegeben. Es verklärt die Fürstin als unbeugsame Bekennerin des Glaubens.

Franz Friedrich von Fürstenberg: das Denkmal steht im „Mittelpunkt seines Lebens“ auf dem Rasenstück zwischen der Pferdegasse (gegenüber dem Landesmuseum, wo er wohnte) und der Universität, die er im 18. Jahrhundert gegründet hat.